D0881619

Du même auteur
dans la même collection

LES CONFESSIONS (deux volumes).
CONSIDÉRATIONS SUR LE GOUVERNEMENT DE POLOGNE. L'ÉCONOMIE POLITIQUE. PROJET DE CONSTITUTION POUR LA CORSE.
DIALOGUES. LE LÉVITE D'ÉPHRAÏM.
DISCOURS SUR L'ORIGINE ET LES FONDEMENTS DE L'INÉGALITÉ PARMI LES HOMMES. DISCOURS SUR LES SCIENCES ET LES ARTS.
DU CONTRAT SOCIAL (édition avec dossier).
ÉMILE OU DE L'ÉDUCATION.
ESSAI SUR L'ORIGINE DES LANGUES ET AUTRES TEXTES SUR LA MUSIQUE.
JULIE OU LA NOUVELLE HÉLOÏSE.
LETTRE À M. D'ALEMBERT SUR LES SPECTACLES.
PROFESSION DE FOI DU VICAIRE SAVOYARD.
LES RÊVERIES DU PROMENEUR SOLITAIRE (édition avec dossier).

JEAN-JACQUES ROUSSEAU

DU CONTRAT SOCIAL

Présentation, notes, bibliographie et chronologie
par
Bruno BERNARDI

GF Flammarion

ISBN : 2-08-071058-3

INTRODUCTION

POUR LIRE LE *CONTRAT SOCIAL*

Les livres les plus célèbres ne sont pas les mieux connus. Le *Contrat social* vérifie la règle jusqu'à l'épure[1]. Objet de scandale lors de sa parution et occulté par ce scandale, il allait connaître une éclatante consécration durant les premières phases de la période révolutionnaire. Mais, comme souvent en pareil cas, ce fut au prix d'une instrumentalisation qui pèsera durablement sur sa lecture. Le *Contrat social* était devenu un symbole. Dénoncé comme porteur de la substitution de la tyrannie du peuple à celle de l'Ancien Régime ou brandi comme étendard de la souveraineté et de la liberté, il devait progressivement être neutralisé par sa reconnaissance comme grand texte fondateur du républicanisme français. Entré avec Rousseau au Panthéon, il a très vite acquis le statut d'un monument : visité, honni ou révéré, rarement questionné. Pour qu'une lecture vivante en soit possible, il fallait qu'un ensemble de conditions soient réunies.

L'homme Rousseau (il est hors de propos d'examiner ici la part qu'il y prit) a longtemps occulté le penseur ; les « contrariétés » de la personnalité ont

1. Pour distinguer l'ouvrage et le concept, on devrait écrire *Du contrat social.* Outre le risque de cacophonie, l'usage constant des *Confessions*, et des *Dialogues*, nous conduit à désigner l'ouvrage comme faisait son auteur : « le *Contrat social* ». L'emploi de l'italique évitera toute ambiguïté.

accrédité le préjugé d'un défaut de cohérence de la pensée. Au cours du XXe siècle, un ensemble de travaux (dont Cassirer a donné le départ) ont permis de reconnaître son caractère pleinement philosophique et sa profonde unité[2]. L'insertion de l'œuvre dans l'histoire de la philosophie devait être également établie, tant était grande la tendance à voir en l'auteur un amateur inspiré, produit d'une génération spontanée. De nombreuses publications, souvent dans les *Annales J.-J. Rousseau*, ont restitué la profondeur des textes, mis à jour le travail dont ils procèdent. Robert Derathé y a pris, pour la philosophie politique, une part prépondérante[3]. En un siècle, la précision de notre lecture de Rousseau a fait des progrès considérables[4]. Cependant, dans le cas du *Contrat social*, les deux fronts des études rousseauistes ne se sont pas vraiment unifiés[5]. Ceux qui se sont attachés à l'unité philosophique de la pensée ont choisi d'autres points de focalisation : les œuvres antérieures, la pensée religieuse, la philosophie du langage ou de l'éducation. À l'inverse, le texte du *Contrat* a fait l'objet de l'attention des historiens de la philosophie ; bien des pages ont été éclairées d'un nouveau jour. Mais aucune lecture globale ne s'est dessinée. Marquante est à cet égard la

2. La dignité philosophique de Rousseau avait été reconnue en Allemagne mieux qu'en France : Kant, Fichte, Hegel en font un interlocuteur majeur. Cassirer (« Das problem J.-J. Rousseau », 1912) la réaffirme en ouvrant une problématique philologique et historique. Les noms de Gouhier, Polin, Starobinski, Goldschmidt, Philonenko, Derrida marquent cette entreprise. Tous les ouvrages et les auteurs cités en introduction sont référencés en fin de volume, dans la Bibliographie. On trouvera de même en fin de volume les précisions chronologiques.

3. De *J.-J. Rousseau et la science politique de son temps* à son édition critique du *Contrat social*. Il faut noter, dans les dernières décennies, l'apport anglo-saxon à cette mise en perspective historique : après Vaughan et Leigh, on citera Masters, Shklar, Riley, Hulliung.

4. L'édition des *Œuvres complètes*, Bibliothèque de la Pléiade, en 5 volumes (1959-1995) condense l'essentiel de cet acquis. Édition notée ici OC I à V.

5. M. Viroli, *La Théorie de la société bien ordonnée chez Jean-Jacques Rousseau* (1988), fait à cet égard exception.

déshérence dans laquelle les livres III et IV sont restés. Sans doute est-ce pourquoi les mêmes oppositions manichéennes dans l'interprétation ont pu perdurer.

Aussi bien, pour qu'un texte puisse véritablement nous parler, une troisième condition doit être remplie : que nous ayons des questions à lui poser. Peut-être est-ce à nouveau le cas pour le *Contrat social* ? Mark Hulliung estime dans un livre récent[6] « le temps venu pour nous de faire faire un pas en avant à l'interprétation usuelle des Lumières », en prenant mieux en compte « les moments de doute de soi », et « d'autocritique ». Il propose de voir en Rousseau la figure privilégiée de cette « autocritique des Lumières ». Cette perspective me paraît d'autant plus féconde qu'elle tire sa nécessité de ce que nous avons, pour notre compte, à penser : notre capacité à reconnaître la dimension autocritique de la pensée des Lumières commande la conscience critique que notre époque peut avoir d'elle-même. Nos questions les plus pressantes, singulièrement en philosophie politique, mettent en jeu nos décisions sur l'héritage des Lumières. Sans doute la formule célèbre (« Tel est le problème dont le contrat social donne la solution. ») a-t-elle contribué à masquer ce fait essentiel : Rousseau, dans le *Contrat social*, est constamment occupé à poser des problèmes, à mettre en évidence des contradictions, à penser la politique comme un champ de tensions qu'il s'agit de reconnaître et de faire travailler. Aborder le *Contrat social* sous cet angle, c'est chercher à y lire, avant les réponses qu'il donne, les questions qu'il se pose.

Des Institutions politiques *au* Contrat social

Le *Contrat social* paraît, en mai 1762, avec l'*Émile*. Le scandale est immédiat, à Paris comme à Genève, mais porte avant tout sur les pages qui, dans les deux

6. *The Autocritique of Enlightenment. Rousseau and the Philosophers* (1994), p. 7.

ouvrages, concernent la religion : la *Profession de foi du vicaire savoyard* et le dernier chapitre du *Contrat* sur « la religion civile »[7]. La prise en compte de la théorie politique de Rousseau sera freinée par ce contexte. *L'Anti-Contrat social* de Bauclair (1764) fait exception. Si les thèses politiques sont débattues à Genève, c'est en contrepoint de la querelle religieuse. *Les Lettres écrites de la Campagne* de J.-R. Tronchin donneront à Rousseau l'occasion, dans *ses Lettres écrites de la Montagne* (1764), de revenir sur ses conceptions politiques. Mais ce texte est trop lié à la politique genevoise pour avoir eu un grand retentissement européen. Certes, des lecteurs aiguillonnés par leurs propres préoccupations politiques vont demander à Rousseau de prolonger ses *Principes du droit politique* par des travaux de politique appliquée : le *Projet de Constitution pour la Corse* et les *Considérations sur le Gouvernement de la Pologne*[8]. Mais ces textes furent publiés après la mort de Rousseau. Si, dans les années qui suivent la parution du *Contrat*, la pensée politique occupe une bonne part de l'attention de Rousseau, la partie émergée de l'œuvre est tournée vers un tout autre horizon : les *Confessions*, puis les *Dialogues*, enfin les *Rêveries* ou encore la musique puis la botanique. Il faut prendre acte de ce que, du vivant de Rousseau, le *Contrat social* est à la fois célèbre et négligé[9]. Plus généralement le contraste est grand entre l'importance que Rousseau accordait à la politique et la perception de son œuvre. Pour en prendre la mesure, il faut donner sa place au projet des *Institutions politiques*, ce grand ouvrage qui ne vit jamais le jour et dont devait subsister le *Contrat social.*

7. Sur la *Profession de foi*, voir notre introduction à ce texte (GF, 1996). Le chapitre VIII est en fait le pénultième : y succède, en forme d'envoi, un bref adieu aux *Institutions politiques*.

8. Respectivement rédigés en 1765 et 1771 (publiés en 1861 et 1782). Sur la politique appliquée de Rousseau, voir l'Introduction et les notes de B. de Negroni, GF, 1990.

9. Rousseau l'avait prévu : le *Contrat social* « sera infailliblement étouffé » par la publication de l'*Émile* (lettre à Rey du 4 avril 1762).

On connaît l'importance de l'enfance genevoise pour la formation morale et religieuse de Rousseau. On sait combien ses lectures de Plutarque, des historiens romains, de l'histoire de l'Église ont formé son cadre de pensée. On connaît moins l'influence de cette période pour sa formation politique [10]. Rousseau eut très tôt conscience non seulement de son statut de citoyen, de la singularité politique de Genève, mais aussi des divisions sociales et politiques qui la partageaient et de la place ambiguë que ses origines familiales lui assignaient. Le plus important sans doute est que Genève était le lieu d'un débat permanent, de mouvements périodiques de revendication politique (« les représentations »), de conflits pouvant aller aux limites de la guerre civile. Par tradition familiale, puis par information directe, Rousseau ne pouvait ignorer les crises qui secouèrent la République. Il en montre une connaissance précise lorsqu'il est mêlé à celle des années 1763-1765. Il envisagea même de rédiger une histoire de Genève. Quelle qu'ait été la « conscience politique » du tout jeune homme qui en 1728 prit la route de l'exil, il est certain que la politique n'était pas pour lui seulement matière à histoire, à spéculation, mais une réalité pratique par laquelle tout homme comme citoyen était concerné. En ce sens, on peut dire que c'est par un mouvement de réappropriation plus que de découverte qu'il devait en faire un objet central de réflexion.

À en croire les *Confessions* (livre IX), c'est en 1743-1744, à Venise où il faisait fonction de secrétaire de l'ambassadeur de France, que Rousseau forma le projet d'un grand ouvrage qui devait s'intituler les *Institutions politiques*. Se reportant à l'année 1756 et à son installation à Montmorency, il écrit : « Des divers ouvrages que j'avais sur le chantier, celui que je méditais depuis longtemps, dont je m'occupais avec le plus de goût, auquel je voulais travailler toute ma vie, et qui devait, selon moi, mettre le sceau à ma réputation,

10. Michel Launay, *J.-J. Rousseau écrivain politique*, chap. I et II.

était mes *Institutions politiques*. Il y avait treize à quatorze ans que j'en avais conçu la première idée, lorsque, étant à Venise, j'avais eu quelque occasion de remarquer les défauts de ce gouvernement si vanté. Depuis lors mes vues s'étaient beaucoup étendues par l'étude historique de la morale. J'avais vu que tout tenait radicalement à la politique, et que, de quelque façon qu'on s'y prît, aucun peuple ne serait que ce que la nature de son gouvernement le ferait être [...]. » Ce texte est riche en indications sur l'importance attribuée par Rousseau à cette entreprise, sa chronologie, son orientation.

Les *Institutions politiques* sont données ici comme l'œuvre essentielle, conçue alors que Rousseau avait peu écrit et publié moins encore, destinée à être le travail d'une vie entière, objet d'une prédilection personnelle. Même s'il est entendu que les enfants que l'on n'a pas eus ou que l'on a perdus sont toujours ceux que l'on préfère, rien n'autorise à mettre en doute ce que ce texte affirme. Comment comprendre que Rousseau, qui a tant publié, ait pu y renoncer ? Peut-être en concevant que cet ouvrage a moins disparu qu'il ne s'est transformé, que l'on doit parler de mutation du projet plus que de renoncement. Les *Institutions politiques* sont la carrière dans laquelle a été puisée la matière de plus d'une œuvre, elles sont aussi le lieu virtuel de leur convergence. Les deux *Discours*, l'article *Économie politique*, le *Contrat social*, des parties entières de l'*Émile*, les *Lettres écrites de la Montagne*, les textes sur la Corse et la Pologne, nombre de fragments conservés (sur la guerre, l'histoire romaine, celle de Sparte, etc.), forment pour ainsi dire les *membra disjecta* de ce qui, à bien des égards, a conservé le caractère d'une œuvre unique[11].

Conçu en 1743, ce projet avait donné lieu, durant « treize ou quatorze ans », à une réflexion continue, à l'accumulation de matériaux divers. Rousseau n'avait

11. Il faut y joindre les divers écrits sur l'abbé de Saint-Pierre et, dans une large mesure, la *Lettre à d'Alembert* sur les spectacles.

jamais cessé de s'en occuper, « en bonne fortune ». Deux erreurs symétriques sont ici à éviter. La première serait de croire que, dès Venise, il avait conçu tout d'une pièce l'orientation et le plan de l'œuvre future : il dit expressément que « depuis lors [ses] idées s'étaient beaucoup étendues par l'étude historique de la morale ». Cette étude, il n'y a guère de doute, est celle que l'Académie de Dijon, à deux reprises, l'avait incité à entreprendre. Il a donc perçu les deux discours comme des occasions d'approfondir et d'élargir la problématique initiale des *Institutions politiques*. Se nourrissant de l'œuvre ébauchée, ils la transformaient en retour [12]. De même, contrairement à ce qu'on lui fait souvent dire, Rousseau ne présente pas l'idée que « tout tient à la politique » comme une intuition initiale, mais comme une idée mûrie, résultant elle aussi de l'étude historique de la morale. Dans ce processus de maturation, les travaux faits pour le compte des Dupin, en particulier en 1749, lorsqu'ils préparaient une « réfutation » de l'*Esprit des lois* de Montesquieu, nouvellement paru, ont joué un grand rôle. C'est de cette année que Rousseau marque le moment où il mit véritablement le livre en chantier. Les *Institutions politiques* étaient un « work in progress » qui se faisait petit à petit et « en bonne fortune ». Pour autant, conclure comme on l'a souvent fait que, sous le titre, il n'y avait guère que des notes et des fragments sans unité est aussi contestable. Au livre VIII des Confessions, relatant son séjour de l'été 1754 à Genève (séjour qui vit sa réintégration dans l'Église réformée et ses droits de citoyenneté), Rousseau dit expressément, évoquant ses promenades songeuses autour du lac : « je digérais le plan déjà formé de mes *Institutions politiques* [13] ».

12. Sur ce point, voir les chapitres de Goldschmidt consacrés à la « constitution du discours » de Rousseau.

13. La seconde partie du *Discours sur l'origine de l'inégalité* comme l'article *Économie politique* supposent une accumulation antérieure d'informations, de lectures, de réflexions, de rédaction même : Rousseau travaillait adossé au travail en cours.

Toutes ces informations se recoupent. Rousseau avait conçu le projet d'écrire un livre intitulé *Institutions politiques* en 1743. Il en mûrit le projet et accumula les matériaux dans les quinze années qui suivirent, de façon plus déterminée à partir de 1749, en interaction avec la rédaction des œuvres que les circonstances le conduisaient à donner. L'idée centrale et le plan de l'ouvrage s'étaient peu à peu dessinés. Peut-on s'en faire une idée plus précise ?

Le titre même est une information. Il n'a pas assez retenu l'attention. En toute rigueur, comme on le comprend communément, il fait pléonasme. Aux yeux de Rousseau, toute politique est institution et toute institution est politique. Sans doute commet-on une méprise sérieuse sur le sens même du terme « institution ». Dans le titre d'un ouvrage, « institution » (surtout employé au pluriel, en latin *institutiones*) signifie traditionnellement que l'on se propose de donner un traité élémentaire mais complet, destiné à l'instruction dans un domaine déterminé. C'est bien ainsi que Rousseau le conçoit, lorsqu'il titre le traité de chimie qu'il veut donner : *Institutions chymiques*[14]. Le terme « institution » ne désigne pas l'objet de l'ouvrage mais sa forme, celle d'un traité exhaustif. Vouloir écrire des *Institutions politiques*, c'est vouloir écrire un grand traité de politique. Rousseau parle du *Contrat social* comme d'un « petit traité ». Par contamination, la fausse lecture du terme « institution » a restreint le sens du terme « politique », donnant à penser que Rousseau écrivait un ouvrage de droit constitutionnel. « Politique » a au contraire une compréhension très étendue et embrasse tout ce qui concerne l'état social des hommes : *l'état civil*. En toute rigueur, si « tout tient

14. Il reprenait alors un titre traditionnel : les *Institutiones et experimenta Chemiae* de Boerhaave (1724) avaient été précédées et seraient suivies de bien d'autres (Bernadette Vincent-Bensaude et Bruno Bernardi, « Pour situer les *Institutions chymiques* », *Corpus*, n° 36, déc. 1999, p. 28). C'est encore le sens qu'il a dans un texte bien connu de Rousseau : *L'Institution de la religion chrétienne de Jean Calvin (1560).*

à la politique », c'est un projet total que se donnent les *Institutions politiques.* De la matière et, dans une certaine mesure, du plan des *Institutions politiques*, nous pouvons nous faire une idée en confrontant les indications données par Rousseau.

Le livre V de l'*Émile* abordant la formation politique du jeune homme, au moment de le mettre en état de remplir ses devoirs d'homme et de citoyen, présente un sommaire détaillé du *Contrat social*, enchâssé dans le canevas plus lâche d'un ensemble plus vaste : les *Institutions politiques.* Rousseau en désigne l'objet : c'est « le droit politique » dont il précise qu'il est « encore à naître ». Ce droit politique doit comprendre un droit politique positif (l'examen des sociétés existantes et de leurs rapports), et des principes de ce droit, car « il faut savoir ce qui doit être pour bien juger de ce qui est ». Ces principes du droit politique, Rousseau entend les tirer de la « nature du corps politique ». Ils précèdent nécessairement le droit politique positif[15]. Mais il ne suffit pas de considérer le corps politique en lui-même : « après avoir considéré chaque espèce de société civile en elle-même, nous les comparerons pour en observer les divers rapports ». Les peuples ont des rapports entre eux : la guerre, le commerce, les traités, les confédérations. « Ces recherches nous mènent directement à toutes les questions de droit public qui peuvent achever d'éclaircir celles du droit politique. » Le dernier chapitre du *Contrat social* dit en termes voisins : « Après avoir posé les vrais principes du droit politique et tâché de fonder l'État sur sa base, il resterait à l'appuyer par ses relations externes ; ce qui comprendrait le droit des gens, le commerce, le droit de la guerre et les conquêtes, le droit public, les ligues, les négociations, les traités etc. » Le *droit public*, sous lequel on peut penser les rapports des peuples entre eux, trouve son fondement dans les principes *du droit politique.*

15. C'est précisément de ne pas avoir donné un tel fondement à son travail qu'il fait reproche à Montesquieu.

La matière des *Institutions politiques* est donc, dans toute son extension, celle *du droit politique*. Elle réclame d'abord l'établissement de *principes* qui doivent se tirer de *la nature du corps politique*. De ces principes découleront d'une part l'étude du *droit public*, d'autre part l'examen du *droit politique positif*. On peut rattacher à chacune de ces trois parties constitutives les fragments qui nous ont été conservés [16] ou dont nous connaissons l'existence bien que disparus [17]. Quel a été l'état d'avancement de ce projet, nous l'ignorerons toujours. En 1758 (*Confessions*, livre X), Rousseau fit son propre bilan : « J'examinai l'état de ce livre, et je trouvai qu'il demandait encore plusieurs années de travail. Je n'eus pas le courage de le poursuivre et d'attendre qu'il fût achevé, pour exécuter ma résolution. Ainsi, renonçant à cet ouvrage, je résolus d'en tirer tout ce qui pouvait se détacher, puis de brûler tout le reste ; et, poussant ce travail avec zèle, sans interrompre celui de l'*Émile*, je mis, en moins de deux ans, la dernière main au *Contrat social*. »

Nous avons conservé le texte d'une première version du *Contrat social*, le *Manuscrit de Genève* [18]. Sa datation est incertaine. Parmi ses éléments, certains peuvent être très anciens et remonter aux premiers états des *Institutions politiques*, certains semblent très proches de la rédaction définitive. Est-il une étape de ce travail conduit « avec zèle » à partir de 1758 ? Représente-t-il l'état du texte à cette date ? Le corps même du manuscrit est en tout cas postérieur à l'article *Économie politique* (1754). En bien des points, il permet d'éclairer le texte du traité et sa genèse. Plus polémique, il corrige la fausse image d'intemporalité que la version achevée peut parfois suggérer.

16. Sur la guerre et l'état de guerre, le commerce, le luxe, etc., sur l'histoire romaine et grecque.

17. En particulier le texte sur les « Confédérations » que le comte d'Antraigues se vantait, en 1790, d'avoir brûlé de ses propres mains.

18. R. Derathé en a donné l'édition critique au troisième volume des *Œuvres complètes*.

L'objet du Contrat social

Nous pouvons déjà caractériser l'objet du *Contrat social* par rapport à celui plus large *des Institutions politiques* : établir les *principes du droit politique*, préalables à la formation du droit public et à l'examen du droit politique positif. Le sous-titre de l'ouvrage trouve ainsi sa pleine justification. Nous pouvons même rendre compte de ce qui peut paraître d'abord anomalie au regard de cet objet : Rousseau a été amené, parce qu'il renonçait à produire le corps même de son grand traité, à rabattre dans le corps du *Contrat social* des éléments qui auraient dû lui succéder. Ainsi en est-il, au livre I, chapitre III, des passages sur la guerre, au livre II, chapitres VII à XI, des développements sur le climat, l'agriculture, la géographie, au livre IV, du chapitre sur les comices romains. Encore faut-il noter que chacun de ces *excursus* a sa nécessité pour l'établissement des *principes*. Mais on ne saurait bien déterminer l'objet du *Contrat social* sans le situer en regard du *Discours sur l'origine de l'inégalité*.

Pour le lecteur du *Second Discours*, ouvrir le *Contrat social*, c'est s'exposer à une redoutable surprise : Rousseau ignore si bien ce qu'il a déjà publié qu'il semble se contredire. Concluant le *Second Discours*, il le résumait : « J'ai tâché d'exposer l'origine et le progrès de l'inégalité, l'établissement et l'abus des sociétés politiques, autant que ces choses peuvent se déduire de la nature de l'homme par les seules lumières de la raison. » Ouvrant le *Contrat*, il écrit : « L'homme est né libre, et partout il est dans les fers [...]. Comment ce changement s'est-il fait ? Je l'ignore. » Rendre compte de ce contraste, c'est comprendre l'articulation de la pensée. On notera d'abord que, si inégalité et domination sont inséparables comme égalité et liberté, la polarisation des notions est inversée d'une œuvre à l'autre. Le discours a montré comment les « progrès de l'inégalité » engendraient la servitude ; le traité démontrera que l'établissement de la liberté exige celui de l'égalité. La première démarche était anthropologique et induisait des conséquences politiques, la seconde est politique et requiert un fondement anthropologique. Les problématiques sont fortement distinctes. Leur point de départ commun est un constat : les sociétés humaines sont faites d'inégalité et de servitude. Le discours se demandait comment rendre compte de cet état de fait. Il y avait répondu par une conjecture rationnelle (voilà comment les choses ont pu se passer), et en avait tiré une conséquence essentielle : on ne peut fonder en nature ni l'égalité ni la domination. Le *Contrat* repart du même constat, mais se pose une autre question : « Qu'est-ce qui peut le rendre légitime ? » À « l'étude historique de la morale » succède celle du « droit politique ». Le *Contrat* s'adosse au discours, en tant que celui-ci a créé sa condition de possibilité : on ne peut fonder l'ordre politique en nature puisque le passage à l'état civil est « dénaturation ». Mais ce soubassement même n'est pas présupposé. Il va être démontré à nouveaux frais dans les cinq premiers chapitres : le concept de société enveloppe celui de convention ; la liberté est ce sans quoi il est impossible de penser la « formation du lien social ».

Le *Contrat social* a donc pour objet la formation du corps politique en tant qu'elle est affaire de principes, c'est-à-dire de légitimité. La question est alors incontournable : les principes du droit politique relèvent-ils du droit naturel ? Les rapports de Rousseau avec le jusnaturalisme sont d'une trop grande complexité pour pouvoir être abordés ici dans leur étendue. Il faudrait pour cela opérer deux distinctions, l'une chronologique (un tournant décisif est pris entre le *Second Discours* et l'*Économie politique*), l'autre problématique (Rousseau donne un contenu différent à la notion suivant qu'il raisonne en termes anthropologiques ou politiques). On se limitera donc au cadre du *Contrat social*. Le texte définitif ne comprend que deux occurrences de l'expression « droit naturel » : livre I, chapitre IV et livre II, chapitre III. La première concerne le « gouvernement féodal », jugé « contraire aux principes du droit naturel, et à toute bonne politie ». La seconde rappelle que les membres du corps politique ont un « droit naturel dont ils doivent jouir en qualité d'hommes ». Dans les deux cas, la catégorie du droit naturel est invoquée pour borner le droit politique. Elle renvoie à la « loi naturelle » (livre I, chapitre II) qui découle de « la nature de l'homme » : « Sa première loi est de veiller à sa propre conservation, ses premiers soins sont ceux qu'il se doit à lui-même, et, sitôt qu'il est en âge de raison, lui seul étant juge des moyens propres à se conserver devient par là son propre maître. » Il n'y a de constitution légitime qu'assurant la conservation et la liberté des membres du corps politique. Pour autant, il n'y a de droit que faisant l'objet d'une déclaration, c'est-à-dire d'une loi. Cette déclaration est un acte politique que la volonté générale seule peut poser. Or la volonté générale est toujours celle d'un corps politique, c'est-à-dire d'un peuple donné. Rousseau récuse l'idée d'une volonté générale du genre humain, comme celle d'une société générale du genre humain. Le droit politique n'est pas un droit naturel, même si la loi de nature est le fondement de tout ordre politique légitime. L'expression *droit naturel* recouvre donc deux notions distinctes. L'une désigne ce qui n'est pas vraiment un droit, parce que ne pouvant faire l'objet d'une déclaration publique : c'est la loi de nature. L'autre fait signe vers ce qui n'est plus vraiment un droit parce que ne nécessitant plus une telle déclaration. Le *Manuscrit de Genève* (OC III, p. 329) le montre nettement : le vrai droit naturel, qu'il appelle « droit naturel raisonné », n'est pas antérieur mais postérieur au droit politique, « car la loi est antérieure à la justice et non la justice à la loi ». Ce n'est que par l'institution des sociétés politiques qu'il pourra se faire, peut-être, que nous soyons conduits « à en user avec les autres hommes à peu près comme avec nos Concitoyens ». Car, « nous ne commençons proprement à devenir hommes qu'après avoir été Citoyens » (OC III, p. 287). Entre la nature de l'homme et l'humanité, entre l'anthropologie et la morale, le droit politique est une médiation nécessaire.

C'est dans des termes semblables que se présente à nous la question la plus déroutante concernant les *Principes du droit politique* : dans quelle mesure le contrat social est-il un contrat ? Cette question est pour une part subordonnée à la précédente[19]. Un contrat est un acte juridique passé entre des sujets de droit, par lequel ils s'engagent les uns à l'égard des autres. Le mariage est à cet égard le contrat par excellence : ce n'est pas fortuitement qu'il constitue le dernier objet de réflexion du *Contrat social.* Pour qu'un contrat soit possible, il faut que trois conditions soient réunies. La première est la libre volonté des contractants : nul ne peut s'engager que librement, nul ne peut par son engagement renoncer à sa liberté (liv. I, chap. IV). La seconde est l'obligation, à laquelle les contractants sont tenus, de respecter leur engagement, sans quoi aucun lien effectif ne serait formé, et le contrat serait « un vain formulaire » (liv. I, chap. VII). Cette seconde condition en implique une troisième : un contrat est toujours passé devant une instance qui le garantit et sanctionne le respect de l'obligation (*ibid.*). Dans une société constituée, le contrat est la forme normale du lien entre sujets de droit : ils s'engagent devant la loi qui garantit et sanctionne le respect des engagements pris. C'est l'objet des *lois civiles* (liv. II, chap. XII). Lorsqu'il s'agit de penser la constitution d'une société, la première condition est virtuellement remplie par la nature de l'homme et celle de l'acte, mais qu'en est-il des deux suivantes ? D'où naîtra l'obligation ? Qui en sera le garant ? Le contrat social qui relève du droit politique et non du droit civil ne saurait être un contrat du même type que les autres. Est-ce même vraiment un contrat ?

19. Pour une présentation de l'histoire du contractualisme avant Rousseau, voir Derathé, *J.-J. Rousseau et la science politique de son temps*, chap. IV.

Commençons par noter que l'expression de *contrat social* est en permanence tenue pour équivalente de celle de *pacte social.* Cette dernière est même dominante : treize occurrences contre neuf. Le contrat social est un pacte. Rousseau a pris soin, par l'épigraphe mis en tête de son traité, de donner le terme latin correspondant : *fœdus.* La référence à l'*Énéide* est éclairante : deux puissances en guerre décident de régler par une convention leur conflit. Le pacte (*fœdus*) est un traité, qui renvoie non à des sujets de droit mais à des puissances. On le retrouve dans la confédération qui est bien, dans la terminologie de Rousseau, le pacte ou traité que des puissances passent entre elles pour faire cesser l'état de guerre qui règne entre elles. Les hommes dans l'état de nature sont bien les uns à l'égard des autres comme des puissances. L'acte par lequel ils passent à l'état civil est un pacte.

Le contrat social peut dès lors être compris comme double : il est à la fois un pacte et un contrat. Il est plus exactement un pacte constitutif d'un contrat. C'est un pacte parce qu'il s'agit d'un accord de puissances entre elles. Mais ce pacte ne peut se réaliser que comme contrat, c'est-à-dire en constituant les trois conditions évoquées. Il réalise la première parce que les membres du corps politique qui conviennent comme puissances se reconnaissent comme sujets de droit. Il réalise les deux suivantes par la formation de la volonté générale, c'est-à-dire de la loi, devant laquelle ils s'engagent, et qui apporte garantie et sanction à leur engagement mutuel. La singularité du contrat social n'est pas seulement que les contractants s'engagent envers eux-mêmes, mais elle consiste aussi en ce qu'il crée ses propres conditions : des sujets de droit (les membres du corps politique et ce sujet de droit exceptionnel qui est une personne morale : le peuple), il constitue l'obligation et la loi qui l'exprime. Le contrat social est un acte politique instituant, par lequel une communauté est formée qui se donne des lois.

L'objet des *Principes du droit politique* est donc la formation du corps politique qui est en même temps celle de sujets de droit liés entre eux par des liens d'obligation.

Une dynamique du politique

Le *Contrat social* n'est pas seulement célèbre ; son vocabulaire et ce qui est tenu pour ses thèses constitutives se sont si bien diffusés que l'on a souvent le sentiment de l'avoir lu avant de le lire. Cet objet virtuel, constitué par la tradition scolaire et républicaine, est peut-être l'obstacle majeur à la reconnaissance de l'œuvre elle-même et tend à occuper sa place. Essayons de présenter ce tenant lieu de *Contrat social* sans le caricaturer.

Opposant la nature de l'homme, faite pour la liberté, et les relations de domination constitutives des abus de l'état civil, Rousseau montrerait que seule une convention librement consentie peut fonder une société légitime. Cette convention, le contrat social, consisterait en l'abandon de la liberté d'indépendance de l'état de nature pour une liberté civile, celle du citoyen membre du peuple souverain, auteur des lois. La souveraineté de la volonté générale succéderait à l'indépendance des volontés particulières. Libre comme citoyen, l'homme serait obligé comme sujet d'obéir à la loi et contraint par la force commune à cette obéissance. La République serait le règne de la volonté générale, une et indivisible, s'exprimant par les lois. L'affirmation de la souveraineté du citoyen aurait pour corollaire nécessaire l'assujettissement du membre de l'État. Un exemple est souvent évoqué pour illustrer cette relation : les citoyens par leur vote décident des impôts, les sujets étant tenus à les acquitter. Dans cette conception de la République, les uns verront la souveraineté du peuple, la primauté de l'intérêt collectif sur l'intérêt particulier, l'exigence d'universalité, les autres liront l'oppression des libertés individuelles, l'ignorance de l'intérêt particulier comme ressort de l'activité sociale, la prétention d'imposer une morale officielle de l'État aux idéaux propres des individus ou des groupes librement constitués. Cette épure, comme les jugements contradictoires qu'elle peut induire, est le résultat d'une série d'omissions, de réductions, de gauchissements, d'erreurs partielles qui finissent par donner de la pensée politique de Rousseau une vision bien éloignée de sa véritable visée. Il reviendra à l'annotation du texte de le montrer de façon circonstanciée. C'est à attirer l'attention sur ce qui, dans cette présentation, n'est pas lu du *Contrat social*, plus qu'à montrer ce qui est mal lu, que cette introduction s'emploiera.

On partira d'une observation simple : ce résumé tend à faire comme si le *Contrat social* se réduisait au premier livre et aux six premiers chapitres du second, le véritable propos de Rousseau s'achevant avec la définition de la loi, soit avec le premier quart du texte. Cette tendance est si forte que l'on a vu des éditions séparées des deux premiers livres, le restant du texte étant constitué en une série de lieux périphériques, litigieux et pour cela réservés à des études de spécialistes : les questions du législateur, du gouvernement, de la représentation, enfin de la religion civile. Des éditeurs parmi les plus attentifs ont pu même avancer que tel chapitre était purement adventice (« La religion civile »), voire n'avait que fonction de remplissage « pour augmenter le volume » (le chapitre sur les comices romains au livre IV). Ne serait-il pas plus fécond de faire fond sur l'unité du *Contrat social* ? Pour cela, le plan du *Contrat social* doit être compris non comme une distribution des matières, mais comme une démarche de pensée : à condition de dégager la dynamique du texte, on pourra comprendre qu'il explore la dynamique du politique.

Rousseau, au premier chapitre, se propose une question : comment rendre l'état civil légitime ? Il annonce qu'il « croit pouvoir la résoudre ». Au chapitre VI, l'ayant reformulée et spécifiée (comment former une association qui respecte la liberté ?), il déclare : « Tel est le problème fondamental dont le contrat social donne la solution. » Tout se passe comme si on avait pris cette déclaration pour un communiqué final, une sorte de CQFD. Alors, bien sûr, on ne peut concevoir les chapitres suivants que comme les suites d'abord essentielles (les concepts fondamentaux à la fin du livre I, la théorie de la volonté générale et de la souveraineté au livre II), puis mineures de ce grand résultat. À partir de la formation du corps politique, Rousseau produit un ensemble de thèses et de concepts constitutifs de sa philosophie politique, cela est certain. Mais, loin d'épuiser la dimension problématique de sa démarche, ces résultats lui donnent son véritable ressort.

La solution que la formation du pacte social apporte n'est pas celle d'une statique mais d'une dynamique politique : « Comme la volonté particulière agit sans cesse contre la volonté générale, ainsi le Gouvernement fait un effort continuel contre la Souveraineté » (liv. III, chap. X). Par cet énoncé, Rousseau nous donne une clé pour l'économie de sa pensée. La vie du corps politique est à la fois irriguée et minée par deux contradictions essentielles dont dérivent toute une série de contradictions subséquentes : la première est la contradiction du souverain, celle des volontés particulières et de la volonté générale (contradiction installée en chaque citoyen), la seconde est celle de la constitution, entre gouvernement et souverain. Ces contradictions sont constitutives du corps politique, elles sont des conséquences inéluctables de la nature du corps politique, elles sont enveloppées par la notion de volonté générale.

La théorie de la souveraineté de la volonté générale est formée aux chapitres VI et VII du livre I, développée dans les premiers chapitres du livre II. Pour la comprendre, il est décisif de voir que la formation de la volonté générale ne fait pas disparaître les volontés particulières. Celles-ci tendent toujours à se faire valoir *contre* la volonté générale (« Chaque individu peut comme homme avoir une volonté particulière contraire ou dissemblable à la volonté générale », liv. I, chap. VII), elles se font valoir *dans* la volonté générale (« Si l'opposition des intérêts particuliers a rendu nécessaire l'établissement des sociétés, c'est l'accord de ces mêmes intérêts qui l'a rendu possible », liv. II, chap. I), elles doivent être respectées *par* la volonté générale comme fixant ses bornes (« Outre la personne publique, nous avons à considérer les personnes privées qui la composent, et dont la vie et la liberté sont naturellement indépendantes d'elle », liv. II, chap. III). La « transformation » et « l'altération » que le passage à l'état civil induit dans la nature de l'homme (liv. I, chap. VIII ; liv. II, chap. IV) lui confèrent des propriétés nouvelles comme partie du tout social, substituent de nouveaux principes à sa conduite, mais ne suppriment ni sa nature ni les droits qu'elle lui donne.

La permanence dans le corps politique de la distinction entre volonté particulière et volonté générale se lit de trois façons. La première est de conséquence : c'est une tendance permanente que de tendre à « jouir des droits du citoyen sans vouloir remplir les devoirs du sujet ». Il n'y a aucun irénisme politique chez Rousseau. La vie du corps politique est faite d'abord de cette tension irréductible. De là découle la nécessité d'une « force compulsive » qui contraigne les sujets à respecter la loi. La volonté générale devra se doter d'un « agent propre » qui la mette en œuvre. La seconde conséquence est, en apparence du moins, moins problématique : les volontés particulières n'ont pas à être défendues contre la volonté générale car celle-ci, par sa nature, « n'a ni ne peut avoir d'intérêt contraire au leur » (liv. I, chap. VII). Cela ne signifie pourtant pas que la loi soit toujours bonne : il s'en faut de beaucoup qu'elle exprime toujours la volonté générale. S'il ne peut y avoir contradiction entre la volonté générale et l'intérêt de chacun, il faut que la volonté générale soit exprimée, et cela est loin d'être facile (liv. II, chap. IV). Les lois politiques auront pour premier objet de créer les conditions qui permettent à la volonté générale de s'exprimer. Mais une troisième conséquence, la plus importante sans doute, apparaît alors : avant de s'exprimer la volonté générale doit se former. Or elle ne peut se former ailleurs que dans le « cœur » des citoyens. La volonté générale est affaire d'opinion et de mœurs (liv. II, chap. XII). Toute la vie du corps politique est suspendue à cette condition que la volonté générale parle d'abord au cœur de chaque citoyen.

Que le gouvernement soit nécessaire est encore une conséquence de la nature du corps politique et de la volonté générale. On a déjà vu une première figure de cette nécessité : la loi, comme déclaration de la volonté générale, doit être suivie d'effet et les sujets doivent y obéir. Il ne suffit pas au souverain de vouloir, il lui faut agir et se faire obéir. Rousseau trouve dans la distinction entre acte de souveraineté et acte de magistrature, loi et décret, une autre cause de l'institution du gouvernement : par la loi, le peuple statue sur tout le peuple et ne peut se donner d'objet particulier. Les actes d'administration ou de magistrature portent au contraire nécessairement sur l'application particulière de la loi (liv. II, chap. VII ; liv. III, chap. I). Mais l'institution du gouvernement, rendue nécessaire par la nature du corps politique, lui pose autant de difficultés qu'elle n'en résout. La formule déjà citée le dit de façon lapidaire et définitive : « le Gouvernement fait un effort continuel contre la Souveraineté ». Tout le livre III est régi par cette contradiction : le souverain ne peut agir que par le gouvernement, le gouvernement est animé par une tendance constitutive à dégénérer, c'est-à-dire à usurper la souveraineté. La vie et la mort du corps politique sont suspendues à cette contradiction. L'équilibre entre gouvernement et souverain, Rousseau le montrera patiemment, est tout entier suspendu à « l'activité de la volonté générale ». Cette activité n'est pas un mécanisme institutionnel, c'est une réalité morale et politique qui dépend de la conviction des citoyens (liv. III, chap. XV). Tout, encore une fois, dépend des mœurs et de l'opinion.

La vie du corps politique auquel le pacte social a donné naissance n'est pas un long fleuve tranquille : sa constitution même est porteuse d'un ensemble permanent de difficultés (le terme revient avec régularité sous la plume de Rousseau) qui la menacent sans cesse et sont toujours à résoudre. Le *Contrat social* ne s'achève pas avec le chapitre VII du livre II, précisément parce que tout commence avec lui : la vie difficile et contentieuse du corps politique. S'il est parfaitement justifié de voir dans la pensée politique de Rousseau un idéal de la société bien ordonnée, comme le montre Maurizio Viroli, c'est à la condition de voir que cet ordre est une norme, pas un fait, un but, jamais un acquis. Certes l'état civil légitime s'oppose aux sociétés désordonnées, d'inégalité et de servitude, mais l'état civil légitime lui-même est constitué de tensions impossibles à réduire, son équilibre est un équilibre dynamique et précaire. Il y a un second principe de la politico-dynamique (liv. III, chap. XI). L'institution politique est tendue entre un effort pour échapper au temps, qui est celui de tout droit (liv. I, chap. III), et la précarité historique qui est toujours la sienne. La volonté générale, toujours active, toujours dans l'instant, est la seule force qui puisse surmonter cette contradiction. Mais elle-même est précaire. Le statut de la temporalité dans la pensée politique de Rousseau a été trop ignoré.

Ayant ainsi déterminé l'objet du *Contrat social*, et restitué à sa démarche la dimension dynamique qui est la sienne, il est possible de décrire l'organisation du traité en rendant compte de son unité.

Le livre I forme le concept du *corps politique*, c'est-à-dire du *peuple souverain* et montre que le corps politique lui-même se forme par *l'acte d'association*, acte par lequel un peuple est un peuple. C'est un acte de volonté, une délibération commune (chapitre V). Les quatre premiers chapitres assurent cette démonstration par la voie négative de la réfutation, les quatre derniers en déployant positivement les conséquences essentielles.

Le livre II développe la problématique de la volonté générale et forme la théorie de la *législation*. Autour du chapitre VI, « De la loi », qui en est le pivot, il se décline comme théories de la souveraineté (chapitres I à VI), du législateur et de l'institution du peuple (chapitres VII à XI) et se referme sur la distinction des différents types de lois.

Le livre III développe la problématique de l'action du corps politique et forme la théorie de la *constitution*. Elle se met en œuvre comme théorie du gouvernement et de ses diverses formes (chapitres I à IX) et caractérise la vie du corps politique comme tension nécessaire entre gouvernement et souveraineté (chapitres X à XVIII).

Le livre IV développe la problématique de la *cohésion* du corps politique. Cette cohésion repose sur les conditions d'expression de la volonté générale (chapitres I à IV), sur l'équilibre et l'unité de la volonté générale et du gouvernement (chapitres V et VI), enfin sur la formation de l'unité de la volonté générale (chapitres VII et VIII).

Ce dont le Contrat social *s'occupe en secret*

Au cœur même du *Contrat social* (liv. II, chap. XII), Rousseau distingue différentes espèces de législation : les *lois politiques* constituent le corps politique et règlent l'expression de la volonté générale, la formation du gouvernement, les rapports entre souverain et gouvernement ; les *lois civiles* règlent les rapports des membres du corps politique entre eux, ceux des sujets avec l'État ; les *lois criminelles*, ou pénales, assurent la sanction des deux premières formes de lois. Puis Rousseau ajoute : « À ces trois sortes de lois, il s'en joint une quatrième, la plus importante de toutes ; qui ne se grave ni sur le marbre ni sur l'airain, mais dans les cœurs des Citoyens ; qui fait la véritable constitution de l'État ; qui prend tous les jours de nouvelles forces ; qui, lorsque les autres lois vieillissent ou s'éteignent, les ranime ou les supplée, conserve un peuple dans l'esprit de son institution, et substitue insensiblement la force de l'habitude à celle de l'autorité. Je parle des mœurs, des coutumes, et surtout de l'opinion ; partie inconnue à nos politiques, mais de laquelle dépend le succès de toutes les autres : partie dont le grand Législateur s'occupe en secret, tandis qu'il paraît se borner à des règlements particuliers qui ne sont que le cintre de la voûte, dont les mœurs, plus lentes à naître, forment enfin l'inébranlable Clef. » Parce que Rousseau parle ici du législateur et qu'il a déclaré d'emblée qu'il n'était ni prince ni législateur, parce qu'il indique que ce dernier s'occupe de cette quatrième sorte de lois par des « règlements particuliers » qui, d'évidence, ne relèvent pas des principes du droit politique, on a pris au pied de la lettre l'affirmation selon laquelle le *Contrat social* ne s'occupait que des lois politiques. On fera au contraire un grand pas dans la compréhension de l'unité du *Contrat social* en concevant que, comme le législateur mais à sa manière propre qui est celle des principes, Rousseau ne cesse de s'occuper « en secret » de cette quatrième sorte de lois : les mœurs, les coutumes, l'opinion.

Depuis sa lecture de l'article *Droit naturel* de Diderot, en 1754 ou 1755, Rousseau est convaincu que le problème majeur à résoudre est celui de l'obligation comme condition de possibilité du lien social et que l'on ne peut fonder aucune obligation sur la loi de nature. C'est la loi qui oblige et elle seule. Ce point est acquis dès l'*Économie politique* et constamment réaffirmé. On a vu comment, dans une société instituée, la théorie de la volonté générale fonde l'obligation. Mais, lorsqu'il s'agit de l'institution de la société, on achoppe sur une difficulté centrale, celle de la formation en chaque citoyen du sentiment de l'obligation. Cette condition est la plus difficile à réaliser parce qu'elle est circulaire : la formation de la communauté politique est suspendue à la production d'un effet qu'en toute rigueur elle seule peut produire. Ce cercle est analogue à celui de l'institution des langues dans le *Second Discours*. Le premier chapitre du *Manuscrit de Genève* (OC III, p. 288) avait envisagé de répondre à « l'interlocuteur violent » que s'était donné Diderot par des preuves rationnelles : « Montrons-lui », répète-t-il à plusieurs reprises. Mais c'était encore trop accorder à l'hypothèse de Diderot : la raison n'est éveillée que dans l'état civil. L'homme des « sociétés commençantes » n'est ni l'être raisonnable ni l'être moral que la société fera de lui. Faire appel à la force pour le faire entrer dans le lien social serait créer une agrégation, pas une association. Faire appel au raisonnement serait chimérique. Il faut donc une autre source pour le sentiment d'obligation. Telle est précisément la fonction du législateur : « Ainsi donc le Législateur ne pouvant employer la force ni le raisonnement, c'est une nécessité qu'il recoure à une autorité d'un autre ordre, qui puisse entraîner sans violence et persuader sans convaincre » (liv. II, chap. VII). Cette autorité sera celle de la religion. Le législateur pour Rousseau n'est pas tant celui qui conçoit et propose une bonne constitution que celui qui, par l'autorité qu'il se fait reconnaître, forme le sentiment d'obligation, condition de possibilité de la volonté générale. Il est l'instituteur du peuple. L'économie du livre II est alors d'une grande clarté : les sept premiers chapitres développent la théorie de la volonté générale, les cinq suivants montrent comment sa formation est possible.

La question de savoir si elle ne concerne que les « premiers moments des sociétés » est-elle pour autant résolue ? Il faudrait pour cela que la formation du lien social soit un événement historique produisant, une fois survenu, des effets continus qui échappent au temps. Tout au contraire le pacte social est sans cesse réitéré par le corps politique à chacune de ses délibérations. Cela pour deux raisons. La première tient à la nature de la volonté générale : absolument souveraine, elle n'est engagée par rien envers elle-même, pas même par le pacte social. L'acte par lequel elle s'autoinstitue est sans cesse renouvelé. La seconde découle de ce que la volonté générale n'est pas une instance séparée de la volonté des citoyens, elle est cette même volonté en chacun d'eux en tant qu'ils se représentent comme « parties indivisibles du tout ». Cela signifie que le sentiment de l'obligation mutuelle, condition pour que la voix de la volonté générale se fasse entendre au cœur de chaque citoyen, doit sans cesse être réactivé.

L'obligation a donc chez Rousseau un triple statut. Elle est *devoir* moral, et chacun à cet égard ne répond que devant sa conscience. Elle relève alors du *droit naturel raisonné*. Elle est une *relation de droit* politique, celle du sujet au souverain. Mais, en un troisième sens, l'obligation est le *sentiment* par lequel le membre du corps politique se reconnaît tenu à respecter les lois. Si ces trois ressorts de l'obligation pouvaient se recouvrir, les hommes seraient des dieux, la société générale du genre humain serait effective, les institutions politiques seraient inutiles. Mais il n'en est pas ainsi. Le sentiment d'obligation, qui n'est autre que le sentiment de sociabilité, a besoin d'être éveillé, stimulé. Et pour cela l'appel à la raison ne suffit pas. C'est des mœurs, de la coutume, de l'opinion qu'il relève. L'opinion est le véritable ciment politique.

Reconnaître la place de l'opinion au cœur de la pensée politique de Rousseau permet de rendre compte de la profonde unité du *Contrat social*. Il n'est pas besoin pour cela de prêter au texte plus qu'il ne dit. Rousseau s'occupe peut-être « en secret » de « cette partie de la politique de laquelle dépend le succès de toutes les autres », il ne le fait pas en cachette. La lecture commune faite de sa pensée dégage ce que l'on pourrait appeler à bon escient une topique. Le peuple souverain s'actualise comme volonté générale, qui se déclare comme lois, et comme puissance publique, qui se fait obéir. Le livre II et le livre III sont respectivement consacrés à ses manifestations de la souveraineté (l'une est *expression* l'autre *émanation* de la volonté générale). Un passage du dernier livre (chap. VII) nous suggère une autre topique, ternaire cette fois : « De même que la déclaration de la volonté générale se fait par la loi, la déclaration du jugement public se fait par la censure ; l'opinion publique est l'espèce de loi dont le Censeur est le Ministre, et qu'il ne fait qu'appliquer aux cas particuliers, à l'exemple du Prince. » Entre la volonté générale et la puissance publique, l'opinion publique forme une troisième instance qui porte les caractères de l'une et de l'autre. Comme la volonté générale elle dit ce qui, au regard du bien commun, doit ou ne doit pas être. En ce sens, elle forme « une espèce de loi ». Mais ce jugement, par destination, s'applique au particulier, elle est une espèce de décret. Le premier de ces caractères implique qu'elle est l'affaire du souverain, le second qu'elle ne peut se mettre en œuvre que par la médiation de magistrats commis à cet effet. Elle oblige sans contraindre. Tout son effet est dans sa déclaration. On ne saurait donc la confondre avec une magistrature pénale qui implique un pouvoir de coercition. On remarquera que la censure occupe, quant à la correction des mœurs, une place symétrique à celle du législateur quant à leur institution. La *Lettre à d'Alembert* avait consacré de longues pages à cette question, Rousseau y renvoie. La brièveté de ce chapitre est aussi l'indice de ce que Rousseau ne croit guère à ce « tribunal de la Censure ». Le chapitre sur la religion civile lui succède parce qu'il est une autre tentative de réponse à la même question.

Le chapitre sur la religion civile a été ajouté, dans une dernière phase de la rédaction, au texte du *Contrat social*. Il n'y a pas moins une place organique, et forme sa véritable conclusion. Reprenons sa structure sous le regard de ce que nous venons de dégager. Aux sociétés civiles commençantes correspondait un état théologico-politique de l'opinion dans lequel l'autorité de la religion faisait le ciment de la société et assurait le sentiment d'obligation. Cette religion politique primitive était naturellement polythéiste. Les « sociétés perfectionnées » ont développé la raison. Une telle forme théologico-politique n'est plus possible. Le sentiment de la divinité s'est affiné. La liberté de la croyance doit être reconnue. Les premiers balbutiements du droit naturel raisonné nous suggèrent d'« en user avec les autres hommes à peu près comme avec nos Concitoyens ». Le christianisme se présente à cet égard sous un jour contradictoire. C'est d'une part « la religion de l'Évangile », c'est-à-dire la « religion naturelle » qui correspondrait au droit naturel raisonné et à la société générale du genre humain. Cette religion est indifférente à l'institution politique et à l'obligation civile parce que pour elle l'institution politique est inutile. En un autre sens, le « christianisme des prêtres », celui des sociétés instituées, est une absurdité politique puisqu'il met en concurrence deux obligations, deux autorités, celle de l'État et celle de l'Église. Il n'y a pas de société générale du genre humain, la seule raison ne conduit pas les hommes, nous vivons dans des sociétés politiques instituées : le sentiment de l'obligation demande a être conforté pour que la voix de la volonté générale puisse parler et être entendue au cœur de chaque citoyen. Les institutions civiles devront donc comporter une religion civile. L'objet de la religion civile, c'est d'établir « les sentiments de sociabilité », de garantir le respect de l'obligation. Les « dogmes » de la religion civile seront strictement définis par cette fonction. On peut sourire devant cette construction, mais ne nous arrêtons-nous pas dans ce cas à la terminologie, à la pompe républicaine évoquée par Rousseau ? Dans les faits, ne butons-nous pas sur la même nécessité de conforter le sentiment d'obligation comme condition du lien social ? N'y aurait-il pas quelque analogie entre le rôle imparti par Rousseau à la religion civile et la place occupée dans nos sociétés par la doctrine des droits de l'homme ? On peut penser que la religion civile n'est pas une réponse plus concluante que le tribunal de la censure. Reste assurément que, pour Rousseau, la difficulté essentielle de la politique est bien celle-ci : comment conforter dans le cœur de chacun des membres du corps politique le sentiment d'obligation sans lequel il ne saurait y avoir de lien social ? Ce n'est assurément pas une question close.

Bruno BERNARDI.

NOTE SUR CETTE ÉDITION

Le manuscrit du *Contrat social*, dans sa version définitive, a disparu. Une seule édition est parue du vivant de Rousseau, revue par lui, et avec son aval, celle de 1762. Il va donc de soi que c'est ce texte que nous présentons. Une édition en fac-similé est disponible, annotée par Voltaire (Le Serpent à Plumes, 1998).

Rousseau, cependant, a indiqué en diverses occasions des modifications ou des ajouts pour une nouvelle édition qu'il n'a pas procurée de son vivant ; un certain nombre ont été insérés par Moultou et Dupeyrou dans leur édition de 1782. Nous les donnons avec les notes de R. à la première édition, suivis de l'indication : ajout (ou modification) de Rousseau, avec indication de leur provenance.

Il n'y avait pas lieu, dans une édition comme celle-ci, de maintenir l'orthographe du XVIIIe siècle qui pourrait gêner la lecture sans accroître l'intelligibilité. Il n'en va pas de même de la ponctuation et des marques typographiques. Rousseau en prenait soin, et leurs irrégularités mêmes sont presque toujours délibérées. La ponctuation obéit à une logique propre, marque le souffle et la scansion de la pensée, ses accélérations ou ses temps longs, elle fait à ce titre partie intégrante de l'œuvre. De même, des majuscules, des caractères italiques, sont attribuées à un certain nombre de concepts, ou plus précisément signalent le statut de concept de certains termes. Notre texte reproduit donc strictement la ponctuation et les caractéristiques typographiques de l'édition originale.

Les notes de Rousseau, ainsi que les variantes du texte, sont données en notes infrapaginales et signalées par des lettres de renvoi ([a], [b], etc.).

Nos propres notes explicatives sont regroupées en fin de volume et signalées par des numéros d'appel ([1], [2], etc.).

DU CONTRAT SOCIAL
ou
PRINCIPES
DU DROIT POLITIQUE [1]

par J.-J. ROUSSEAU,

citoyen de Genève [2]

– fœderis æquas
Dicamus leges.
Æneid. XI [3].

AVERTISSEMENT

Ce petit traité est extrait d'un ouvrage plus étendu, entrepris autrefois sans avoir consulté mes forces, et abandonné depuis longtemps [4]. Des divers morceaux qu'on pouvait tirer de ce qui était fait, celui-ci est le plus considérable, et m'a paru le moins indigne d'être offert au public. Le reste n'est déjà plus.

TABLE

DES LIVRES ET DES CHAPITRES [5]

LIVRE I

Où l'on recherche comment l'homme passe de l'État de nature à l'état civil, et quelles sont les conditions essentielles du pacte.

Chapitre I Sujet de ce premier Livre 46
Chapitre II Des premières Sociétés............ 46
Chapitre III Du droit du plus fort 49
Chapitre IV De l'esclavage 50
Chapitre V Qu'il faut toujours remonter à une première convention 54
Chapitre VI Du pacte Social 55
Chapitre VII Du Souverain 58
Chapitre VIII De l'état civil 60
Chapitre IX Du domaine réel...................... 61

LIVRE II

Où il est traité de la Législation.

Chapitre I Que la souveraineté est inaliénable 65
Chapitre II Que la souveraineté est indivisible 66
Chapitre III Si la volonté générale peut errer 68
Chapitre IV Des bornes du pouvoir Souverain 70

Chapitre V Du droit de vie et de mort........ 74
Chapitre VI De la loi.................................. 76
Chapitre VII Du Législateur......................... 79
Chapitre VIII Du peuple.............................. 83
Chapitre IX *Suite*.................................... 85
Chapitre X *Suite*..................................... 88
Chapitre XI Des divers systèmes de Législation.. 91
Chapitre XII Division des Lois...................... 93

LIVRE III

Où il est traité des lois politiques, c'est-à-dire, de la forme du Gouvernement.

Chapitre I Du Gouvernement en général 95
Chapitre II Du principe qui constitue les diverses formes de Gouvernement 101
Chapitre III Division des Gouvernements ... 104
Chapitre IV De la Démocratie 105
Chapitre V De l'Aristocratie 107
Chapitre VI De la Monarchie......................... 110
Chapitre VII Des Gouvernements mixtes 115
Chapitre VIII Que toute forme de Gouvernement n'est pas propre à tout pays 117
Chapitre IX Des signes d'un bon Gouvernement 122
Chapitre X De l'abus du Gouvernement et de sa pente à dégénérer 124
Chapitre XI De la mort du corps politique .. 127
Chapitre XII Comment se maintient l'autorité Souveraine......................... 129
Chapitre XIII *Suite* 130
Chapitre XIV *Suite*.................................... 132
Chapitre XV Des Députés ou Représentants... 133
Chapitre XVI Que l'institution du Gouvernement n'est point un contrat......... 136
Chapitre XVII De l'institution du Gouvernement... 138

Chapitre XVIII Moyen de prévenir les usurpations du Gouvernement 139

LIVRE IV

Où continuant de traiter des lois politiques on expose les moyens d'affermir la constitution de l'État.

Chapitre I Que la volonté générale est indestructible 143
Chapitre II Des Suffrages 145
Chapitre III Des Élections............................ 148
Chapitre IV Des Comices romains.............. 151
Chapitre V Du Tribunat............................... 162
Chapitre VI De la Dictature 164
Chapitre VII De la Censure.......................... 167
Chapitre VIII De la Religion Civile 169
Chapitre IX Conclusion 180

LIVRE I

Je veux chercher si dans l'ordre civil il peut y avoir quelque règle d'administration légitime et sûre, en prenant les hommes tels qu'ils sont, et les lois telles qu'elles peuvent être : Je tâcherai d'allier toujours dans cette recherche ce que le droit permet avec ce que l'intérêt prescrit, afin que la justice et l'utilité ne se trouvent point divisées [6].

J'entre en matière sans prouver l'importance de mon sujet. On me demandera si je suis prince ou législateur pour écrire sur la Politique ? Je réponds que non, et que c'est pour cela que j'écris sur la Politique. Si j'étais prince ou législateur, je ne perdrais pas mon temps à dire ce qu'il faut faire ; je le ferais, ou je me tairais.

Né citoyen d'un État libre, et membre du souverain, quelque faible influence que puisse avoir ma voix dans les affaires publiques, le droit d'y voter suffit pour m'imposer le devoir de m'en instruire [7]. Heureux, toutes les fois que je médite sur les Gouvernements, de trouver toujours dans mes recherches de nouvelles raisons d'aimer celui de mon pays !

CHAPITRE I

Sujet de ce premier Livre

L'homme est né libre, et partout il est dans les fers [8]. Tel se croit le maître des autres, qui ne laisse pas d'être plus esclave qu'eux [9]. Comment ce changement s'est-il fait ? Je l'ignore. Qu'est-ce qui peut le rendre légitime ? Je crois pouvoir résoudre cette question [10].

Si je ne considérais que la force, et l'effet qui en dérive, je dirais ; tant qu'un Peuple est contraint d'obéir et qu'il obéit, il fait bien ; sitôt qu'il peut secouer le joug et qu'il le secoue, il fait encore mieux ; car, recouvrant sa liberté par le même droit qui la lui a ravie, ou il est fondé à la reprendre, ou l'on ne l'était point à la lui ôter. Mais l'ordre social est un droit sacré, qui sert de base à tous les autres. Cependant ce droit ne vient point de la nature ; il est donc fondé sur des conventions. Il s'agit de savoir quelles sont ces conventions. Avant d'en venir là je dois établir ce que je viens d'avancer.

CHAPITRE II

Des premières Sociétés

La plus ancienne de toutes les sociétés et la seule naturelle est celle de la famille [11]. Encore les enfants ne restent-ils liés au père qu'aussi longtemps qu'ils ont besoin de lui pour se conserver. Sitôt que ce besoin cesse, le lien naturel se dissout. Les enfants, exempts de l'obéissance qu'ils devaient au père, le père exempt des soins qu'il devait aux enfants, rentrent tous également dans l'indépendance. S'ils continuent de rester unis ce n'est plus naturellement c'est volontairement, et la famille elle-même ne se maintient que par convention.

Cette liberté commune est une conséquence de la nature de l'homme. Sa première loi est de veiller à sa propre conservation, ses premiers soins sont ceux qu'il se doit à lui-même, et, sitôt qu'il est en âge de raison, lui seul étant juge des moyens propres à se conserver devient par là son propre maître [12].

La famille est donc si l'on veut le premier modèle des sociétés politiques ; le chef est l'image du père, le peuple est l'image des enfants, et tous étant nés égaux et libres n'aliènent leur liberté que pour leur utilité [13]. Toute la différence est que dans la famille l'amour du père pour ses enfants le paye des soins qu'il leur rend, et que dans l'État le plaisir de commander supplée à cet amour que le chef n'a pas pour ses peuples [14].

Grotius nie que tout pouvoir humain soit établi en faveur de ceux qui sont gouvernés : Il cite l'esclavage en exemple [15]. Sa plus constante manière de raisonner est d'établir toujours le droit par le fait [a]. On pourrait employer une méthode plus conséquente, mais non pas plus favorable aux Tyrans.

Il est donc douteux, selon Grotius, si le genre humain appartient à une centaine d'hommes, ou si cette centaine d'hommes appartient au genre humain, et il paraît dans tout son livre pencher pour le premier avis : c'est aussi le sentiment de Hobbes [16]. Ainsi voilà l'espèce humaine divisée en troupeaux de bétail, dont chacun a son chef, qui le garde pour le dévorer.

Comme un pâtre est d'une nature supérieure à celle de son troupeau, les pasteurs d'hommes, qui sont leurs chefs, sont aussi d'une nature supérieure à celle de leurs peuples. Ainsi raisonnait, au rapport de Philon, l'Empereur Caligula ; concluant assez bien de cette analogie que les rois étaient des Dieux, ou que les peuples étaient des bêtes [17].

a. « Les savantes recherches sur le droit public ne sont souvent que l'histoire des anciens abus, et on s'est entêté mal à propos quand on s'est donné la peine de les trop étudier. » *Traité manuscrit des intérêts de la Fr. avec ses voisins ; par M. L M. d'A.* Voilà précisément ce qu'a fait Grotius.

Le raisonnement de ce Caligula revient à celui d'Hobbes et de Grotius. Aristote avant eux tous avait dit aussi que les hommes ne sont point naturellement égaux, mais que les uns naissent pour l'esclavage et les autres pour la domination [18].

Aristote avait raison, mais il prenait l'effet pour la cause. Tout homme né dans l'esclavage naît pour l'esclavage, rien n'est plus certain. Les esclaves perdent tout dans leurs fers, jusqu'au désir d'en sortir : ils aiment leur servitude comme les compagnons d'Ulysse aimaient leur abrutissement[a]. S'il y a donc des esclaves par nature, c'est parce qu'il y a eu des esclaves contre nature [19]. La force a fait les premiers esclaves, leur lâcheté les a perpétués.

Je n'ai rien dit du roi Adam, ni de l'empereur Noé père de trois grands monarques qui se partagèrent l'univers [20], comme firent les enfants de Saturne, qu'on a cru reconnaître en eux. J'espère qu'on me saura gré de cette modération ; car, descendant directement de l'un de ces Princes, et peut-être de la branche aînée, que sais-je si par la vérification des titres je ne me trouverais point le légitime roi du genre humain ? Quoi qu'il en soit, on ne peut disconvenir qu'Adam n'ait été Souverain du monde comme Robinson de son île, tant qu'il en fut le seul habitant ; et ce qu'il y avait de commode dans cet empire était que le monarque assuré sur son trône n'avait à craindre ni rébellions ni guerres ni conspirateurs.

a. Voyez un petit traité de Plutarque, intitulé : *Que les bêtes usent de la raison.*

CHAPITRE III

Du droit du plus fort

Le plus fort n'est jamais assez fort pour être toujours le maître, s'il ne transforme sa force en droit et l'obéissance en devoir [21]. De là le droit du plus fort ; droit pris ironiquement en apparence, et réellement établi en principe : Mais ne nous expliquera-t-on jamais ce mot ? La force est une puissance physique ; je ne vois point quelle moralité peut résulter de ses effets [22]. Céder à la force est un acte de nécessité, non de volonté ; c'est tout au plus un acte de prudence [23]. En quel sens pourra-ce être un devoir ?

Supposons un moment ce prétendu droit. Je dis qu'il n'en résulte qu'un galimatias inexplicable. Car sitôt que c'est la force qui fait le droit, l'effet change avec la cause ; toute force qui surmonte la première succède à son droit. Sitôt qu'on peut désobéir impunément on le peut légitimement, et puisque le plus fort a toujours raison, il ne s'agit que de faire en sorte qu'on soit le plus fort. Or qu'est-ce qu'un droit qui périt quand la force cesse ? S'il faut obéir par force on n'a pas besoin d'obéir par devoir, et si l'on n'est plus forcé d'obéir on n'y est plus obligé. On voit donc que ce mot de droit n'ajoute rien à la force ; il ne signifie ici rien du tout.

Obéissez aux puissances [24]. Si cela veut dire, cédez à la force, le précepte est bon mais superflu, je réponds qu'il ne sera jamais violé. Toute puissance vient de Dieu, je l'avoue ; mais toute maladie en vient aussi. Est-ce à dire qu'il soit défendu d'appeler le médecin ? Qu'un brigand me surprenne au coin d'un bois : non seulement il faut par force donner la bourse, mais quand je pourrais la soustraire suis-je en conscience obligé de la donner ? car enfin le pistolet qu'il tient est aussi une puissance.

Convenons donc que force ne fait pas droit, et qu'on n'est obligé d'obéir qu'aux puissances légitimes. Ainsi ma question primitive revient toujours [25].

CHAPITRE IV
De l'esclavage

Puisque aucun homme n'a une autorité naturelle sur son semblable, et puisque la force ne produit aucun droit, restent donc les conventions pour base de toute autorité légitime parmi les hommes [26].

Si un particulier, dit Grotius, peut aliéner sa liberté et se rendre esclave d'un maître, pourquoi tout un peuple ne pourrait-il pas aliéner la sienne et se rendre sujet d'un roi ? Il y a là bien des mots équivoques qui auraient besoin d'explication, mais tenons-nous-en à celui d'*aliéner* [27]. Aliéner c'est donner ou vendre. Or un homme qui se fait esclave d'un autre ne se donne pas, il se vend, tout au moins pour sa subsistance : mais un peuple pourquoi se vend-il ? Bien loin qu'un roi fournisse à ses sujets leur subsistance il ne tire la sienne que d'eux, et selon Rabelais un roi ne vit pas de peu [28]. Les sujets donnent donc leur personne à condition qu'on prendra aussi leur bien ? Je ne vois pas ce qu'il leur reste à conserver [29].

On dira que le despote assure à ses sujets la tranquillité civile [30]. Soit ; mais qu'y gagnent-ils, si les guerres que son ambition leur attire, si son insatiable avidité, si les vexations de son ministère les désolent plus que ne feraient leurs dissensions ? Qu'y gagnent-ils, si cette tranquillité même est une de leurs misères ? On vit tranquille aussi dans les cachots ; en est-ce assez pour s'y trouver bien ? Les Grecs enfermés dans l'antre du Cyclope y vivaient tranquilles, en attendant que leur tour vînt d'être dévorés.

Dire qu'un homme se donne gratuitement, c'est dire une chose absurde et inconcevable ; un tel acte est illégitime et nul, par cela seul que celui qui le fait n'est pas dans son bon sens. Dire la même chose de tout un peuple, c'est supposer un peuple de fous : la folie ne fait pas droit [31].

Quand chacun pourrait s'aliéner lui-même il ne peut aliéner ses enfants ; ils naissent hommes et libres ; leur liberté leur appartient, nul n'a droit d'en disposer qu'eux. Avant qu'ils soient en âge de raison le père peut en leur nom stipuler des conditions pour leur conservation, pour leur bien-être ; mais non les donner irrévocablement et sans condition ; car un tel don est contraire aux fins de la nature et passe les droits de la paternité. Il faudrait donc pour qu'un gouvernement arbitraire fût légitime qu'à chaque génération le peuple fût le maître de l'admettre ou de le rejeter : mais alors ce gouvernement ne serait plus arbitraire.

Renoncer à sa liberté c'est renoncer à sa qualité d'homme, aux droits de l'humanité, même à ses devoirs. Il n'y a nul dédommagement possible pour quiconque renonce à tout. Une telle renonciation est incompatible avec la nature de l'homme, et c'est ôter toute moralité à ses actions que d'ôter toute liberté à sa volonté. Enfin c'est une convention vaine et contradictoire de stipuler d'une part une autorité absolue et de l'autre une obéissance sans bornes. N'est-il pas clair qu'on n'est engagé à rien envers celui dont on a droit de tout exiger, et cette seule condition sans équivalent sans échange n'entraîne-t-elle pas la nullité de l'acte ? Car quel droit mon esclave aurait-il contre moi, puisque tout ce qu'il a m'appartient, et que son droit étant le mien, ce droit de moi contre moi-même est un mot qui n'a aucun sens ?

Grotius et les autres tirent de la guerre une autre origine du prétendu droit d'esclavage. Le vainqueur ayant, selon eux, le droit de tuer le vaincu, celui-ci peut racheter sa vie aux dépens de sa liberté ; convention d'autant plus légitime qu'elle tourne au profit de tous deux[32].

Mais il est clair que ce prétendu droit de tuer les vaincus ne résulte en aucune manière de l'état de guerre. Par cela seul que les hommes vivant dans leur primitive indépendance n'ont point entre eux de rapport assez constant pour constituer ni l'état de paix ni l'état de guerre, ils ne sont point naturellement ennemis. C'est le rapport des choses et non des hommes qui constitue la guerre, et l'état de guerre ne pouvant naître des simples relations personnelles, mais seulement des relations réelles, la guerre privée ou d'homme à homme ne peut exister, ni dans l'état de nature où il n'y a point de propriété constante, ni dans l'état social où tout est sous l'autorité des lois [33].

Les combats particuliers, les duels, les rencontres sont des actes qui ne constituent point un état ; et à l'égard des guerres privées, autorisées par les établissements de Louis IX roi de France et suspendues par la paix de Dieu, ce sont des abus du gouvernement féodal, système absurde s'il en fut jamais, contraire aux principes du droit naturel, et à toute bonne politie.

La guerre n'est donc point une relation d'homme à homme, mais une relation d'État à État, dans laquelle les particuliers ne sont ennemis qu'accidentellement, non point comme hommes ni même comme citoyens [a], mais comme soldats ; non point comme membres de la patrie, mais comme ses défenseurs [34]. Enfin chaque État ne peut avoir pour ennemis que d'autres États et non pas des hommes, attendu qu'entre choses de diverses natures on ne peut fixer aucun vrai rapport.

a. Les Romains qui ont mieux entendu et plus respecté le droit de la guerre qu'aucune nation du monde portaient si loin le scrupule à cet égard qu'il n'était pas permis à un Citoyen de servir comme volontaire sans s'être expressément engagé contre l'ennemi et nommément contre tel ennemi. Une Légion où Caton le fils faisait ses premières armes sous Popilius ayant été réformée, Caton le Père écrivit à Popilius que s'il voulait bien que son fils continuât de servir sous lui il fallait lui faire prêter un nouveau serment militaire, parce que le premier étant annulé il ne pouvait plus porter les armes contre l'ennemi. Et le même Caton écrivit à son fils de se bien garder de se présenter au combat qu'il n'eût prêté ce nouveau serment. Je sais qu'on pourra m'opposer le siège de Clusium et d'autres faits particuliers mais moi je cite des lois, des usages. Les Romains sont ceux qui ont le moins souvent transgressé leurs lois et ils sont les seuls qui en aient eu d'aussi belles. (Note ajoutée dans l'édition de 1782.)

Ce principe est même conforme aux maximes établies de tous les temps et à la pratique constante de tous les peuples policés. Les déclarations de guerre sont moins des avertissements aux puissances qu'à leurs sujets. L'étranger, soit roi, soit particulier, soit peuple, qui vole tue ou détient les sujets sans déclarer la guerre au prince, n'est pas un ennemi, c'est un brigand. Même en pleine guerre un prince juste s'empare bien en pays ennemi de tout ce qui appartient au public, mais il respecte la personne et les biens des particuliers ; il respecte des droits sur lesquels sont fondés les siens. La fin de la guerre étant la destruction de l'État ennemi, on a droit d'en tuer les défenseurs tant qu'ils ont les armes à la main ; mais sitôt qu'ils les posent et se rendent, cessant d'être ennemis ou instruments de l'ennemi, ils redeviennent simplement hommes et l'on n'a plus de droit sur leur vie. Quelquefois on peut tuer l'État sans tuer un seul de ses membres : Or la guerre ne donne aucun droit qui ne soit nécessaire à sa fin. Ces principes ne sont pas ceux de Grotius ; ils ne sont pas fondés sur des autorités de poètes, mais ils dérivent de la nature des choses, et sont fondés sur la raison [35].

À l'égard du droit de conquête, il n'a d'autre fondement que la loi du plus fort. Si la guerre ne donne point au vainqueur le droit de massacrer les peuples vaincus, ce droit qu'il n'a pas ne peut fonder celui de les asservir. On n'a le droit de tuer l'ennemi que quand on ne peut le faire esclave ; le droit de le faire esclave ne vient donc pas du droit de le tuer : C'est donc un échange inique de lui faire acheter au prix de sa liberté sa vie sur laquelle on n'a aucun droit. En établissant le droit de vie et de mort sur le droit d'esclavage, et le droit d'esclavage sur le droit de vie et de mort, n'est-il pas clair qu'on tombe dans le cercle vicieux ?

En supposant même ce terrible droit de tout tuer, je dis qu'un esclave fait à la guerre ou un peuple conquis n'est tenu à rien du tout envers son maître, qu'à lui obéir autant qu'il y est forcé [36]. En prenant un équivalent à sa vie le vainqueur ne lui en a point fait grâce : au lieu de le tuer sans fruit il l'a tué utilement. Loin donc qu'il ait acquis sur lui nulle autorité jointe à la force, l'état de guerre subsiste entre eux comme auparavant, leur relation même en est l'effet, et l'usage du droit de la guerre ne suppose aucun traité de paix. Ils ont fait une convention ; soit : mais cette convention, loin de détruire l'état de guerre, en suppose la continuité.

Ainsi, de quelque sens qu'on envisage les choses, le droit d'esclavage est nul, non seulement parce qu'il est illégitime, mais parce qu'il est absurde et ne signifie rien. Ces mots, *esclavage,* et, *droit* sont contradictoires ; ils s'excluent mutuellement. Soit d'un homme à un homme, soit d'un homme à un peuple, ce discours sera toujours également insensé. *Je fais avec toi une convention toute à ta charge et toute à mon profit, que j'observerai tant qu'il me plaira, et que tu observeras tant qu'il me plaira* [37].

CHAPITRE V

Qu'il faut toujours remonter à une première convention

Quand j'accorderais tout ce que j'ai réfuté jusqu'ici, les fauteurs du despotisme n'en seraient pas plus avancés [38]. Il y aura toujours une grande différence entre soumettre une multitude, et régir une société [39]. Que des hommes épars soient successivement asservis à un seul, en quelque nombre qu'ils puissent être, je ne vois là qu'un maître et des esclaves, je n'y vois point un peuple et son chef ; c'est si l'on veut une agrégation, mais non pas une association ; il n'y a là ni bien public ni corps politique. Cet homme, eût-il asservi la moitié du monde, n'est toujours qu'un particulier ; son intérêt, séparé de celui des autres, n'est toujours qu'un intérêt privé. Si ce même homme vient à périr, son empire après lui reste épars et sans liaison, comme un chêne se dissout et tombe en un tas de cendres, après que le feu l'a consumé [40].

Un peuple, dit Grotius, peut se donner à un roi. Selon Grotius un peuple est donc un peuple avant de se donner à un roi. Ce don même est un acte civil, il suppose une délibération publique. Avant donc que d'examiner l'acte par lequel un peuple élit un roi, il serait bon d'examiner l'acte par lequel un peuple est un peuple. Car cet acte étant nécessairement antérieur à l'autre est le vrai fondement de la société [41].

En effet, s'il n'y avait point de convention antérieure, où serait, à moins que l'élection ne fût unanime, l'obligation pour le petit nombre de se soumettre au choix du grand, et d'où cent qui veulent un maître ont-ils le droit de voter pour dix qui n'en veulent point ? La loi de la pluralité des suffrages est elle-même un établissement de convention, et suppose au moins une fois l'unanimité [42].

CHAPITRE VI
Du pacte Social

Je suppose les hommes parvenus à ce point où les obstacles qui nuisent à leur conservation dans l'état de nature, l'emportent par leur résistance sur les forces que chaque individu peut employer pour se maintenir dans cet état. Alors cet état primitif ne peut plus subsister, et le genre humain périrait s'il ne changeait sa manière d'être [43].

Or comme les hommes ne peuvent engendrer de nouvelles forces, mais seulement unir et diriger celles qui existent, ils n'ont plus d'autre moyen pour se conserver, que de former par agrégation une somme de forces qui puisse l'emporter sur la résistance, de les mettre en jeu par un seul mobile et de les faire agir de concert [44].

Cette somme de forces ne peut naître que du concours de plusieurs : mais la force et la liberté de chaque homme étant les premiers instruments de sa conservation, comment les engagera-t-il sans se nuire, et sans négliger les soins qu'il se doit ? Cette difficulté ramenée à mon sujet peut s'énoncer en ces termes.

« Trouver une forme d'association qui défende et protège de toute la force commune la personne et les biens de chaque associé, et par laquelle chacun s'unissant à tous n'obéisse pourtant qu'à lui-même et reste aussi libre qu'auparavant ? » Tel est le problème fondamental dont le contrat social donne la solution [45].

Les clauses de ce contrat sont tellement déterminées par la nature de l'acte, que la moindre modification les rendrait vaines et de nul effet ; en sorte que, bien qu'elles n'aient peut-être jamais été formellement énoncées, elles sont partout les mêmes, partout tacitement admises et reconnues ; jusqu'à ce que, le pacte social étant violé, chacun rentre alors dans ses premiers droits et reprenne sa liberté naturelle, en perdant la liberté conventionnelle pour laquelle il y renonça [46].

Ces clauses bien entendues se réduisent toutes à une seule, savoir l'aliénation totale de chaque associé avec tous ses droits à toute la communauté : Car premièrement, chacun se donnant tout entier, la condition est égale pour tous, et la condition étant égale pour tous, nul n'a intérêt de la rendre onéreuse aux autres.

De plus, l'aliénation se faisant sans réserve, l'union est aussi parfaite qu'elle peut l'être et nul associé n'a plus rien à réclamer : Car s'il restait quelques droits aux particuliers, comme il n'y aurait aucun supérieur commun qui pût prononcer entre eux et le public, chacun étant en quelque point son propre juge prétendrait bientôt l'être en tous, l'état de nature subsisterait et l'association deviendrait nécessairement tyrannique ou vaine.

Enfin chacun se donnant à tous ne se donne à personne, et comme il n'y a pas un associé sur lequel on n'acquière le même droit qu'on lui cède sur soi, on gagne l'équivalent de tout ce qu'on perd, et plus de force pour conserver ce qu'on a.

Si donc on écarte du pacte social ce qui n'est pas de son essence, on trouvera qu'il se réduit aux termes suivants. *Chacun de nous met en commun sa personne et toute sa puissance sous la suprême direction de la volonté générale ; et nous recevons en corps chaque membre comme partie indivisible du tout* [47].

À l'instant, au lieu de la personne particulière de chaque contractant, cet acte d'association produit un corps moral et collectif composé d'autant de membres que l'assemblée a de voix, lequel reçoit de ce même acte son unité, son *moi* commun, sa vie et sa volonté [48]. Cette personne publique qui se forme ainsi par l'union de toutes les autres prenait autrefois le nom de *Cité* [a], et prend maintenant celui de *République* ou de *corps politique*, lequel est appelé par ses membres *État* quand il est passif, *Souverain* quand il est actif, *Puissance* en le comparant à ses semblables. À l'égard des associés ils prennent collectivement le nom

a. Le vrai sens de ce mot s'est presque entièrement effacé chez les modernes ; la plupart prennent une ville pour une Cité et un bourgeois pour un Citoyen. Ils ne savent pas que les maisons font la ville mais que les Citoyens font la Cité. Cette même erreur coûta cher autrefois aux Carthaginois. Je n'ai pas lu que le titre de *Cives* ait jamais été donné aux sujets d'aucun Prince, pas même anciennement aux Macédoniens, ni de nos jours aux Anglais, quoique plus près de la liberté que tous les autres. Les seuls Français prennent tout familièrement ce nom de *Citoyens*, parce qu'ils n'en ont aucune véritable idée, comme on peut le voir dans leurs Dictionnaires, sans quoi ils tomberaient en l'usurpant dans le crime de Lèse-Majesté : ce nom chez eux exprime une vertu et non pas un droit. Quand Bodin a voulu parler de nos Citoyens et Bourgeois, il a fait une lourde bévue en prenant les uns pour les autres. M. d'Alembert ne s'y est pas trompé, et a bien distingué dans son article *Genève* les quatre ordres d'hommes (même cinq, en y comptant les simples étrangers) qui sont dans notre ville, et dont deux seulement composent la République. Nul autre auteur français, que je sache, n'a compris le vrai sens du mot *Citoyen*.

de *peuple*, et s'appellent en particulier *Citoyens* comme participants à l'autorité souveraine, et *Sujets* comme soumis aux lois de l'État. Mais ces termes se confondent souvent et se prennent l'un pour l'autre ; il suffit de les savoir distinguer quand ils sont employés dans toute leur précision [49].

CHAPITRE VII

Du Souverain

On voit par cette formule que l'acte d'association renferme un engagement réciproque du public avec les particuliers, et que chaque individu, contractant, pour ainsi dire, avec lui-même, se trouve engagé sous un double rapport ; savoir, comme membre du Souverain envers les particuliers, et comme membre de l'État envers le Souverain [50]. Mais on ne peut appliquer ici la maxime du droit civil que nul n'est tenu aux engagements pris avec lui-même ; car il y a bien de la différence entre s'obliger envers soi, ou envers un tout dont on fait partie.

Il faut remarquer encore que la délibération publique, qui peut obliger tous les sujets envers le Souverain, à cause des deux différents rapports sous lesquels chacun d'eux est envisagé, ne peut, par la raison contraire, obliger le Souverain envers lui-même, et que, par conséquent, il est contre la nature du corps politique que le Souverain s'impose une loi qu'il ne puisse enfreindre. Ne pouvant se considérer que sous un seul et même rapport il est alors dans le cas d'un particulier contractant avec soi-même : par où l'on voit qu'il n'y a ni ne peut y avoir nulle espèce de loi fondamentale obligatoire pour le corps du peuple, pas même le contrat social. Ce qui ne signifie pas que ce corps ne puisse fort bien s'engager envers autrui en ce qui ne déroge point à ce contrat ; car à l'égard de l'étranger, il devient un être simple, un individu [51].

Mais le corps politique ou le Souverain ne tirant son être que de la sainteté du contrat ne peut jamais s'obliger, même envers autrui, à rien qui déroge à cet acte primitif, comme d'aliéner quelque portion de lui-même ou de se soumettre à un autre Souverain. Violer l'acte par lequel il existe serait s'anéantir, et ce qui n'est rien ne produit rien [52].

Sitôt que cette multitude est ainsi réunie en un corps, on ne peut offenser un des membres sans attaquer le corps ; encore moins offenser le corps sans que les membres s'en ressentent. Ainsi le devoir et l'intérêt obligent également les deux parties contractantes à s'entraider mutuellement, et les mêmes hommes doivent chercher à réunir sous ce double rapport tous les avantages qui en dépendent.

Or le Souverain n'étant formé que des particuliers qui le composent n'a ni ne peut avoir d'intérêt contraire au leur ; par conséquent la puissance Souveraine n'a nul besoin de garant envers les sujets, parce qu'il est impossible que le corps veuille nuire à tous ses membres, et nous verrons ci-après qu'il ne peut nuire à aucun en particulier. Le Souverain, par cela seul qu'il est, est toujours tout ce qu'il doit être.

Mais il n'en est pas ainsi des sujets envers le Souverain, auquel malgré l'intérêt commun, rien ne répondrait de leurs engagements s'il ne trouvait des moyens de s'assurer de leur fidélité.

En effet chaque individu peut comme homme avoir une volonté particulière contraire ou dissemblable à la volonté générale qu'il a comme Citoyen. Son intérêt particulier peut lui parler tout autrement que l'intérêt commun ; son existence absolue et naturellement indépendante peut lui faire envisager ce qu'il doit à la cause commune comme une contribution gratuite, dont la perte sera moins nuisible aux autres que le payement n'en est onéreux pour lui, et regardant la personne morale qui constitue l'État comme un être de raison parce que ce n'est pas un homme, il jouirait des droits du citoyen sans vouloir remplir les devoirs du sujet ; injustice dont le progrès causerait la ruine du corps politique [53].

Afin donc que le pacte social ne soit pas un vain formulaire, il renferme tacitement cet engagement qui seul peut donner de la force aux autres, que quiconque refusera d'obéir à la volonté générale y sera contraint par tout le corps : ce qui ne signifie autre chose sinon qu'on le forcera d'être libre ; car telle est la condition qui donnant chaque Citoyen à la Patrie le garantit de toute dépendance personnelle ; condition qui fait l'artifice et le jeu de la machine politique, et qui seule rend légitimes les engagements civils, lesquels sans cela seraient absurdes, tyranniques, et sujets aux plus énormes abus.

CHAPITRE VIII
De l'état civil

Ce passage de l'état de nature à l'état civil produit dans l'homme un changement très remarquable, en substituant dans sa conduite la justice à l'instinct, et donnant à ses actions la moralité qui leur manquait auparavant. C'est alors seulement que la voix du devoir succédant à l'impulsion physique et le droit à l'appétit, l'homme, qui jusque-là n'avait regardé que lui-même, se voit forcé d'agir sur d'autres principes, et de consulter sa raison avant d'écouter ses penchants. Quoiqu'il se prive dans cet état de plusieurs avantages qu'il tient de la nature, il en regagne de si grands, ses facultés s'exercent et se développent, ses idées s'étendent, ses sentiments s'ennoblissent, son âme tout entière s'élève à tel point, que si les abus de cette nouvelle condition ne le dégradaient souvent au-dessous de celle dont il est sorti, il devrait bénir sans cesse l'instant heureux qui l'en arracha pour jamais, et qui, d'un animal stupide et borné, fit un être intelligent et un homme [54].

Réduisons toute cette balance à des termes faciles à comparer. Ce que l'homme perd par le contrat social, c'est sa liberté naturelle et un droit illimité à tout ce qui le tente et qu'il peut atteindre ; ce qu'il gagne, c'est la liberté civile et la propriété de tout ce qu'il possède. Pour ne pas se tromper dans ces compensations, il faut bien distinguer la liberté naturelle qui n'a pour bornes que les forces de l'individu, de la liberté civile qui est limitée par la volonté générale, et la possession qui n'est que l'effet de la force ou le droit du premier occupant, de la propriété qui ne peut être fondée que sur un titre positif [55].

On pourrait sur ce qui précède ajouter à l'acquis de l'état civil la liberté morale, qui seule rend l'homme vraiment maître de lui ; car l'impulsion du seul appétit est esclavage, et l'obéissance à la loi qu'on s'est prescrite est liberté. Mais je n'en ai déjà que trop dit sur cet article, et le sens philosophique du mot *liberté* n'est pas ici de mon sujet [56].

CHAPITRE IX

Du domaine réel

Chaque membre de la communauté se donne à elle au moment qu'elle se forme, tel qu'il se trouve actuellement, lui et toutes ses forces, dont les biens qu'il possède font partie. Ce n'est pas que par cet acte la possession change de nature en changeant de mains, et devienne propriété dans celles du Souverain : Mais comme les forces de la Cité sont incomparablement plus grandes que celles d'un particulier, la possession publique est aussi dans le fait plus forte et plus irrévocable, sans être plus légitime, au moins pour les étrangers. Car l'État à l'égard de ses membres est maître de tous leurs biens par le contrat social, qui dans l'État sert de base à tous les droits ; mais il ne l'est à l'égard des autres Puissances que par le droit de premier occupant qu'il tient des particuliers [57].

Le droit de premier occupant, quoique plus réel que celui du plus fort, ne devient un vrai droit qu'après l'établissement de celui de propriété. Tout homme a naturellement droit à tout ce qui lui est nécessaire ; mais l'acte positif qui le rend propriétaire de quelque bien l'exclut de tout le reste. Sa part étant faite il doit s'y borner, et n'a plus aucun droit à la communauté. Voilà pourquoi le droit de premier occupant, si faible dans l'état de nature, est respectable à tout homme civil. On respecte moins dans ce droit ce qui est à autrui que ce qui n'est pas à soi.

En général, pour autoriser sur un terrain quelconque le droit de premier occupant, il faut les conditions suivantes. Premièrement que ce terrain ne soit encore habité par personne ; secondement qu'on n'en occupe que la quantité dont on a besoin pour subsister : En troisième lieu qu'on en prenne possession, non par une vaine cérémonie, mais par le travail et la culture, seul signe de propriété qui au défaut de titres juridiques doive être respecté d'autrui [58].

En effet, accorder au besoin et au travail le droit de premier occupant, n'est-ce pas l'étendre aussi loin qu'il peut aller ? Peut-on ne pas donner des bornes à ce droit ? Suffira-t-il de mettre le pied sur un terrain commun pour s'en prétendre aussitôt le maître ? Suffira-t-il d'avoir la force d'en écarter un moment les autres hommes pour leur ôter le droit d'y jamais revenir ? Comment un homme ou un peuple peut-il s'emparer d'un territoire immense et en priver tout le genre humain autrement que par une usurpation punissable, puisqu'elle ôte au reste des hommes le séjour et les aliments que la nature leur donne en commun ? Quand Nuñez Balbao prenait sur le rivage possession de la mer du sud et de toute l'Amérique méridionale au nom de la couronne de Castille, était-ce assez pour en déposséder tous les habitants et en exclure tous les Princes du monde ? Sur ce pied-là ces cérémonies se multipliaient assez vainement, et le Roi catholique n'avait tout d'un coup qu'à prendre de son cabinet possession de tout l'univers ; sauf à retrancher ensuite de son empire ce qui était auparavant possédé par les autres Princes [59].

On conçoit comment les terres des particuliers réunies et contiguës deviennent le territoire public, et comment le droit de souveraineté s'étendant des sujets au terrain qu'ils occupent devient à la fois réel et personnel ; ce qui met les possesseurs dans une plus grande dépendance, et fait de leurs forces mêmes les garants de leur fidélité. Avantage qui ne paraît pas avoir été bien senti des anciens monarques qui ne s'appelant que rois des Perses, des Scythes, des Macédoniens, semblaient se regarder comme les chefs des hommes plutôt que comme les maîtres du pays. Ceux d'aujourd'hui s'appellent plus habilement rois de France, d'Espagne, d'Angleterre etc. En tenant ainsi le terrain, ils sont bien sûrs d'en tenir les habitants [60].

Ce qu'il y a de singulier dans cette aliénation, c'est que, loin qu'en acceptant les biens des particuliers la communauté les en dépouille, elle ne fait que leur en assurer la légitime possession, changer l'usurpation en un véritable droit, et la jouissance en propriété. Alors les possesseurs étant considérés comme dépositaires du bien public, leurs droits étant respectés de tous les membres de l'État et maintenus de toutes ses forces contre l'étranger, par une cession avantageuse au public et plus encore à eux-mêmes, ils ont, pour ainsi dire, acquis tout ce qu'ils ont donné. Paradoxe qui s'explique aisément par la distinction des droits que le souverain et le propriétaire ont sur le même fond, comme on verra ci-après [61].

Il peut arriver aussi que les hommes commencent à s'unir avant que de rien posséder, et que, s'emparant ensuite d'un terrain suffisant pour tous, ils en jouissent en commun, ou qu'ils le partagent entre eux, soit également soit selon des proportions établies par le Souverain. De quelque manière que se fasse cette acquisition, le droit que chaque particulier a sur son propre fond est toujours subordonné au droit que la communauté a sur tous, sans quoi il n'y aurait ni solidité dans le lien social, ni force réelle dans l'exercice de la Souveraineté.

Je terminerai ce chapitre et ce livre par une remarque qui doit servir de base à tout le système social ; c'est qu'au lieu de détruire l'égalité naturelle, le pacte fondamental substitue au contraire une égalité morale et légitime [62] à ce que la nature avait pu mettre d'inégalité physique entre les hommes, et que, pouvant être inégaux en force ou en génie, ils deviennent tous égaux par convention et de droit[a].

Fin du Livre premier

a. Sous les mauvais gouvernements cette égalité n'est qu'apparente et illusoire ; elle ne sert qu'à maintenir le pauvre dans sa misère et le riche dans son usurpation. Dans le fait les lois sont toujours utiles à ceux qui possèdent et nuisibles à ceux qui n'ont rien : D'où il suit que l'état social n'est avantageux aux hommes qu'autant qu'ils ont tous quelque chose et qu'aucun d'eux n'a rien de trop.

LIVRE II

CHAPITRE I

Que la souveraineté est inaliénable [63]

La première et la plus importante conséquence des principes ci-devant établis est que la volonté générale peut seule diriger les forces de l'État selon la fin de son institution, qui est le bien commun : car si l'opposition des intérêts particuliers a rendu nécessaire l'établissement des sociétés, c'est l'accord de ces mêmes intérêts qui l'a rendu possible. C'est ce qu'il y a de commun dans ces différents intérêts qui forme le lien social, et s'il n'y avait pas quelque point dans lequel tous les intérêts s'accordent, nulle société ne saurait exister. Or c'est uniquement sur cet intérêt commun que la société doit être gouvernée [64].

Je dis donc que la souveraineté n'étant que l'exercice de la volonté générale ne peut jamais s'aliéner, et que le souverain, qui n'est qu'un être collectif, ne peut être représenté que par lui-même ; le pouvoir peut bien se transmettre, mais non pas la volonté [65].

En effet, s'il n'est pas impossible qu'une volonté particulière s'accorde sur quelque point avec la volonté générale ; il est impossible au moins que cet accord soit durable et constant ; car la volonté particulière tend par sa nature aux préférences, et la volonté générale à l'égalité. Il est plus impossible encore qu'on ait un garant de cet accord quand même il devrait toujours exister ; ce ne serait pas un effet de l'art mais du hasard. Le Souverain peut bien dire, je veux actuellement ce que veut un tel homme ou du moins ce qu'il dit vouloir ; mais il ne peut pas dire ; ce que cet homme voudra demain, je le voudrai encore ; puisqu'il est absurde que la volonté se donne des chaînes pour l'avenir, et puisqu'il ne dépend d'aucune volonté de consentir à rien de contraire au bien de l'être qui veut. Si donc le peuple promet simplement d'obéir, il se dissout par cet acte, il perd sa qualité de peuple ; à l'instant qu'il y a un maître il n'y a plus de Souverain, et dès lors le corps politique est détruit [66].

Ce n'est point à dire que les ordres des chefs ne puissent passer pour des volontés générales, tant que le Souverain libre de s'y opposer ne le fait pas. En pareil cas, du silence universel on doit présumer le consentement du peuple. Ceci s'expliquera plus au long [67].

CHAPITRE II

Que la souveraineté est indivisible

Par la même raison que la souveraineté est inaliénable, elle est indivisible. Car la volonté est générale [a], ou elle ne l'est pas ; elle est celle du corps du peuple, ou seulement d'une partie. Dans le premier cas cette volonté déclarée est un acte de souveraineté et fait loi : Dans le second, ce n'est qu'une volonté particulière, ou un acte de magistrature ; c'est un décret tout au plus [68].

a. Pour qu'une volonté soit générale il n'est pas toujours nécessaire qu'elle soit unanime, mais il est nécessaire que toutes les voix soient comptées ; toute exclusion formelle rompt la généralité.

Mais nos politiques ne pouvant diviser la souveraineté dans son principe, la divisent dans son objet ; ils la divisent en force et en volonté, en puissance législative et en puissance exécutive, en droits d'impôts, de justice, et de guerre, en administration intérieure et en pouvoir de traiter avec l'étranger : tantôt ils confondent toutes ces parties et tantôt ils les séparent ; ils font du Souverain un être fantastique et formé de pièces rapportées ; c'est comme s'ils composaient l'homme de plusieurs corps dont l'un aurait des yeux, l'autre des bras, l'autre des pieds, et rien de plus. Les charlatans du Japon dépècent, dit-on, un enfant aux yeux des spectateurs, puis jetant en l'air tous ses membres l'un après l'autre, ils font retomber l'enfant vivant et tout rassemblé. Tels sont à peu près les tours de gobelets de nos politiques ; après avoir démembré le corps social par un prestige digne de la foire, ils rassemblent les pièces on ne sait comment [69].

Cette erreur vient de ne s'être pas fait des notions exactes de l'autorité souveraine, et d'avoir pris pour des parties de cette autorité ce qui n'en était que des émanations [70]. Ainsi, par exemple, on a regardé l'acte de déclarer la guerre et celui de faire la paix comme des actes de souveraineté, ce qui n'est pas ; puisque chacun de ces actes n'est point une loi mais seulement une application de la loi, un acte particulier qui détermine le cas de la loi, comme on le verra clairement quand l'idée attachée au mot *loi* sera fixée [71].

En suivant de même les autres divisions on trouverait que toutes les fois qu'on croit voir la souveraineté partagée on se trompe, que les droits qu'on prend pour des parties de cette souveraineté lui sont tous subordonnés, et supposent toujours des volontés suprêmes dont ces droits ne donnent que l'exécution.

On ne saurait dire combien ce défaut d'exactitude a jeté d'obscurité sur les décisions des auteurs en matière de droit politique, quand ils ont voulu juger des droits respectifs des rois et des peuples, sur les principes qu'ils avaient établis. Chacun peut voir dans les chapitres III et IV du premier livre de Grotius comment ce savant homme et son traducteur Barbeyrac s'enchevêtrent s'embarrassent dans leurs sophismes, crainte d'en dire trop ou de n'en pas dire assez selon leurs vues, et de choquer les intérêts qu'ils avaient à concilier. Grotius réfugié en France, mécontent de sa patrie, et voulant faire sa cour à Louis XIII à qui son livre est dédié, n'épargne rien pour dépouiller les peuples de tous leurs droits et pour en revêtir les rois avec tout l'art possible. C'eût bien été aussi le goût de Barbeyrac, qui dédiait sa traduction au roi d'Angleterre George I. Mais malheureusement l'expulsion de Jacques II qu'il appelle abdication, le forçait à se tenir sur la réserve, à gauchir à tergiverser pour ne pas faire de Guillaume un usurpateur. Si ces deux écrivains avaient adopté les vrais principes, toutes les difficultés étaient levées et ils eussent été toujours conséquents ; mais ils auraient tristement dit la vérité et n'auraient fait leur cour qu'au peuple [72]. Or la vérité ne mène point à la fortune et le peuple ne donne ni ambassades, ni chaires, ni pensions.

CHAPITRE III

Si la volonté générale peut errer

Il s'ensuit de ce qui précède que la volonté générale est toujours droite et tend toujours à l'utilité publique : mais il ne s'ensuit pas que les délibérations du peuple aient toujours la même rectitude. On veut toujours son bien, mais on ne le voit pas toujours : Jamais on ne corrompt le peuple, mais souvent on le trompe, et c'est alors seulement qu'il paraît vouloir ce qui est mal.

Il y a souvent bien de la différence entre la volonté de tous et la volonté générale ; celle-ci ne regarde qu'à l'intérêt commun, l'autre regarde à l'intérêt privé, et n'est qu'une somme de volontés particulières : mais ôtez de ces mêmes volontés les plus et les moins qui s'entre-détruisent[a], reste pour somme des différences la volonté générale[73].

Si, quand le peuple suffisamment informé délibère, les Citoyens n'avaient aucune communication entre eux, du grand nombre de petites différences résulterait toujours la volonté générale, et la délibération serait toujours bonne. Mais quand il se fait des brigues, des associations partielles aux dépens de la grande, la volonté de chacune de ces associations devient générale par rapport à ses membres, et particulière par rapport à l'État ; on peut dire alors qu'il n'y a plus autant de votants que d'hommes, mais seulement autant que d'associations. Les différences deviennent moins nombreuses et donnent un résultat moins général. Enfin quand une de ces associations est si grande qu'elle l'emporte sur toutes les autres, vous n'avez plus pour résultat une somme de petites différences, mais une différence unique ; alors il n'y a plus de volonté générale, et l'avis qui l'emporte n'est qu'un avis particulier[74].

Il importe donc pour avoir bien l'énoncé de la volonté générale qu'il n'y ait pas de société partielle dans l'État et que chaque Citoyen n'opine que d'après lui[b]. Telle fut l'unique et sublime institution du grand Lycurgue. Que s'il y a des sociétés partielles, il en faut multiplier le nombre et en prévenir l'inégalité, comme firent Solon, Numa, Servius. Ces précautions sont les seules bonnes pour que la volonté générale soit toujours éclairée, et que le peuple ne se trompe point[75].

a. *Chaque intérêt*, dit le M d'A, *a des principes différents. L'accord de deux intérêts particuliers se forme par opposition à celui d'un tiers.* Il eût pu ajouter que l'accord de tous les intérêts se forme par opposition à celui de chacun. S'il n'y avait point d'intérêts différents, à peine sentirait-on l'intérêt commun qui ne trouverait jamais d'obstacle : tout irait de lui-même, et la politique cesserait d'être un art.

b. *Vera cosa è*, dit Machiavel, *che alcune divisioni nuocono alle Republiche, e alcune giovano : quelle nuocono che sono dalle sette e da partigiani accompagnate : quelle giovano che senza sette, senza partigiani si mantengono. Non potendo adunque provedere un fondatore d'une Republica che non siano nimicizie in quella, hà da proveder almeno che non vi siano sette.* Hist. Florent. L. VII.

CHAPITRE IV

Des bornes du pouvoir Souverain [76]

Si l'État ou la Cité n'est qu'une personne morale dont la vie consiste dans l'union de ses membres, et si le plus important de ses soins est celui de sa propre conservation, il lui faut une force universelle et compulsive pour mouvoir et disposer chaque partie de la manière la plus convenable au tout. Comme la nature donne à chaque homme un pouvoir absolu sur tous ses membres, le pacte social donne au corps politique un pouvoir absolu sur tous les siens, et c'est ce même pouvoir, qui, dirigé par la volonté générale porte, comme j'ai dit, le nom de souveraineté.

Mais outre la personne publique, nous avons à considérer les personnes privées qui la composent, et dont la vie et la liberté sont naturellement indépendantes d'elle. Il s'agit donc de bien distinguer les droits respectifs des Citoyens et du Souverain[a], et les devoirs qu'ont à remplir les premiers en qualité de sujets, du droit naturel dont ils doivent jouir en qualité d'hommes.

On convient que tout ce que chacun aliène par le pacte social de sa puissance de ses biens de sa liberté, c'est seulement la partie de tout cela dont l'usage importe à la communauté, mais il faut convenir aussi que le Souverain seul est juge de cette importance.

Tous les services qu'un citoyen peut rendre à l'État, il les lui doit sitôt que le Souverain les demande ; mais le Souverain de son côté ne peut charger les sujets d'aucune chaîne inutile à la communauté ; il ne peut pas même le vouloir : car sous la loi de raison rien ne se fait sans cause, non plus que sous la loi de nature [77].

a. Lecteurs attentifs, ne vous pressez pas, je vous prie, de m'accuser ici de contradiction. Je n'ai pu l'éviter dans les termes, vu la pauvreté de la langue ; mais attendez.

Les engagements qui nous lient au corps social ne sont obligatoires que parce qu'ils sont mutuels, et leur nature est telle qu'en les remplissant on ne peut travailler pour autrui sans travailler aussi pour soi. Pourquoi la volonté générale est-elle toujours droite, et pourquoi tous veulent-ils constamment le bonheur de chacun d'eux, si ce n'est parce qu'il n'y a personne qui ne s'approprie ce mot *chacun*, et qui ne songe à lui-même en votant pour tous ? Ce qui prouve que l'égalité de droit et la notion de justice qu'elle produit dérivent de la préférence que chacun se donne et par conséquent de la nature de l'homme, que la volonté générale pour être vraiment telle doit l'être dans son objet ainsi que dans son essence, qu'elle doit partir de tous pour s'appliquer à tous, et qu'elle perd sa rectitude naturelle lorsqu'elle tend à quelque objet individuel et déterminé ; parce qu'alors jugeant de ce qui nous est étranger nous n'avons aucun vrai principe d'équité qui nous guide [78].

En effet, sitôt qu'il s'agit d'un fait ou d'un droit particulier, sur un point qui n'a pas été réglé par une convention générale et antérieure, l'affaire devient contentieuse. C'est un procès où les particuliers intéressés sont une des parties et le public l'autre, mais où je ne vois ni la loi qu'il faut suivre, ni le juge qui doit prononcer. Il serait ridicule de vouloir alors s'en rapporter à une expresse décision de la volonté générale, qui ne peut être que la conclusion de l'une des parties, et qui par conséquent n'est pour l'autre qu'une volonté étrangère, particulière, portée en cette occasion à l'injustice et sujette à l'erreur. Ainsi de même qu'une volonté particulière ne peut représenter la volonté générale, la volonté générale à son tour change de nature ayant un objet particulier, et ne peut comme générale prononcer ni sur un homme ni sur un fait. Quand le peuple d'Athènes, par exemple, nommait ou cassait ses chefs, décernait des honneurs à l'un, imposait des peines à l'autre, et par des multitudes de décrets particuliers exerçait indistinctement tous les actes du Gouvernement, le peuple alors n'avait plus de volonté générale proprement dite ; il n'agissait plus comme Souverain mais comme magistrat. Ceci paraîtra contraire aux idées communes, mais il faut me laisser le temps d'exposer les miennes [79].

On doit concevoir par là, que ce qui généralise la volonté est moins le nombre des voix que l'intérêt commun qui les unit [80] : car dans cette institution chacun se soumet nécessairement aux conditions qu'il impose aux autres ; accord admirable de l'intérêt et de la justice qui donne aux délibérations communes un caractère d'équité qu'on voit évanouir dans la discussion de toute affaire particulière, faute d'un intérêt commun qui unisse et identifie la règle du juge avec celle de la partie.

Par quelque côté qu'on remonte au principe, on arrive toujours à la même conclusion ; savoir, que le pacte social établit entre les citoyens une telle égalité qu'ils s'engagent tous sous les mêmes conditions, et doivent jouir tous des mêmes droits [81]. Ainsi par la nature du pacte, tout acte de souveraineté, c'est-à-dire tout acte authentique de la volonté générale oblige ou favorise également tous les Citoyens, en sorte que le Souverain connaît seulement le corps de la nation et ne distingue aucun de ceux qui la composent. Qu'est-ce donc proprement qu'un acte de souveraineté ? Ce n'est pas une convention du supérieur avec l'inférieur, mais une convention du corps avec chacun de ses membres : Convention légitime, parce qu'elle a pour base le contrat social, équitable, parce qu'elle est commune à tous, utile, parce qu'elle ne peut avoir d'autre objet que le bien général, et solide, parce qu'elle a pour garant la force publique et le pouvoir suprême. Tant que les sujets ne sont soumis qu'à de telles conventions, ils n'obéissent à personne, mais seulement à leur propre volonté ; et demander jusqu'où s'étendent les droits respectifs du Souverain et des Citoyens, c'est demander jusqu'à quel point ceux-ci peuvent s'engager avec eux-mêmes, chacun envers tous et tous envers chacun d'eux.

On voit par là que le pouvoir Souverain, tout absolu, tout sacré, tout inviolable qu'il est, ne passe ni ne peut passer les bornes des conventions générales, et que tout homme peut disposer pleinement de ce qui lui a été laissé de ses biens et de sa liberté par ces conventions ; de sorte que le Souverain n'est jamais en droit de charger un sujet plus qu'un autre, parce qu'alors l'affaire devenant particulière, son pouvoir n'est plus compétent [82].

Ces distinctions une fois admises, il est si faux que dans le contrat social il y ait de la part des particuliers aucune renonciation véritable, que leur situation, par l'effet de ce contrat se trouve réellement préférable à ce qu'elle était auparavant, et qu'au lieu d'une aliénation, ils n'ont fait qu'un échange avantageux d'une manière d'être incertaine et précaire contre une autre meilleure et plus sûre, de l'indépendance naturelle contre la liberté, du pouvoir de nuire à autrui contre leur propre sûreté, et de leur force que d'autres pouvaient surmonter contre un droit que l'union sociale rend invincible [83]. Leur vie même qu'ils ont dévouée à l'État en est continuellement protégée, et lorsqu'ils l'exposent pour sa défense que font-ils alors que lui rendre ce qu'ils ont reçu de lui ? Que font-ils qu'ils ne fissent plus fréquemment et avec plus de danger dans l'état de nature, lorsque livrant des combats inévitables, ils défendraient au péril de leur vie ce qui leur sert à la conserver ? Tous ont à combattre au besoin pour la patrie, il est vrai ; mais aussi nul n'a jamais à combattre pour soi. Ne gagne-t-on pas encore à courir pour ce qui fait notre sûreté une partie des risques qu'il faudrait courir pour nous-mêmes sitôt qu'elle nous serait ôtée [84] ?

CHAPITRE V

Du droit de vie et de mort [85]

On demande comment les particuliers n'ayant point droit de disposer de leur propre vie peuvent transmettre au Souverain ce même droit qu'ils n'ont pas ? Cette question ne paraît difficile à résoudre que parce qu'elle est mal posée. Tout homme a droit de risquer sa propre vie pour la conserver. A-t-on jamais dit que celui qui se jette par une fenêtre pour échapper à un incendie, soit coupable de suicide ? A-t-on même jamais imputé ce crime à celui qui périt dans une tempête dont en s'embarquant il n'ignorait pas le danger ?

Le traité social a pour fin la conservation des contractants. Qui veut la fin veut aussi les moyens, et ces moyens sont inséparables de quelques risques, même de quelques pertes. Qui veut conserver sa vie aux dépens des autres, doit la donner aussi pour eux quand il faut. Or le Citoyen n'est plus juge du péril auquel la loi veut qu'il s'expose, et quand le Prince lui a dit, il est expédient à l'État que tu meures, il doit mourir ; puisque ce n'est qu'à cette condition qu'il a vécu en sûreté jusqu'alors, et que sa vie n'est plus seulement un bienfait de la nature, mais un don conditionnel de l'État.

La peine de mort infligée aux criminels peut être envisagée à peu près sous le même point de vue : c'est pour n'être pas la victime d'un assassin que l'on consent à mourir si on le devient. Dans ce traité, loin de disposer de sa propre vie on ne songe qu'à la garantir, et il n'est pas à présumer qu'aucun des contractants prémédite alors de se faire pendre.

D'ailleurs tout malfaiteur attaquant le droit social devient par ses forfaits rebelle et traître à la patrie, il cesse d'en être membre en violant ses lois, et même il lui fait la guerre. Alors la conservation de l'État est incompatible avec la sienne, il faut qu'un des deux périsse, et quand on fait mourir le coupable, c'est moins comme Citoyen que comme ennemi. Les procédures, le jugement, sont les preuves et la déclaration qu'il a rompu le traité social, et par conséquent qu'il n'est plus membre de l'État. Or comme il s'est reconnu tel, tout au moins par son séjour, il en doit être retranché par l'exil comme infracteur du pacte, ou par la mort comme ennemi public ; car un tel ennemi n'est pas une personne morale, c'est un homme, et c'est alors que le droit de la guerre est de tuer le vaincu.

Mais, dira-t-on, la condamnation d'un Criminel est un acte particulier. D'accord ; aussi cette condamnation n'appartient-elle point au Souverain ; c'est un droit qu'il peut conférer sans pouvoir l'exercer lui-même. Toutes mes idées se tiennent, mais je ne saurais les exposer toutes à la fois.

Au reste, la fréquence des supplices est toujours un signe de faiblesse ou de paresse dans le Gouvernement. Il n'y a point de méchant qu'on ne pût rendre bon à quelque chose. On n'a droit de faire mourir, même pour l'exemple, que celui qu'on ne peut conserver sans danger.

À l'égard du droit de faire grâce, ou d'exempter un coupable de la peine portée par la loi et prononcée par le juge, il n'appartient qu'à celui qui est au-dessus du juge et de la loi, c'est-à-dire au Souverain : Encore son droit en ceci n'est-il pas bien net, et les cas d'en user sont-ils très rares. Dans un État bien gouverné il y a peu de punitions, non parce qu'on fait beaucoup de grâces, mais parce qu'il y a peu de criminels : la multitude des crimes en assure l'impunité lorsque l'État dépérit. Sous la République Romaine jamais le Sénat ni les Consuls ne tentèrent de faire grâce ; le peuple même n'en faisait pas, quoiqu'il révoquât quelquefois son propre jugement. Les fréquentes grâces annoncent que bientôt les forfaits n'en auront plus besoin, et chacun voit où cela mène. Mais je sens que mon cœur murmure et retient ma plume ; laissons discuter ces questions à l'homme juste qui n'a point failli, et qui jamais n'eut lui-même besoin de grâce.

CHAPITRE VI

De la loi

Par le pacte social nous avons donné l'existence et la vie au corps politique : il s'agit maintenant de lui donner le mouvement et la volonté par la législation [86]. Car l'acte primitif par lequel ce corps se forme et s'unit ne détermine rien encore de ce qu'il doit faire pour se conserver.

Ce qui est bien et conforme à l'ordre est tel par la nature des choses et indépendamment des conventions humaines [87]. Toute justice vient de Dieu, lui seul en est la source ; mais si nous savions la recevoir de si haut nous n'aurions besoin ni de gouvernement ni de lois. Sans doute il est une justice universelle émanée de la raison seule ; mais cette justice pour être admise entre nous doit être réciproque [88]. À considérer humainement les choses, faute de sanction naturelle les lois de la justice sont vaines parmi les hommes ; elles ne font que le bien du méchant et le mal du juste, quand celui-ci les observe avec tout le monde sans que personne les observe avec lui. Il faut donc des conventions et des lois pour unir les droits aux devoirs et ramener la justice à son objet. Dans l'état de nature, où tout est commun, je ne dois rien à ceux à qui je n'ai rien promis, je ne reconnais pour être à autrui que ce qui m'est inutile. Il n'en est pas ainsi dans l'état civil où tous les droits sont fixés par la loi.

Mais qu'est-ce donc enfin qu'une loi ? Tant qu'on se contentera de n'attacher à ce mot que des idées métaphysiques, on continuera de raisonner sans s'entendre, et quand on aura dit ce que c'est qu'une loi de la nature on n'en saura pas mieux ce que c'est qu'une loi de l'État [89].

J'ai déjà dit qu'il n'y avait point de volonté générale sur un objet particulier [90]. En effet cet objet particulier est dans l'État ou hors de l'État. S'il est hors de l'État, une volonté qui lui est étrangère n'est point générale par rapport à lui ; et si cet objet est dans l'État, il en fait partie : Alors il se forme entre le tout et sa partie une relation qui en fait deux êtres séparés, dont la partie est l'un, et le tout moins cette même partie est l'autre. Mais le tout moins une partie n'est point le tout, et tant que ce rapport subsiste il n'y a plus de tout mais deux parties inégales ; d'où il suit que la volonté de l'une n'est point non plus générale par rapport à l'autre.

Mais quand tout le peuple statue sur tout le peuple il ne considère que lui-même, et s'il se forme alors un rapport, c'est de l'objet entier sous un point de vue à l'objet entier sous un autre point de vue, sans aucune division du tout. Alors la matière sur laquelle on statue est générale comme la volonté qui statue. C'est cet acte que j'appelle une loi.

Quand je dis que l'objet des lois est toujours général, j'entends que la loi considère les sujets en corps et les actions comme abstraites, jamais un homme comme individu ni une action particulière. Ainsi la loi peut bien statuer qu'il y aura des privilèges, mais elle n'en peut donner nommément à personne ; la loi peut faire plusieurs Classes de Citoyens, assigner même les qualités qui donneront droit à ces classes, mais elle ne peut nommer tels et tels pour y être admis ; elle peut établir un Gouvernement royal et une succession héréditaire, mais elle ne peut élire un roi ni nommer une famille royale ; en un mot toute fonction qui se rapporte à un objet individuel n'appartient point à la puissance législative.

Sur cette idée on voit à l'instant qu'il ne faut plus demander à qui il appartient de faire des lois, puisqu'elles sont des actes de la volonté générale ; ni si le Prince est au-dessus des lois, puisqu'il est membre de l'État ; ni si la loi peut être injuste, puisque nul n'est injuste envers lui-même ; ni comment on est libre et soumis aux lois, puisqu'elles ne sont que des registres de nos volontés.

On voit encore que la loi réunissant l'universalité de la volonté et celle de l'objet, ce qu'un homme, quel qu'il puisse être, ordonne de son chef n'est point une loi ; ce qu'ordonne même le Souverain sur un objet particulier n'est pas non plus une loi mais un décret, ni un acte de souveraineté mais de magistrature [91].

J'appelle donc République tout État régi par des lois, sous quelque forme d'administration que ce puisse être : car alors seulement l'intérêt public gouverne, et la chose publique est quelque chose. Tout Gouvernement légitime est républicain [a] : j'expliquerai ci-après ce que c'est que Gouvernement [92].

Les lois ne sont proprement que les conditions de l'association civile. Le Peuple soumis aux lois en doit être l'auteur ; il n'appartient qu'à ceux qui s'associent de régler les conditions de la société : mais comment les régleront-ils ? Sera-ce d'un commun accord, par une inspiration subite ? Le corps politique a-t-il un organe pour énoncer ces volontés ? Qui lui donnera la prévoyance nécessaire pour en former les actes et les publier d'avance, ou comment les prononcera-t-il au moment du besoin ? Comment une multitude aveugle qui souvent ne sait ce qu'elle veut, parce qu'elle sait rarement ce qui lui est bon, exécuterait-elle d'elle-même une entreprise aussi grande aussi difficile qu'un système de législation ? De lui-même le peuple veut toujours le bien, mais de lui-même il ne le voit pas toujours. La volonté générale est toujours droite, mais le jugement qui la guide n'est pas toujours éclairé. Il faut lui faire voir les objets tels qu'ils sont, quelquefois tels qu'ils doivent lui paraître, lui montrer le bon chemin qu'elle cherche, la garantir de la séduction des volontés particulières, rapprocher à ses yeux les lieux et les temps, balancer l'attrait des avantages présents et sensibles, par le danger des maux éloignés et cachés. Les particuliers voient le bien qu'ils rejettent :

a. Je n'entends pas seulement par ce mot une Aristocratie ou une Démocratie, mais en général tout gouvernement guidé par la volonté générale, qui est la loi. Pour être légitime il ne faut pas que le Gouvernement se confonde avec le Souverain, mais qu'il en soit le ministre : alors la monarchie elle-même est république. Ceci s'éclaircira dans le livre suivant.

le public veut le bien qu'il ne voit pas. Tous ont également besoin de guides : Il faut obliger les uns à conformer leurs volontés à leur raison ; il faut apprendre à l'autre à connaître ce qu'il veut. Alors des lumières publiques résulte l'union de l'entendement et de la volonté dans le corps social, de là l'exact concours des parties, et enfin la plus grande force du tout. Voilà d'où naît la nécessité d'un Législateur [93].

CHAPITRE VII

Du Législateur [94]

Pour découvrir les meilleures règles de société qui conviennent aux Nations, il faudrait une intelligence supérieure, qui vît toutes les passions des hommes et qui n'en éprouvât aucune, qui n'eût aucun rapport avec notre nature et qui la connût à fond, dont le bonheur fût indépendant de nous et qui pourtant voulût bien s'occuper du nôtre ; enfin qui, dans le progrès des temps se ménageant une gloire éloignée, pût travailler dans un siècle et jouir dans un autre [a]. Il faudrait des Dieux pour donner des lois aux hommes [95].

Le même raisonnement que faisait Caligula quant au fait, Platon le faisait quant au droit pour définir l'homme civil ou royal qu'il cherche dans son livre du règne [96] ; mais s'il est vrai qu'un grand Prince est un homme rare, que sera-ce d'un grand Législateur ? Le premier n'a qu'à suivre le modèle que l'autre doit proposer. Celui-ci est le mécanicien qui invente la machine, celui-là n'est que l'ouvrier qui la monte et la fait marcher. Dans la naissance des sociétés, dit Montesquieu, ce sont les chefs des républiques qui font

a. Un peuple ne devient célèbre que quand sa législation commence à décliner. On ignore durant combien de siècles l'institution de Lycurgue fit le bonheur des Spartiates avant qu'il fût question d'eux dans le reste de la Grèce.

l'institution, et c'est ensuite l'institution qui forme les chefs des républiques [97].

Celui qui ose entreprendre d'instituer un peuple doit se sentir en état de changer, pour ainsi dire, la nature humaine ; de transformer chaque individu, qui par lui-même est un tout parfait et solitaire, en partie d'un plus grand tout dont cet individu reçoive en quelque sorte sa vie et son être ; d'altérer la constitution de l'homme pour la renforcer ; de substituer une existence partielle et morale à l'existence physique et indépendante que nous avons tous reçue de la nature. Il faut, en un mot, qu'il ôte à l'homme ses forces propres pour lui en donner qui lui soient étrangères et dont il ne puisse faire usage sans le secours d'autrui [98]. Plus ces forces naturelles sont mortes et anéanties, plus les acquises sont grandes et durables, plus aussi l'institution est solide et parfaite : En sorte que si chaque Citoyen n'est rien, ne peut rien, que par tous les autres, et que la force acquise par le tout soit égale ou supérieure à la somme des forces naturelles de tous les individus, on peut dire que la législation est au plus haut point de perfection qu'elle puisse atteindre.

Le Législateur est à tous égards un homme extraordinaire dans l'État. S'il doit l'être par son génie, il ne l'est pas moins par son emploi. Ce n'est point magistrature, ce n'est point souveraineté [99]. Cet emploi, qui constitue la république, n'entre point dans sa constitution : C'est une fonction particulière et supérieure qui n'a rien de commun avec l'empire humain ; car si celui qui commande aux hommes ne doit pas commander aux lois, celui qui commande aux lois ne doit pas non plus commander aux hommes ; autrement ses lois, ministres de ses passions, ne feraient souvent que perpétuer ses injustices, et jamais il ne pourrait éviter que des vues particulières n'altérassent la sainteté de son ouvrage.

Quand Lycurgue donna des lois à sa patrie, il commença par abdiquer la Royauté. C'était la coutume de la plupart des villes grecques de confier à des étrangers l'établissement des leurs. Les Républiques modernes de l'Italie imitèrent souvent cet usage [100] ; celle de Genève en fit autant [101] et s'en trouva bien[a]. Rome dans son plus bel âge vit renaître en son sein tous les crimes de la Tyrannie, et se vit prête à périr, pour avoir réuni sur les mêmes têtes l'autorité législative et le pouvoir souverain.

Cependant les *Décemvirs* eux-mêmes ne s'arrogèrent jamais le droit de faire passer aucune loi de leur seule autorité. *Rien de ce que nous vous proposons,* disaient-ils au peuple, *ne peut passer en loi sans votre consentement. Romains, soyez vous-mêmes les auteurs des lois qui doivent faire votre bonheur.*

Celui qui rédige les lois n'a donc ou ne doit avoir aucun droit législatif, et le peuple même ne peut, quand il le voudrait, se dépouiller de ce droit incommunicable ; parce que selon le pacte fondamental il n'y a que la volonté générale qui oblige les particuliers, et qu'on ne peut jamais s'assurer qu'une volonté particulière est conforme à la volonté générale, qu'après l'avoir soumise aux suffrages libres du peuple : j'ai déjà dit cela, mais il n'est pas inutile de le répéter.

Ainsi l'on trouve à la fois dans l'ouvrage de la législation deux choses qui semblent incompatibles : une entreprise au-dessus de la force humaine, et pour l'exécuter, une autorité qui n'est rien.

Autre difficulté qui mérite attention. Les sages qui veulent parler au vulgaire leur langage au lieu du sien n'en sauraient être entendus [102]. Or il y a mille sortes d'idées qu'il est impossible de traduire dans la langue du peuple. Les vues trop générales et les objets trop éloignés sont également hors de sa portée ; chaque individu ne goûtant d'autre plan de gouvernement

a. Ceux qui ne considèrent Calvin que comme théologien connaissent mal l'étendue de son génie. La rédaction de nos sages Édits, à laquelle il eut beaucoup de part, lui fait autant d'honneur que son institution. Quelque révolution que le temps puisse amener dans notre culte, tant que l'amour de la patrie et de la liberté ne sera pas éteint parmi nous, jamais la mémoire de ce grand homme ne cessera d'y être en bénédiction.

que celui qui se rapporte à son intérêt particulier, aperçoit difficilement les avantages qu'il doit retirer des privations continuelles qu'imposent les bonnes lois. Pour qu'un peuple naissant pût goûter les saines maximes de la politique et suivre les règles fondamentales de la raison d'État, il faudrait que l'effet pût devenir la cause, que l'esprit social qui doit être l'ouvrage de l'institution présidât à l'institution même, et que les hommes fussent avant les lois ce qu'ils doivent devenir par elles. Ainsi donc le Législateur ne pouvant employer ni la force ni le raisonnement, c'est une nécessité qu'il recoure à une autorité d'un autre ordre, qui puisse entraîner sans violence et persuader sans convaincre.

Voilà ce qui força de tout temps les pères des nations de recourir à l'intervention du ciel et d'honorer les Dieux de leur propre sagesse, afin que les peuples, soumis aux lois de l'État comme à celles de la nature, et reconnaissant le même pouvoir dans la formation de l'homme et dans celle de la cité, obéissent avec liberté et portassent docilement le joug de la félicité publique.

Cette raison sublime qui s'élève au-dessus de la portée des hommes vulgaires est celle dont le législateur met les décisions dans la bouche des immortels, pour entraîner par l'autorité divine ceux que ne pourrait ébranler la prudence humaine[a] [103]. Mais il n'appartient pas à tout homme de faire parler les Dieux, ni d'en être cru quand il s'annonce pour être leur interprète. La grande âme du Législateur est le vrai miracle qui doit prouver sa mission. Tout homme peut graver des tables de pierre, ou acheter un oracle, ou feindre un secret commerce avec quelque divinité, ou dresser un oiseau pour lui parler à l'oreille, ou trouver d'autres

a. *E veramente*, dit Machiavel, *mai non fù alcuno ordinatore di leggi straordinarie in un popolo, che non ricorresse a Dio, perchè altrimenti non sarebbero accettate ; perchè sono molti beni conosciuti da uno prudente, i quali non hanno in se raggioni evidenti da potergli persuadere ad altrui*. Discorsi sopra Tito Livio. L. I. c. XI.

moyens grossiers d'en imposer au peuple. Celui qui ne saura que cela pourra même assembler par hasard une troupe d'insensés, mais il ne fondera jamais un empire, et son extravagant ouvrage périra bientôt avec lui. De vains prestiges forment un lien passager, il n'y a que la sagesse qui le rende durable. La loi judaïque toujours subsistante, celle de l'enfant d'Ismaël qui depuis dix siècles régit la moitié du monde, annoncent encore aujourd'hui les grands hommes qui les ont dictées ; et tandis que l'orgueilleuse philosophie ou l'aveugle esprit de parti ne voit en eux que d'heureux imposteurs, le vrai politique admire dans leurs institutions ce grand et puissant génie qui préside aux établissements durables [104].

Il ne faut pas de tout ceci conclure avec Warburton que la politique et la religion aient parmi nous un objet commun, mais que dans l'origine des nations l'une sert d'instrument à l'autre [105].

CHAPITRE VIII

Du peuple [106]

Comme avant d'élever un grand édifice l'architecte observe et sonde le sol, pour voir s'il en peut soutenir le poids, le sage instituteur ne commence pas par rédiger de bonnes lois en elles-mêmes, mais il examine auparavant si le peuple auquel il les destine est propre à les supporter. C'est pour cela que Platon refusa de donner des lois aux Arcadiens et aux Cyréniens, sachant que ces deux peuples étaient riches et ne pouvaient souffrir l'égalité [107] : c'est pour cela qu'on vit en Crète de bonnes lois et de méchants hommes, parce que Minos n'avait discipliné qu'un peuple chargé de vices.

Mille nations ont brillé sur la terre qui n'auraient jamais pu souffrir de bonnes lois, et celles mêmes qui l'auraient pu n'ont eu dans toute leur durée qu'un temps fort court pour cela. Les Peuples[a] ainsi que les hommes ne sont dociles que dans leur jeunesse, ils deviennent incorrigibles en vieillissant ; quand une fois les coutumes sont établies et les préjugés enracinés, c'est une entreprise dangereuse et vaine de vouloir les réformer ; le peuple ne peut pas même souffrir qu'on touche à ses maux pour les détruire, semblable à ces malades stupides et sans courage qui frémissent à l'aspect du médecin [108].

Ce n'est pas que, comme quelques maladies bouleversent la tête des hommes et leur ôtent le souvenir du passé, il ne se trouve quelquefois dans la durée des États des époques violentes où les révolutions font sur les peuples ce que certaines crises font sur les individus, où l'horreur du passé tient lieu d'oubli, et où l'État, embrasé par les guerres civiles, renaît pour ainsi dire de sa cendre et reprend la vigueur de la jeunesse en sortant des bras de la mort. Telle fut Sparte au temps de Lycurgue, telle fut Rome après les Tarquins ; et telles ont été parmi nous la Hollande et la Suisse après l'expulsion des Tyrans [109].

Mais ces événements sont rares ; ce sont des exceptions dont la raison se trouve toujours dans la constitution particulière de l'*État* excepté. Elles ne sauraient même avoir lieu deux fois pour le même peuple, car il peut se rendre libre tant qu'il n'est que barbare, mais il ne le peut plus quand le ressort civil est usé. Alors les troubles peuvent le détruire sans que les révolutions puissent le rétablir, et sitôt que ses fers sont brisés, il tombe épars et n'existe plus : Il lui faut désormais un maître et non pas un libérateur. Peuples libres, souvenez-vous de cette maxime : On peut acquérir la liberté ; mais on ne la recouvre jamais.

Il est pour les Nations comme pour les hommes un temps de maturité qu'il faut attendre avant de les soumettre à des lois ; mais la maturité d'un peuple n'est

a. L'édition de 1782 nuance : La plupart des Peuples ainsi que des hommes…

pas toujours facile à connaître, et si on la prévient l'ouvrage est manqué[a]. Tel peuple est disciplinable en naissant, tel autre ne l'est pas au bout de dix siècles[110]. Les Russes ne seront jamais vraiment policés, parce qu'ils l'ont été trop tôt. Pierre avait le génie imitatif[111] ; il n'avait pas le vrai génie, celui qui crée et fait tout de rien. Quelques-unes des choses qu'il fit étaient bien, la plupart étaient déplacées. Il a vu que son peuple était barbare, il n'a point vu qu'il n'était pas mûr pour la police ; il l'a voulu civiliser quand il ne fallait que l'aguerrir. Il a d'abord voulu faire des Allemands, des Anglais, quand il fallait commencer par faire des Russes ; il a empêché ses sujets de jamais devenir ce qu'ils pourraient être, en leur persuadant qu'ils étaient ce qu'ils ne sont pas. C'est ainsi qu'un Précepteur français forme son élève pour briller au moment de son enfance, et puis n'être jamais rien[112]. L'Empire de Russie voudra subjuguer l'Europe et sera subjugué lui-même. Les Tartares ses sujets ou ses voisins deviendront ses maîtres et les nôtres : Cette révolution me paraît infaillible. Tous les Rois de l'Europe travaillent de concert à l'accélérer.

CHAPITRE IX
Suite

Comme la nature a donné des termes à la stature d'un homme bien conformé, passé lesquels elle ne fait plus que des Géants ou des Nains, il y a de même, eu égard à la meilleure constitution d'un État, des bornes à l'étendue qu'il peut avoir, afin qu'il ne soit ni trop grand pour pouvoir être bien gouverné, ni trop petit

a. L'édition de 1782 corrige : La jeunesse n'est pas l'enfance. Il est pour les nations comme pour les hommes un temps de jeunesse, ou si l'on veut de maturité qu'il faut attendre.

pour pouvoir se maintenir par lui-même. Il y a dans tout corps politique un *maximum* de force qu'il ne saurait passer, et duquel souvent il s'éloigne à force de s'agrandir. Plus le lien social s'étend, plus il se relâche, et en général un petit État est proportionnellement plus fort qu'un grand [113].

Mille raisons démontrent cette maxime. Premièrement l'administration devient plus pénible dans les grandes distances, comme un poids devient plus lourd au bout d'un plus grand levier. Elle devient aussi plus onéreuse à mesure que les degrés se multiplient ; car chaque ville a d'abord la sienne que le peuple paye, chaque district la sienne encore payée par le peuple, ensuite chaque province, puis les grands gouvernements, les Satrapies, les Vice-Royautés qu'il faut toujours payer plus cher à mesure qu'on monte, et toujours aux dépens du malheureux peuple ; enfin vient l'administration suprême qui écrase tout. Tant de surcharges épuisent continuellement les sujets ; loin d'être mieux gouvernés par tous ces différents ordres, ils le sont moins bien que s'il n'y en avait qu'un seul au-dessus d'eux. Cependant à peine reste-t-il des ressources pour les cas extraordinaires, et quand il y faut recourir l'État est toujours à la veille de sa ruine [114].

Ce n'est pas tout ; non seulement le Gouvernement a moins de vigueur et de célérité pour faire observer les lois, empêcher les vexations, corriger les abus, prévenir les entreprises séditieuses qui peuvent se faire dans des lieux éloignés ; mais le peuple a moins d'affection pour ses chefs qu'il ne voit jamais, pour la patrie qui est à ses yeux comme le monde, et pour ses concitoyens dont la plupart lui sont étrangers. Les mêmes lois ne peuvent convenir à tant de provinces diverses qui ont des mœurs différentes, qui vivent sous des climats opposés, et qui ne peuvent souffrir la même forme de gouvernement. Des lois différentes n'engendrent que trouble et confusion parmi des peuples qui, vivant sous les mêmes chefs et dans une communication continuelle, passent ou se marient les uns chez les autres et, soumis à d'autres coutumes, ne savent jamais si leur patrimoine est bien à eux. Les talents sont enfouis, les vertus ignorées, les vices impunis, dans cette multitude d'hommes inconnus les uns aux autres, que le siège de l'administration suprême rassemble dans un même lieu. Les Chefs accablés d'affaires ne voient rien par eux-mêmes, des commis gouvernent l'État. Enfin les mesures qu'il faut prendre pour maintenir l'autorité générale, à laquelle tant d'Officiers éloignés veulent se soustraire ou en imposer, absorbent tous les soins publics, il n'en reste plus pour le bonheur du peuple, à peine en reste-t-il pour sa défense au besoin, et c'est ainsi qu'un corps trop grand pour sa constitution s'affaisse et périt écrasé sous son propre poids [115].

D'un autre côté, l'État doit se donner une certaine base pour avoir de la solidité, pour résister aux secousses qu'il ne manquera pas d'éprouver et aux efforts qu'il sera contraint de faire pour se soutenir : car tous les peuples ont une espèce de force centrifuge, par laquelle ils agissent continuellement les uns contre les autres et tendent à s'agrandir aux dépens de leurs voisins, comme les tourbillons de Descartes [116]. Ainsi les faibles risquent d'être bientôt engloutis, et nul ne peut guère se conserver qu'en se mettant avec tous dans une espèce d'équilibre, qui rende la compression partout à peu près égale.

On voit par là qu'il y a des raisons de s'étendre et des raisons de se resserrer, et ce n'est pas le moindre talent du politique de trouver, entre les unes et les autres, la proportion la plus avantageuse à la conservation de l'État. On peut dire en général que les premières, n'étant qu'extérieures et relatives, doivent être subordonnées aux autres, qui sont internes et absolues ; une saine et forte constitution est la première chose qu'il faut rechercher, et l'on doit plus compter sur la vigueur qui naît d'un bon gouvernement, que sur les ressources que fournit un grand territoire.

Au reste, on a vu des États tellement constitués, que la nécessité des conquêtes entrait dans leur constitution même, et que pour se maintenir, ils étaient forcés de s'agrandir sans cesse [117]. Peut-être se félicitaient-ils beaucoup de cette heureuse nécessité, qui leur montrait pourtant, avec le terme de leur grandeur, l'inévitable moment de leur chute.

CHAPITRE X

Suite

On peut mesurer un corps politique de deux manières ; savoir, par l'étendue du territoire, et par le nombre du peuple, et il y a, entre l'une et l'autre de ces mesures, un rapport convenable pour donner à l'État sa véritable grandeur [118] : Ce sont les hommes qui font l'État, et c'est le terrain qui nourrit les hommes ; ce rapport est donc que la terre suffise à l'entretien de ses habitants, et qu'il y ait autant d'habitants que la terre en peut nourrir. C'est dans cette proportion que se trouve le *maximum* de force d'un nombre donné de peuple ; car s'il y a du terrain de trop, la garde en est onéreuse, la culture insuffisante, le produit superflu ; c'est la cause prochaine des guerres défensives ; s'il n'y en a pas assez, l'État se trouve pour le supplément à la discrétion de ses voisins ; c'est la cause prochaine des guerres offensives. Tout peuple qui n'a par sa position que l'alternative entre le commerce ou la guerre, est faible en lui-même ; il dépend de ses voisins, il dépend des événements ; il n'a jamais qu'une existence incertaine et courte. Il subjugue et change de situation, ou il est subjugué et n'est rien. Il ne peut se conserver libre qu'à force de petitesse ou de grandeur.

On ne peut donner en calcul un rapport fixe entre l'étendue de terre et le nombre d'hommes qui se suffisent l'un à l'autre ; tant à cause des différences qui se trouvent dans les qualités du terrain, dans ses degrés de fertilité, dans la nature de ses productions, dans l'influence des climats, que de celles qu'on remarque dans les tempéraments des hommes qui les habitent, dont les uns consomment peu dans un pays fertile, les autres beaucoup sur un sol ingrat. Il faut encore avoir égard à la plus grande ou moindre fécondité des femmes, à ce que le pays peut avoir de plus ou moins favorable à la population, à la quantité dont le législateur peut espérer d'y concourir par ses établissements ; de sorte qu'il ne doit pas fonder son jugement sur ce qu'il voit mais sur ce qu'il prévoit, ni s'arrêter autant à l'état actuel de la population qu'à celui où elle doit naturellement parvenir. Enfin il y a mille occasions où les accidents particuliers du lieu exigent ou permettent qu'on embrasse plus de terrain qu'il ne paraît nécessaire. Ainsi l'on s'étendra beaucoup dans un pays de montagnes, où les productions naturelles, savoir les bois les pâturages, demandent moins de travail, où l'expérience apprend que les femmes sont plus fécondes que dans les plaines, et où un grand sol incliné ne donne qu'une petite base horizontale, la seule qu'il faut compter pour la végétation [119]. Au contraire, on peut se resserrer au bord de la mer, même dans des rochers et des sables presque stériles ; parce que la pêche y peut suppléer en grande partie aux productions de la terre, que les hommes doivent être plus rassemblés pour repousser les pirates, et qu'on a d'ailleurs plus de facilité pour délivrer le pays par les colonies, des habitants dont il est surchargé.

À ces conditions pour instituer un peuple, il en faut ajouter une qui ne peut suppléer à nulle autre, mais sans laquelle elles sont toutes inutiles ; c'est qu'on jouisse de l'abondance et de la paix ; car le temps où s'ordonne un État est, comme celui où se forme un bataillon, l'instant où le corps est le moins capable de résistance et le plus facile à détruire. On résisterait mieux dans un désordre absolu que dans un moment de fermentation, où chacun s'occupe de son rang et non du péril. Qu'une guerre une famine une sédition survienne en ce temps de crise, l'État est infailliblement renversé.

Ce n'est pas qu'il n'y ait beaucoup de gouvernements établis durant ces orages ; mais alors ce sont ces gouvernements mêmes qui détruisent l'État. Les usurpateurs amènent ou choisissent toujours ces temps de troubles pour faire passer, à la faveur de l'effroi public, des lois destructives que le peuple n'adopterait jamais de sang-froid. Le choix du moment de l'institution est un des caractères les plus sûrs par lesquels on peut distinguer l'œuvre du Législateur d'avec celle du Tyran [120].

Quel peuple est donc propre à la législation [121] ? Celui qui, se trouvant déjà lié par quelque union d'origine d'intérêt ou de convention, n'a point encore porté le vrai joug des lois ; celui qui n'a ni coutumes ni superstitions bien enracinées [a] ; celui qui ne craint pas d'être accablé par une invasion subite, qui, sans entrer dans les querelles de ses voisins, peut résister seul à chacun d'eux, ou s'aider de l'un pour repousser l'autre ; celui dont chaque membre peut être connu de tous, et où l'on n'est point forcé de charger un homme d'un plus grand fardeau qu'un homme ne peut porter ; celui qui peut se passer des autres peuples et dont tout autre peuple peut se passer ; celui qui n'est ni riche ni pauvre et peut se suffire à lui-même ; enfin celui qui réunit la consistance d'un ancien peuple avec la docilité d'un peuple nouveau. Ce qui rend pénible l'ouvrage de la législation, est moins ce qu'il faut établir que ce qu'il faut détruire ; et ce qui rend le succès si rare, c'est l'impossibilité de trouver la simplicité de la nature jointe aux besoins de la société. Toutes ces

a. Si de deux peuples voisins l'un ne pouvait se passer de l'autre, ce serait une situation très dure pour le premier et très dangereuse pour le second. Toute nation sage, en pareil cas, s'efforcera bien vite de délivrer l'autre de cette dépendance. La République de Thlascala enclavée dans l'Empire du Mexique aima mieux se passer de sel que d'en acheter des Mexicains, et même que d'en accepter gratuitement. Les sages Thlascalans virent le piège caché sous cette libéralité. Ils se conservèrent libres, et ce petit État, enfermé dans ce grand Empire, fut enfin l'instrument de sa ruine.

conditions, il est vrai, se trouvent difficilement rassemblées. Aussi voit-on peu d'États bien constitués.

Il est encore en Europe un pays capable de législation ; c'est l'Île de Corse. La valeur et la constance avec laquelle ce brave peuple a su recouvrer et défendre sa liberté, mériterait bien que quelque homme sage lui apprît à la conserver. J'ai quelque pressentiment qu'un jour cette petite île étonnera l'Europe [122].

CHAPITRE XI

Des divers systèmes de Législation

Si l'on recherche en quoi consiste précisément le plus grand bien de tous, qui doit être la fin de tout système de législation, on trouvera qu'il se réduit à ces deux objets principaux, la *liberté* et l'*égalité*. La liberté, parce que toute dépendance particulière est autant de force ôtée au corps de l'État ; l'égalité, parce que la liberté ne peut subsister sans elle [123].

J'ai déjà dit ce que c'est que la liberté civile ; à l'égard de l'égalité, il ne faut pas entendre par ce mot que les degrés de puissance et de richesse soient absolument les mêmes, mais que, quant à la puissance, elle soit au-dessous de toute violence et ne s'exerce jamais qu'en vertu du rang et des lois, et quant à la richesse, que nul citoyen ne soit assez opulent pour en pouvoir acheter un autre, et nul assez pauvre pour être contraint de se vendre [124] : Ce qui suppose du côté des grands modération de biens et de crédit, et du côté des petits, modération d'avarice et de convoitise [a].

a. Voulez-vous donc donner à l'État de la consistance ? rapprochez les degrés extrêmes autant qu'il est possible : ne souffrez ni des gens opulents ni des gueux. Ces deux états, naturellement inséparables, sont également funestes au bien commun ; de l'un sortent les fauteurs de la tyrannie et de l'autre les tyrans ; C'est toujours entre eux que se fait le trafic de la liberté publique ; l'un l'achète et l'autre la vend.

Cette égalité, disent-ils, est une chimère de spéculation qui ne peut exister dans la pratique : Mais si l'abus est inévitable, s'ensuit-il qu'il ne faille pas au moins le régler ? C'est précisément parce que la force des choses tend toujours à détruire l'égalité, que la force de la législation doit toujours tendre à la maintenir [125].

Mais ces objets généraux de toute bonne institution doivent être modifiés en chaque pays par les rapports qui naissent, tant de la situation locale, que du caractère des habitants, et c'est sur ces rapports qu'il faut assigner à chaque peuple un système particulier d'institution, qui soit le meilleur, non peut-être en lui-même, mais pour l'État auquel il est destiné. Par exemple le sol est-il ingrat et stérile, ou le pays trop serré pour les habitants ? Tournez-vous du côté de l'industrie et des arts, dont vous échangerez les productions contre les denrées qui vous manquent. Au contraire, occupez-vous de riches plaines et des coteaux fertiles ? Dans un bon terrain, manquez-vous d'habitants ? Donnez tous vos soins à l'agriculture qui multiplie les hommes, et chassez les arts qui ne feraient qu'achever de dépeupler le pays, en attroupant sur quelques points du territoire le peu d'habitants qu'il a [a]. Occupez-vous des rivages étendus et commodes ? Couvrez la mer de vaisseaux, cultivez le commerce et la navigation ; vous aurez une existence brillante et courte. La mer ne baigne-t-elle sur vos côtes que des rochers presque inaccessibles ? Restez barbares et ichtyophages [126] ; vous en vivrez plus tranquilles, meilleurs peut-être, et sûrement plus heureux. En un mot, outre les maximes communes à tous, chaque Peuple renferme en lui quelque cause qui les ordonne d'une manière particulière et rend sa législation propre à lui seul. C'est ainsi qu'autrefois les Hébreux et récemment les Arabes ont eu pour principal objet la religion, les Athéniens les lettres, Carthage et

a. Quelque branche de commerce extérieur, dit le M. d'A, ne répand guère qu'une fausse utilité pour un royaume en général ; elle peut enrichir quelques particuliers, même quelques villes, mais la nation entière n'y gagne rien, et le peuple n'en est pas mieux.

Tyr le commerce, Rhodes la marine, Sparte la guerre, et Rome la vertu. L'auteur de *L'Esprit des lois* a montré dans des foules d'exemples par quel art le législateur dirige l'institution vers chacun de ces objets [127].

Ce qui rend la constitution d'un État véritablement solide et durable, c'est quand les convenances sont tellement observées que les rapports naturels et les lois tombent toujours de concert sur les mêmes points, et que celles-ci ne font, pour ainsi dire, qu'assurer accompagner rectifier les autres. Mais si le Législateur, se trompant dans son objet, prend un principe différent de celui qui naît de la nature des choses, que l'un tende à la servitude et l'autre à la liberté, l'un aux richesses l'autre à la population, l'un à la paix l'autre aux conquêtes, on verra les lois s'affaiblir insensiblement, la constitution s'altérer, et l'État ne cessera d'être agité jusqu'à ce qu'il soit détruit ou changé, et que l'invincible nature ait repris son empire [128].

CHAPITRE XII
Division des Lois

Pour ordonner le tout, ou donner la meilleure forme possible à la chose publique, il y a diverses relations à considérer. Premièrement l'action du corps entier agissant sur lui-même, c'est-à-dire le rapport du tout au tout, ou du Souverain à l'État, et ce rapport est composé de celui des termes intermédiaires, comme nous le verrons ci-après.

Les lois qui règlent ce rapport portent le nom de lois politiques [129], et s'appellent aussi lois fondamentales, non sans quelque raison si ces lois sont sages. Car s'il n'y a dans chaque État qu'une bonne manière de l'ordonner, le peuple qui l'a trouvée doit s'y tenir : mais si l'ordre établi est mauvais, pourquoi prendrait-on pour fondamentales des lois qui l'empêchent d'être bon ? D'ailleurs, en tout état de cause, un peuple est toujours le maître de changer ses lois, même les meilleures ; car s'il lui plaît de se faire mal à lui-même, qui est-ce qui a droit de l'en empêcher ?

La seconde relation est celle des membres entre eux ou avec le corps entier, et ce rapport doit être au premier égard aussi petit et au second aussi grand qu'il est possible : en sorte que chaque Citoyen soit dans une parfaite indépendance de tous les autres, et dans une excessive dépendance de la Cité ; ce qui se fait toujours par les mêmes moyens ; car il n'y a que la force de l'État qui fasse la liberté de ses membres. C'est de ce deuxième rapport que naissent les lois civiles [130].

On peut considérer une troisième sorte de relation entre l'homme et la loi, savoir celle de la désobéissance à la peine, et celle-ci donne lieu à l'établissement des lois criminelles, qui dans le fond sont moins une espèce particulière de lois, que la sanction de toutes les autres [131].

À ces trois sortes de lois, il s'en joint une quatrième, la plus importante de toutes ; qui ne se grave ni sur le marbre ni sur l'airain, mais dans les cœurs des citoyens ; qui fait la véritable constitution de l'État ; qui prend tous les jours de nouvelles forces ; qui, lorsque les autres lois vieillissent ou s'éteignent, les ranime ou les supplée, conserve un peuple dans l'esprit de son institution, et substitue insensiblement la force de l'habitude à celle de l'autorité. Je parle des mœurs, des coutumes, et surtout de l'opinion ; partie inconnue à nos politiques, mais de laquelle dépend le succès de toutes les autres : partie dont le grand Législateur s'occupe en secret, tandis qu'il paraît se borner à des règlements particuliers qui ne sont que le cintre de la voûte, dont les mœurs, plus lentes à naître, forment enfin l'inébranlable Clef [132].

Entre ces diverses Classes, les lois politiques, qui constituent la forme du Gouvernement, sont la seule relative à mon sujet.

Fin du Livre deuxième

LIVRE III

Avant de parler des diverses formes de Gouvernement, tâchons de fixer le sens précis de ce mot, qui n'a pas encore été fort bien expliqué [133].

CHAPITRE I

Du Gouvernement en général

J'avertis le lecteur que ce chapitre doit être lu posément, et que je ne sais pas l'art d'être clair pour qui ne veut pas être attentif [134].

Toute action libre a deux causes qui concourent à la produire, l'une morale, savoir la volonté qui détermine l'acte, l'autre physique, savoir la puissance qui l'exécute. Quand je marche vers un objet, il faut premièrement que j'y veuille aller ; en second lieu, que mes pieds m'y portent. Qu'un paralytique veuille courir, qu'un homme agile ne le veuille pas, tous deux resteront en place. Le corps politique a les mêmes mobiles ; on y distingue de même la force et la volonté ; Celle-ci sous le nom de *puissance législative*, l'autre sous le nom de *puissance exécutive*. Rien ne s'y fait ou ne s'y doit faire sans leur concours [135].

Nous avons vu que la puissance législative appartient au peuple, et ne peut appartenir qu'à lui. Il est aisé de voir au contraire, par les principes ci-devant établis, que la puissance exécutive ne peut appartenir à la généralité comme Législatrice ou Souveraine ; parce que cette puissance ne consiste qu'en des actes particuliers qui ne sont point du ressort de la loi, ni par conséquent de celui du Souverain, dont tous les actes ne peuvent être que des lois [136].

Il faut donc à la force publique un agent propre qui la réunisse et la mette en œuvre selon les directions de la volonté générale, qui serve à la communication de l'État et du Souverain, qui fasse en quelque sorte dans la personne publique ce que fait dans l'homme l'union de l'âme et du corps. Voilà quelle est dans l'État la raison du Gouvernement, confondu mal à propos avec le Souverain, dont il n'est que le ministre [137].

Qu'est-ce donc que le Gouvernement ? Un corps intermédiaire établi entre les sujets et le Souverain pour leur mutuelle correspondance, chargé de l'exécution des lois, et du maintien de la liberté, tant civile que politique [138].

Les membres de ce corps s'appellent Magistrats ou *Rois*, c'est-à-dire, *Gouverneurs*, et le corps entier porte le nom de *Prince*[a]. Ainsi ceux qui prétendent que l'acte par lequel un peuple se soumet à des chefs n'est point un contrat, ont grande raison. Ce n'est absolument qu'une commission, un emploi dans lequel, simples officiers du Souverain, ils exercent en son nom le pouvoir dont il les a faits dépositaires, et qu'il peut limiter, modifier et reprendre quand il lui plaît, l'aliénation d'un tel droit étant incompatible avec la nature du corps social, et contraire au but de l'association [139].

J'appelle donc *Gouvernement* ou suprême administration l'exercice légitime de la puissance exécutive, et Prince ou magistrat l'homme ou le corps chargé de cette administration [140].

a. C'est ainsi qu'à Venise on donne au collège le nom de *Sérénissime Prince*, même quand le Doge n'y assiste pas.

C'est dans le Gouvernement que se trouvent les forces intermédiaires, dont les rapports composent celui du tout au tout ou du Souverain à l'État. On peut représenter ce dernier rapport par celui des extrêmes d'une proportion continue, dont la moyenne proportionnelle est le Gouvernement [141]. Le Gouvernement reçoit du Souverain les ordres qu'il donne au peuple, et pour que l'État soit dans un bon équilibre il faut, tout compensé, qu'il y ait égalité entre le produit ou la puissance du Gouvernement pris en lui-même et le produit ou la puissance des citoyens, qui sont souverains d'un côté et sujets de l'autre [142].

De plus, on ne saurait altérer aucun des trois termes sans rompre à l'instant la proportion. Si le Souverain veut gouverner, ou si le magistrat veut donner des lois, ou si les sujets refusent d'obéir, le désordre succède à la règle, la force et la volonté n'agissent plus de concert, et l'État dissous tombe ainsi dans le despotisme ou dans l'anarchie [143]. Enfin comme il n'y a qu'une moyenne proportionnelle entre chaque rapport, il n'y a non plus qu'un bon gouvernement possible dans un État : Mais comme mille événements peuvent changer les rapports d'un peuple, non seulement différents Gouvernements peuvent être bons à divers peuples, mais au même peuple en différents temps [144].

Pour tâcher de donner une idée des divers rapports qui peuvent régner entre ces deux extrêmes, je prendrai pour exemple le nombre du peuple, comme un rapport plus facile à exprimer [145].

Supposons que l'État soit composé de dix mille Citoyens. Le Souverain ne peut être considéré que collectivement et en corps : Mais chaque particulier en qualité de sujet est considéré comme individu : Ainsi le Souverain est au sujet comme dix mille est à un : C'est-à-dire que chaque membre de l'État n'a pour sa part que la dix millième partie de l'autorité souveraine, quoiqu'il lui soit soumis tout entier. Que le peuple soit composé de cent mille hommes, l'état des sujets ne change pas, et chacun porte également tout l'empire des lois, tandis que son suffrage, réduit à un cent millième, a dix fois moins d'influence dans leur rédaction. Alors le sujet restant toujours un, le rapport du Souverain augmente en raison du nombre des Citoyens. D'où il suit que plus l'État s'agrandit, plus la liberté diminue [146].

Quand je dis que le rapport augmente, j'entends qu'il s'éloigne de l'égalité. Ainsi, plus le rapport est grand dans l'acception des Géomètres, moins il y a de rapport dans l'acception commune ; dans la première le rapport considéré selon la quantité se mesure par l'exposant, et dans l'autre, considéré selon l'identité, il s'estime par la similitude [147].

Or moins les volontés particulières se rapportent à la volonté générale, c'est-à-dire les mœurs aux lois, plus la force réprimante doit augmenter. Donc le Gouvernement, pour être bon, doit être relativement plus fort à mesure que le peuple est plus nombreux [148].

D'un autre côté, l'agrandissement de l'État donnant aux dépositaires de l'autorité publique plus de tentations et de moyens d'abuser de leur pouvoir, plus le Gouvernement doit avoir de force pour contenir le peuple, plus le Souverain doit en avoir à son tour pour contenir le Gouvernement. Je ne parle pas ici d'une force absolue, mais de la force relative des diverses parties de l'État [149].

Il suit de ce double rapport que la proportion continue entre le Souverain le Prince et le peuple n'est point une idée arbitraire, mais une conséquence nécessaire de la nature du corps politique. Il suit encore que l'un des extrêmes, savoir le peuple comme sujet, étant fixe et représenté par l'unité, toutes les fois que la raison doublée augmente ou diminue, la raison simple augmente ou diminue semblablement, et que par conséquent le moyen terme est changé. Ce qui fait voir qu'il n'y a pas une constitution de Gouvernement unique et absolue, mais qu'il peut y avoir autant de Gouvernements différents en nature que d'États différents en grandeur [150].

Si, tournant ce système en ridicule, on disait que pour trouver cette moyenne proportionnelle et former le corps du Gouvernement il ne faut, selon moi, que tirer la racine carrée du nombre du peuple ; je répondrais que je ne prends ici ce nombre que pour un exemple, que les rapports dont je parle ne se mesurent pas seulement par le nombre des hommes, mais en général par la quantité d'action, laquelle se combine par des multitudes de causes, qu'au reste si, pour m'exprimer en moins de paroles, j'emprunte un moment des termes de géométrie, je n'ignore pas, cependant, que la précision géométrique n'a point lieu dans les quantités morales [151].

Le Gouvernement est en petit ce que le corps politique qui le renferme est en grand. C'est une personne morale douée de certaines facultés, active comme le Souverain, passive comme l'État, et qu'on peut décomposer en d'autres rapports semblables, d'où naît par conséquent une nouvelle proportion, une autre encore dans celle-ci selon l'ordre des tribunaux, jusqu'à ce qu'on arrive à un moyen terme indivisible, c'est-à-dire à un seul chef ou magistrat suprême, qu'on peut se représenter, au milieu de cette progression, comme l'unité entre la série des fractions et celle des nombres [152].

Sans nous embarrasser dans cette multiplication de termes, contentons-nous de considérer le Gouvernement comme un nouveau corps dans l'État, distinct du peuple et du Souverain, et intermédiaire entre l'un et l'autre.

Il y a cette différence essentielle entre ces deux corps, que l'État existe par lui-même, et que le Gouvernement n'existe que par le Souverain. Ainsi la volonté dominante du Prince n'est ou ne doit être que la volonté générale ou la loi, sa force n'est que la force publique concentrée en lui, sitôt qu'il veut tirer de lui-même quelque acte absolu et indépendant, la liaison du tout commence à se relâcher [153]. S'il arrivait enfin que le Prince eût une volonté particulière plus active que celle du Souverain, et qu'il usât pour obéir à cette volonté particulière de la force publique qui est dans ses mains, en sorte qu'on eût, pour ainsi dire, deux Souverains, l'un de droit et l'autre de fait ; à l'instant l'union sociale s'évanouirait, et le corps politique serait dissous [154].

Cependant pour que le corps du Gouvernement ait une existence une vie réelle qui le distingue du corps de l'État, pour que tous ses membres puissent agir de concert et répondre à la fin pour laquelle il est institué, il lui faut un *moi* particulier, une sensibilité commune à ses membres, une force une volonté propre qui tende à sa conservation. Cette existence particulière suppose des assemblées, des conseils, un pouvoir de délibérer de résoudre, des droits, des titres, des privilèges qui appartiennent au Prince exclusivement, et qui rendent la condition du magistrat plus honorable à proportion qu'elle est plus pénible. Les difficultés sont dans la manière d'ordonner dans le tout ce tout subalterne, de sorte qu'il n'altère point la constitution générale en affermissant la sienne, qu'il distingue toujours sa force particulière destinée à sa propre conservation de la force publique destinée à la conservation de l'État, et qu'en un mot il soit toujours prêt à sacrifier le Gouvernement au peuple et non le peuple au Gouvernement [155].

D'ailleurs, bien que le corps artificiel du Gouvernement soit l'ouvrage d'un autre corps artificiel, et qu'il n'ait en quelque sorte qu'une vie empruntée et subordonnée, cela n'empêche pas qu'il ne puisse agir avec plus ou moins de vigueur ou de célérité, jouir, pour ainsi dire d'une santé plus ou moins robuste. Enfin, sans s'éloigner directement du but de son institution, il peut s'en écarter plus ou moins, selon la manière dont il est constitué.

C'est de toutes ces différences que naissent les rapports divers que le Gouvernement doit avoir avec le corps de l'État, selon les rapports accidentels et particuliers par lesquels ce même État est modifié. Car souvent le Gouvernement le meilleur en soi deviendra le plus vicieux, si ses rapports ne sont altérés selon les défauts du corps politique auquel il appartient.

CHAPITRE II

Du principe qui constitue les diverses formes de Gouvernement

Pour exposer la cause générale de ces différences, il faut distinguer ici le Prince et le Gouvernement, comme j'ai distingué ci-devant l'État et le Souverain [156].

Le corps du magistrat peut être composé d'un plus grand ou moindre nombre de membres. Nous avons dit que le rapport du Souverain aux sujets était d'autant plus grand que le peuple était plus nombreux, et par une évidente analogie nous en pouvons dire autant du Gouvernement à l'égard des Magistrats.

Or la force totale du Gouvernement étant toujours celle de l'État, ne varie point : d'où il suit que plus il use de cette force sur ses propres membres, moins il lui en reste pour agir sur tout le peuple.

Donc plus les Magistrats sont nombreux, plus le Gouvernement est faible. Comme cette maxime est fondamentale, appliquons-nous à la mieux éclaircir.

Nous pouvons distinguer dans la personne du magistrat trois volontés essentiellement différentes. Premièrement la volonté propre de l'individu, qui ne tend qu'à son avantage particulier ; secondement la volonté commune des magistrats, qui se rapporte uniquement à l'avantage du Prince, et qu'on peut appeler volonté de corps, laquelle est générale par rapport au Gouvernement, et particulière par rapport à l'État, dont le Gouvernement fait partie ; en troisième lieu la volonté du peuple ou la volonté souveraine, laquelle est générale, tant par rapport à l'État considéré comme le tout, que par rapport au Gouvernement considéré comme partie du tout [157].

Dans une législation parfaite, la volonté particulière ou individuelle doit être nulle, la volonté de corps propre au Gouvernement très subordonnée, et par conséquent la volonté générale ou souveraine toujours dominante et la règle unique de toutes les autres.

Selon l'ordre naturel, au contraire, ces différentes volontés deviennent plus actives à mesure qu'elles se concentrent. Ainsi la volonté générale est toujours la plus faible, la volonté de corps a le second rang, et la volonté particulière le premier de tous : de sorte que dans le Gouvernement chaque membre est premièrement soi-même, et puis Magistrat, et puis citoyen. Gradation directement opposée à celle qu'exige l'ordre social [158].

Cela posé : que tout le Gouvernement soit entre les mains d'un seul homme. Voilà la volonté particulière et la volonté de corps parfaitement réunies, et par conséquent celle-ci au plus haut degré d'intensité qu'elle puisse avoir. Or comme c'est du degré de la volonté que dépend l'usage de la force, et que la force absolue du Gouvernement ne varie point, il s'ensuit que le plus actif des Gouvernements est celui d'un seul.

Au contraire, unissons le Gouvernement à l'autorité législative ; faisons le Prince du Souverain, et de tous les Citoyens autant de magistrats : Alors la volonté de corps, confondue avec la volonté générale, n'aura pas plus d'activité qu'elle, et laissera la volonté particulière dans toute sa force. Ainsi le Gouvernement, toujours avec la même force absolue, sera dans son *minimum* de force relative ou d'activité.

Ces rapports sont incontestables, et d'autres considérations servent encore à les confirmer. On voit, par exemple, que chaque magistrat est plus actif dans son corps que chaque citoyen dans le sien, et que par conséquent la volonté particulière a beaucoup plus d'influence dans les actes du Gouvernement que dans ceux du Souverain ; car chaque magistrat est presque toujours chargé de quelque fonction du Gouvernement, au lieu que chaque citoyen pris à part n'a aucune fonction de la souveraineté. D'ailleurs, plus l'État s'étend, plus sa force réelle augmente, quoiqu'elle n'augmente pas en raison de son étendue :

mais l'État restant le même, les magistrats ont beau se multiplier, le Gouvernement n'en acquiert pas une plus grande force réelle, parce que cette force est celle de l'État, dont la mesure est toujours égale. Ainsi la force relative ou l'activité du Gouvernement diminue, sans que sa force absolue ou réelle puisse augmenter.

Il est sûr encore que l'expédition des affaires devient plus lente à mesure que plus de gens en sont chargés, qu'en donnant trop à la prudence on ne donne pas assez à la fortune, qu'on laisse échapper l'occasion, et qu'à force de délibérer on perd souvent le fruit de la délibération.

Je viens de prouver que le Gouvernement se relâche à mesure que les magistrats se multiplient, et j'ai prouvé ci-devant que plus le peuple est nombreux, plus la force réprimante doit augmenter. D'où il suit que le rapport des magistrats au Gouvernement doit être inverse du rapport des sujets au Souverain : C'est-à-dire que, plus l'État s'agrandit, plus le Gouvernement doit se resserrer ; tellement que le nombre des chefs diminue en raison de l'augmentation du peuple.

Au reste je ne parle ici que de la force relative du Gouvernement, et non de sa rectitude [159] : Car, au contraire, plus le magistrat est nombreux, plus la volonté de corps se rapproche de la volonté générale ; au lieu que sous un magistrat unique cette même volonté de corps n'est, comme je l'ai dit, qu'une volonté particulière. Ainsi l'on perd d'un côté ce qu'on peut gagner de l'autre, et l'art du Législateur est de savoir fixer le point où la force et la volonté du Gouvernement, toujours en proportion réciproque, se combinent dans le rapport le plus avantageux à l'État.

CHAPITRE III

Division des Gouvernements

On a vu dans le chapitre précédent pourquoi l'on distingue les diverses espèces ou formes de Gouvernement par le nombre des membres qui les composent ; il reste à voir dans celui-ci comment se fait cette division [160].

Le Souverain peut, en premier lieu, commettre le dépôt du Gouvernement à tout le peuple ou à la plus grande partie du peuple, en sorte qu'il y ait plus de citoyens magistrats que de citoyens simples particuliers. On donne à cette forme de Gouvernement le nom de *Démocratie.*

Ou bien il peut resserrer le Gouvernement entre les mains d'un petit nombre, en sorte qu'il y ait plus de simples Citoyens que de magistrats, et cette forme porte le nom d'*Aristocratie*.

Enfin il peut concentrer tout le Gouvernement dans les mains d'un magistrat unique dont tous les autres tiennent leur pouvoir. Cette troisième forme est la plus commune, et s'appelle *Monarchie* ou Gouvernement royal.

On doit remarquer que toutes ces formes ou du moins les deux premières sont susceptibles de plus ou de moins, et ont même une assez grande latitude ; car la Démocratie peut embrasser tout le peuple ou se resserrer jusqu'à la moitié. L'Aristocratie à son tour peut de la moitié du peuple se resserrer jusqu'au plus petit nombre indéterminément. La Royauté même est susceptible de quelque partage. Sparte eut constamment deux Rois par sa constitution, et l'on a vu dans l'empire romain jusqu'à huit Empereurs à la fois, sans qu'on pût dire que l'Empire fût divisé. Ainsi il y a un point où chaque forme de Gouvernement se confond avec la suivante, et l'on voit, que sous trois seules dénominations, le Gouvernement est réellement susceptible d'autant de formes diverses que l'État a de Citoyens.

Il y a plus : Ce même Gouvernement pouvant à certains égards se subdiviser en d'autres parties, l'une administrée d'une manière et l'autre d'une autre, il peut résulter de ces trois formes combinées une multitude de formes mixtes, dont chacune est multipliable par toutes les formes simples [161].

On a de tous temps beaucoup disputé sur la meilleure forme de Gouvernement, sans considérer que chacune d'elles est la meilleure en certains cas, et la pire en d'autres [162].

Si dans les différents États le nombre des magistrats suprêmes doit être en raison inverse de celui des Citoyens, il s'ensuit qu'en général le Gouvernement Démocratique convient aux petits États, l'Aristocratique aux médiocres, et le Monarchique aux grands. Cette règle se tire immédiatement du principe ; mais comment compter la multitude de circonstances qui peuvent fournir des exceptions ?

CHAPITRE IV

De la Démocratie [163]

Celui qui fait la loi sait mieux que personne comment elle doit être exécutée et interprétée. Il semble donc qu'on ne saurait avoir une meilleure constitution que celle où le pouvoir exécutif est joint au législatif : Mais c'est cela même qui rend ce Gouvernement insuffisant à certains égards, parce que les choses qui doivent être distinguées ne le sont pas, et que le Prince et le Souverain n'étant que la même personne, ne forment, pour ainsi dire, qu'un Gouvernement sans Gouvernement.

Il n'est pas bon que celui qui fait les lois les exécute, ni que le corps du peuple détourne son attention des vues générales, pour la [a] donner aux objets particuliers. Rien n'est plus dangereux que l'influence des

a. Par inadvertance l'édition originale, suivie de celle de 1782, porte *les* au lieu de *la* que le sens réclame.

intérêts privés dans les affaires publiques, et l'abus des lois par le Gouvernement est un mal moindre que la corruption du Législateur, suite infaillible des vues particulières. Alors l'État étant altéré dans sa substance, toute réforme devient impossible. Un peuple qui n'abuserait jamais du Gouvernement n'abuserait pas non plus de l'indépendance ; un peuple qui gouvernerait toujours bien n'aurait pas besoin d'être gouverné [164].

À prendre le terme dans la rigueur de l'acception, il n'a jamais existé de véritable Démocratie, et il n'en existera jamais. Il est contre l'ordre naturel que le grand nombre gouverne et que le petit soit gouverné. On ne peut imaginer que le peuple reste incessamment assemblé pour vaquer aux affaires publiques, et l'on voit aisément qu'il ne saurait établir pour cela des commissions sans que la forme de l'administration change [165].

En effet, je crois pouvoir poser en principe que quand les fonctions du Gouvernement sont partagées entre plusieurs tribunaux, les moins nombreux acquièrent tôt ou tard la plus grande autorité ; ne fût-ce qu'à cause de la facilité d'expédier les affaires, qui les y amène naturellement.

D'ailleurs que de choses difficiles à réunir ne suppose pas ce Gouvernement ? Premièrement un État très petit où le peuple soit facile à rassembler et où chaque citoyen puisse aisément connaître tous les autres : secondement une grande simplicité de mœurs qui prévienne la multitude d'affaires et les discussions épineuses : Ensuite beaucoup d'égalité dans les rangs et dans les fortunes, sans quoi l'égalité ne saurait subsister longtemps dans les droits et l'autorité : Enfin peu ou point de luxe ; car, ou le luxe est l'effet des richesses, ou il les rend nécessaires ; il corrompt à la fois le riche et le pauvre, l'un par la possession l'autre par la convoitise ; il vend la patrie à la mollesse à la vanité ; il ôte à l'État tous ses Citoyens pour les asservir les uns aux autres, et tous à l'opinion [166].

Voilà pourquoi un Auteur célèbre a donné la vertu pour principe à la République ; car toutes ces conditions ne sauraient subsister sans la vertu : mais, faute d'avoir fait les distinctions nécessaires, ce beau génie a manqué souvent de justesse, quelquefois de clarté, et n'a pas vu que l'autorité Souveraine étant partout la même, le même principe doit avoir lieu dans tout État bien constitué, plus ou moins, il est vrai, selon la forme du Gouvernement [167].

Ajoutons qu'il n'y a pas de Gouvernement si sujet aux guerres civiles et aux agitations intestines que le Démocratique ou populaire, parce qu'il n'y en a aucun qui tende si fortement et si continuellement à changer de forme, ni qui demande plus de vigilance et de courage pour être maintenu dans la sienne. C'est surtout dans cette constitution que le Citoyen doit s'armer de force et de constance, et dire chaque jour de sa vie au fond de son cœur ce que disait un vertueux Palatin [a], dans la Diète de Pologne : *Malo periculosam libertatem quam quietum servitium* [168].

S'il y avait un peuple de Dieux, il se gouvernerait Démocratiquement. Un Gouvernement si parfait ne convient pas à des hommes [169].

CHAPITRE V

De l'Aristocratie [170]

Nous avons ici deux personnes morales très distinctes, savoir le Gouvernement et le Souverain, et par conséquent deux volontés générales, l'une par rapport à tous les citoyens, l'autre seulement pour les membres de l'administration. Ainsi, bien que le Gouvernement puisse régler sa police intérieure comme il

a. Le Palatin de Posnanie père du Roi de Pologne Duc de Lorraine.

lui plaît, il ne peut jamais parler au peuple qu'au nom du Souverain, c'est-à-dire au nom du peuple même ; ce qu'il ne faut jamais oublier [171].

Les premières sociétés se gouvernèrent aristocratiquement. Les chefs des familles délibéraient entre eux des affaires publiques ; Les jeunes gens cédaient sans peine à l'autorité de l'expérience. De là les noms de *Prêtres*, d'*anciens*, de *Sénat*, de *Gérontes*. Les sauvages de l'Amérique septentrionale se gouvernent encore ainsi de nos jours, et sont très bien gouvernés [172].

Mais à mesure que l'inégalité d'institution l'emporta sur l'inégalité naturelle, la richesse ou la puissance [a] fut préférée à l'âge, et l'Aristocratie devint élective. Enfin la puissance transmise avec les biens du père aux enfants rendant les familles patriciennes, rendit le Gouvernement héréditaire, et l'on vit des Sénateurs de vingt ans [173].

Il y a donc trois sortes d'Aristocratie ; naturelle, élective, héréditaire. La première ne convient qu'à des peuples simples ; la troisième est le pire de tous les Gouvernements. La deuxième est le meilleur : c'est l'Aristocratie proprement dite [174].

Outre l'avantage de la distinction des deux pouvoirs, elle a celui du choix de ses membres ; car dans le Gouvernement populaire, tous les Citoyens naissent magistrats, mais celui-ci les borne à un petit nombre, et ils ne le deviennent que par élection [b] ; moyen par lequel la probité, les lumières, l'expérience, et toutes les autres raisons de préférence et d'estime publique, sont autant de nouveaux garants qu'on sera sagement gouverné [175].

a. Il est clair que le mot *Optimates* chez les anciens ne veut pas dire les meilleurs, mais, les plus puissants.

b. Il importe beaucoup de régler par des lois la forme de l'élection des magistrats : car en l'abandonnant à la volonté du Prince on ne peut éviter de tomber dans l'Aristocratie héréditaire, comme il est arrivé aux Républiques de *Venise* et de *Berne*. Aussi la première est-elle depuis longtemps un État dissous, mais la seconde se maintient par l'extrême sagesse de son Sénat ; c'est une exception bien honorable et bien dangereuse.

De plus, les assemblées se font plus commodément, les affaires se discutent mieux s'expédient avec plus d'ordre et de diligence, le crédit de l'État est mieux soutenu chez l'étranger par de vénérables sénateurs que par une multitude inconnue ou méprisée.

En un mot, c'est l'ordre le meilleur et le plus naturel que les plus sages gouvernent la multitude, quand on est sûr qu'ils la gouverneront pour son profit et non pour le leur ; il ne faut point multiplier en vain les ressorts, ni faire avec vingt mille hommes ce que cent hommes choisis peuvent faire encore mieux. Mais il faut remarquer que l'intérêt de corps commence à moins diriger ici la force publique — sur la règle de la volonté générale, et qu'une autre pente inévitable enlève aux lois une partie de la puissance exécutive.

À l'égard des convenances particulières, il ne faut ni un État si petit ni un peuple si simple et si droit que l'exécution des lois suive immédiatement de la volonté publique, comme dans une bonne Démocratie. Il ne faut pas non plus une si grande nation que les chefs épars pour la gouverner puissent trancher du Souverain chacun dans son département, et commencer par se rendre indépendants pour devenir enfin les maîtres.

Mais si l'Aristocratie exige quelques vertus de moins que le Gouvernement populaire, elle en exige aussi d'autres qui lui sont propres ; comme la modération dans les riches et le contentement dans les pauvres [176] ; car il semble qu'une égalité rigoureuse y serait déplacée ; elle ne fut pas même observée à Sparte.

Au reste, si cette forme comporte une certaine inégalité de fortune, c'est bien pour qu'en général l'administration des affaires publiques soit confiée à ceux qui peuvent le mieux y donner tout leur temps, mais non pas, comme prétend Aristote, pour que les riches soient toujours préférés [177]. Au contraire, il importe qu'un choix opposé apprenne quelquefois au peuple qu'il y a dans le mérite des hommes des raisons de préférence plus importantes que la richesse.

CHAPITRE VI

De la Monarchie

Jusqu'ici nous avons considéré le Prince comme une personne morale et collective, unie par la force des lois, et dépositaire dans l'État de la puissance exécutive. Nous avons maintenant à considérer cette puissance réunie entre les mains d'une personne naturelle, d'un homme réel, qui seul ait droit d'en disposer selon les lois. C'est ce qu'on appelle un Monarque ou un Roi.

Tout au contraire des autres administrations, où un être collectif représente un individu, dans celle-ci un individu représente un être collectif ; en sorte que l'unité morale qui constitue le Prince est en même temps une unité physique, dans laquelle toutes les facultés que la loi réunit dans l'autre avec tant d'effort se trouvent naturellement réunies [178].

Ainsi la volonté du peuple, et la volonté du Prince, et la force publique de l'État, et la force particulière du Gouvernement, tout répond au même mobile, tous les ressorts de la machine sont dans la même main, tout marche au même but, il n'y a point de mouvements opposés qui s'entredétruisent, et l'on ne peut imaginer aucune sorte de constitution dans laquelle un moindre effort produise une action plus considérable. Archimède assis tranquillement sur le rivage et tirant sans peine à flot un grand Vaisseau, me représente un monarque habile gouvernant de son cabinet ses vastes États, et faisant tout mouvoir en paraissant immobile [179].

Mais s'il n'y a point de Gouvernement qui ait plus de vigueur, il n'y en a point où la volonté particulière ait plus d'empire et domine plus aisément les autres ; tout marche au même but, il est vrai ; mais ce but n'est point celui de la félicité publique, et la force même de l'Administration tourne sans cesse au préjudice de l'État.

Les Rois veulent être absolus, et de loin on leur crie que le meilleur moyen de l'être est de se faire aimer de leurs peuples. Cette maxime est très belle, et même très vraie à certains égards. Malheureusement on s'en moquera toujours dans les Cours. La puissance qui vient de l'amour des peuples est sans doute la plus grande ; mais elle est précaire et conditionnelle, jamais les Princes ne s'en contenteront [180]. Les meilleurs Rois veulent pouvoir être méchants s'il leur plaît, sans cesser d'être les maîtres : Un sermonneur politique aura beau leur dire que la force du peuple étant la leur, leur plus grand intérêt est que le peuple soit florissant, nombreux, redoutable : ils savent très bien que cela n'est pas vrai. Leur intérêt personnel est premièrement que le Peuple soit faible, misérable, et qu'il ne puisse jamais leur résister. J'avoue que, supposant les sujets toujours parfaitement soumis, l'intérêt du Prince serait alors que le peuple fût puissant, afin que cette puissance étant la sienne le rendît redoutable à ses voisins ; mais comme cet intérêt n'est que secondaire et subordonné, et que les deux suppositions sont incompatibles, il est naturel que les Princes donnent toujours la préférence à la maxime qui leur est le plus immédiatement utile. C'est ce que Samuel représentait fortement aux Hébreux [181] ; c'est ce que Machiavel a fait voir avec évidence. En feignant de donner des leçons aux Rois, il en a donné de grandes aux peuples. Le Prince de Machiavel est le livre des républicains [a] [182].

Nous avons trouvé par les rapports généraux que la monarchie n'est convenable qu'aux grands États, et nous le trouvons encore en l'examinant en elle-même. Plus l'administration publique est nombreuse, plus le rapport du Prince aux sujets diminue et s'approche de

a. Machiavel était un honnête homme et un bon citoyen : mais attaché à la maison de Médicis il était forcé dans l'oppression de sa patrie de déguiser son amour pour la liberté. Le choix seul de son exécrable Héros manifeste assez son intention secrète ; et l'opposition des maximes de son Livre du Prince à celles de ses discours sur Tite Live et de son histoire de Florence démontre que ce profond politique n'a eu jusqu'ici que des lecteurs superficiels ou corrompus. La Cour de Rome a sévèrement défendu son livre, je le crois bien ; c'est elle qu'il dépeint le plus clairement. (Note insérée dans l'édition de 1782.)

l'égalité, en sorte que ce rapport est un ou l'égalité même dans la Démocratie. Ce même rapport augmente à mesure que le Gouvernement se resserre, et il est dans son *maximum* quand le Gouvernement est dans les mains d'un seul. Alors il se trouve une trop grande distance entre le Prince et le Peuple, et l'État manque de liaison. Pour la former il faut donc des ordres intermédiaires : Il faut des Princes, des Grands, de la noblesse pour les remplir. Or rien de tout cela ne convient à un petit État, que ruinent tous ces degrés [183].

Mais s'il est difficile qu'un grand État soit bien gouverné, il l'est beaucoup plus qu'il soit bien gouverné par un seul homme, et chacun sait ce qu'il arrive quand le Roi se donne des substituts.

Un défaut essentiel et inévitable, qui mettra toujours le gouvernement monarchique au-dessous du républicain [184], est que dans celui-ci la voix publique n'élève presque jamais aux premières places que des hommes éclairés et capables, qui les remplissent avec honneur : au lieu que ceux qui parviennent dans les monarchies ne sont le plus souvent que de petits brouillons, de petits fripons, de petits intrigants, à qui les petits talents qui font dans les Cours parvenir aux grandes places, ne servent qu'à montrer au public leur ineptie aussitôt qu'ils y sont parvenus. Le peuple se trompe bien moins sur ce choix que le Prince, et un homme d'un vrai mérite est presque aussi rare dans le ministère qu'un sot à la tête d'un gouvernement républicain. Aussi, quand par quelque heureux hasard un de ces hommes nés pour gouverner prend le timon des affaires dans une Monarchie presque abîmée par ces tas de jolis régisseurs, on est tout surpris des ressources qu'il trouve, et cela fait époque dans un pays [185].

Pour qu'un État monarchique pût être bien gouverné, il faudrait que sa grandeur ou son étendue fût mesurée aux facultés de celui qui gouverne. Il est plus aisé de conquérir que de régir. Avec un levier suffisant, d'un doigt on peut ébranler le monde, mais pour le soutenir il faut les épaules d'Hercule. Pour peu qu'un État soit grand, le Prince est presque toujours trop petit. Quand au contraire il arrive que l'État est trop petit pour son chef, ce qui est très rare, il est encore mal gouverné, parce que le chef, suivant toujours la grandeur de ses vues, oublie les intérêts des peuples, et ne les rend pas moins malheureux par l'abus des talents qu'il a de trop, qu'un chef borné par le défaut de ceux qui lui manquent. Il faudrait, pour ainsi dire, qu'un royaume s'étendît ou se resserrât à chaque règne selon la portée du Prince ; au lieu que les talents d'un Sénat ayant des mesures plus fixes, l'État peut avoir des bornes constantes et l'administration n'aller pas moins bien.

Le plus sensible inconvénient du Gouvernement d'un seul est le défaut de cette succession continuelle qui forme dans les deux autres une liaison non interrompue [186]. Un Roi mort, il en faut un autre ; les élections laissent des intervalles dangereux, elles sont orageuses, et à moins que les Citoyens ne soient d'un désintéressement, d'une intégrité que ce Gouvernement ne comporte guère, la brigue et la corruption s'en mêlent. Il est difficile que celui à qui l'État s'est vendu ne le vende pas à son tour, et ne se dédommage pas sur les faibles de l'argent que les puissants lui ont extorqué. Tôt ou tard tout devient vénal sous une pareille administration, et la paix dont on jouit alors sous les rois est pire que le désordre des interrègnes.

Qu'a-t-on fait pour prévenir ces maux ? On a rendu les Couronnes héréditaires dans certaines familles, et l'on a établi un ordre de Succession qui prévient toute dispute à la mort des Rois : C'est-à-dire que, substituant l'inconvénient des régences à celui des élections, on a préféré une apparente tranquillité à une administration sage, et qu'on a mieux aimé risquer d'avoir pour chefs des enfants, des monstres, des imbéciles, que d'avoir à disputer sur le choix des bons Rois ; on n'a pas considéré qu'en s'exposant ainsi aux risques de l'alternative on met presque toutes les chances contre soi. C'était un mot très sensé que celui du jeune Denis, à qui son père en lui reprochant une action honteuse disait, t'en ai-je donné l'exemple ? Ah, répondit le fils, votre père n'était pas roi [187] !

Tout concourt à priver de justice et de raison un homme élevé pour commander aux autres. On prend beaucoup de peine, à ce qu'on dit, pour enseigner aux jeunes Princes l'art de régner ; il ne paraît pas que cette éducation leur profite. On ferait mieux de commencer par leur enseigner l'art d'obéir [188]. Les plus grands rois qu'ait célébrés l'histoire n'ont point été élevés pour régner ; c'est une science qu'on ne possède jamais moins qu'après l'avoir trop apprise, et qu'on acquiert mieux en obéissant qu'en commandant. *Nam utilissimus idem ac brevissimus bonarum malarumque rerum delectus, cogitare quid aut nolueris sub alio Principe aut volueris*[a] [189].

Une suite de ce défaut de cohérence est l'inconstance du gouvernement royal qui, se réglant tantôt sur un plan et tantôt sur un autre selon le caractère du Prince qui règne ou des gens qui règnent pour lui, ne peut avoir longtemps un objet fixe ni une conduite conséquente : variation qui rend toujours l'État flottant de maxime en maxime, de projet en projet, et qui n'a pas lieu dans les autres Gouvernements où le Prince est toujours le même. Aussi voit-on qu'en général, s'il y a plus de ruse dans une Cour, il y a plus de sagesse dans un Sénat, et que les Républiques vont à leurs fins par des vues plus constantes et mieux suivies, au lieu que chaque révolution dans le Ministère en produit une dans l'État ; la maxime commune à tous les Ministres, et presque à tous les Rois, étant de prendre en toute chose le contre-pied de leur prédécesseur.

De cette même incohérence se tire encore la solution d'un sophisme très familier aux politiques royaux ; c'est, non seulement de comparer le Gouvernement civil au Gouvernement domestique et le prince au père de famille, erreur déjà réfutée, mais encore de donner libéralement à ce magistrat toutes les vertus dont il aurait besoin, et de supposer toujours

a. Tacite : hist. L. I.

que le Prince est ce qu'il devrait être : supposition à l'aide de laquelle le Gouvernement royal est évidemment préférable à tout autre, parce qu'il est incontestablement le plus fort, et que pour être aussi le meilleur il ne lui manque qu'une volonté de corps plus conforme à la volonté générale [190].

Mais si selon Platon[a] le roi par nature est un personnage si rare [191], combien de fois la nature et la fortune concourront-elles à le couronner, et si l'éducation royale corrompt nécessairement ceux qui la reçoivent, que doit-on espérer d'une suite d'hommes élevés pour régner ? C'est donc bien vouloir s'abuser que de confondre le Gouvernement royal avec celui d'un bon Roi. Pour voir ce qu'est ce Gouvernement en lui-même, il faut le considérer sous des Princes bornés ou méchants ; car ils arriveront tels au Trône, ou le Trône les rendra tels.

Ces difficultés n'ont pas échappé à nos Auteurs, mais ils n'en sont point embarrassés. Le remède est, disent-ils, d'obéir sans murmure. Dieu donne les mauvais Rois dans sa colère, et il les faut supporter comme des châtiments du Ciel. Ce discours est édifiant, sans doute ; mais je ne sais s'il ne conviendrait pas mieux en chaire que dans un livre de politique. Que dire d'un Médecin qui promet des miracles, et dont tout l'art est d'exhorter son malade à la patience ? On sait bien qu'il faut souffrir un mauvais Gouvernement quand on l'a ; la question serait d'en trouver un bon.

CHAPITRE VII

Des Gouvernements mixtes [192]

À proprement parler il n'y a point de Gouvernement simple. Il faut qu'un Chef unique ait des magis-

a. *In Civili.*

trats subalternes ; il faut qu'un Gouvernement populaire ait un Chef. Ainsi dans le partage de la puissance exécutive il y a toujours gradation du grand nombre au moindre, avec cette différence que tantôt le grand nombre dépend du petit, et tantôt le petit du grand [193].

Quelquefois il y a partage égal ; soit quand les parties constitutives sont dans une dépendance mutuelle, comme dans le Gouvernement d'Angleterre ; soit quand l'autorité de chaque partie est indépendante mais imparfaite, comme en Pologne. Cette dernière forme est mauvaise, parce qu'il n'y a point d'unité dans le Gouvernement, et que l'État manque de liaison [194].

Lequel vaut le mieux, d'un Gouvernement simple ou d'un Gouvernement mixte ? Question fort agitée chez les politiques, et à laquelle il faut faire la même réponse que j'ai faite ci-devant sur toute forme de Gouvernement [195].

Le Gouvernement simple est le meilleur en soi, par cela seul qu'il est simple. Mais quand la Puissance exécutive ne dépend pas assez de la législative, c'est-à-dire, quand il y a plus de rapport du Prince au Souverain que du Peuple au Prince, il faut remédier à ce défaut de proportion en divisant le Gouvernement ; car alors toutes ses parties n'ont pas moins d'autorité sur les sujets, et leur division les rend toutes ensemble moins fortes contre le Souverain [196].

On prévient encore le même inconvénient en établissant des magistrats intermédiaires, qui, laissant le Gouvernement en son entier, servent seulement à balancer les deux Puissances et à maintenir leurs droits respectifs. Alors le Gouvernement n'est pas mixte, il est tempéré.

On peut remédier par des moyens semblables à l'inconvénient opposé, et quand le Gouvernement est trop lâche, ériger des Tribunaux pour le concentrer. Cela se pratique dans toutes les Démocraties. Dans le premier cas on divise le Gouvernement pour l'affaiblir, et dans le second pour le renforcer ; car les *maximum* de force et de faiblesse se trouvent également dans les Gouvernements simples, au lieu que les formes mixtes donnent une force moyenne [197].

CHAPITRE VIII

Que toute forme de Gouvernement n'est pas propre à tout pays [198]

La liberté n'étant pas un fruit de tous les Climats n'est pas à la portée de tous les peuples. Plus on médite ce principe établi par Montesquieu, plus on en sent la vérité. Plus on le conteste, plus on donne occasion de l'établir par de nouvelles preuves.

Dans tous les Gouvernements du monde la personne publique consomme et ne produit rien. D'où lui vient donc la substance consommée ? Du travail de ses membres. C'est le superflu des particuliers qui produit le nécessaire du public. D'où il suit que l'état civil ne peut subsister qu'autant que le travail des hommes rend au-delà de leurs besoins [199].

Or cet excédent n'est pas le même dans tous les pays du monde. Dans plusieurs il est considérable, dans d'autres médiocre, dans d'autres nul, dans d'autres négatif. Ce rapport dépend de la fertilité du climat, de la sorte de travail que la terre exige, de la nature de ses productions, de la force de ses habitants, de la plus ou moins grande consommation qui leur est nécessaire, et de plusieurs autres rapports semblables desquels il est composé.

D'autre part, tous les Gouvernements ne sont pas de même nature ; il y en a de plus ou moins dévorants, et les différences sont fondées sur cet autre principe que, plus les contributions publiques s'éloignent de leur source, et plus elles sont onéreuses. Ce n'est pas sur la quantité des impositions qu'il faut mesurer cette charge, mais sur le chemin qu'elles ont à faire pour retourner dans les mains dont elles sont sorties ;

quand cette circulation est prompte et bien établie, qu'on paye peu ou beaucoup, il n'importe ; le peuple est toujours riche et les finances vont toujours bien. Au contraire, quelque peu que le Peuple donne, quand ce peu ne lui revient point, en donnant toujours bientôt il s'épuise ; l'État n'est jamais riche, et le peuple est toujours gueux.

Il suit de là que plus la distance du peuple au Gouvernement augmente, et plus les tributs deviennent onéreux ; ainsi dans la Démocratie le peuple est le moins chargé, dans l'Aristocratie il l'est davantage, dans la Monarchie il porte le plus grand poids. La Monarchie ne convient donc qu'aux nations opulentes, l'Aristocratie aux États médiocres en richesse ainsi qu'en grandeur, la Démocratie aux États petits et pauvres.

En effet, plus on y réfléchit, plus on trouve en ceci de différence entre les États libres et les monarchiques ; dans les premiers tout s'emploie à l'utilité commune ; dans les autres les forces publiques et particulières sont réciproques, et l'une s'augmente par l'affaiblissement de l'autre. Enfin au lieu de gouverner les sujets pour les rendre heureux, le despotisme les rend misérables pour les gouverner.

Voilà donc dans chaque climat des causes naturelles sur lesquelles on peut assigner la forme de Gouvernement à laquelle la force du climat l'entraîne, et dire même quelle espèce d'habitants il doit avoir. Les lieux ingrats et stériles où le produit ne vaut pas le travail doivent rester incultes et déserts, ou seulement peuplés de Sauvages : Les lieux où le travail des hommes ne rend exactement que le nécessaire doivent être habités par des peuples barbares, toute politie y serait impossible : les lieux où l'excès du produit sur le travail est médiocre conviennent aux peuples libres ; ceux où le terroir abondant et fertile donne beaucoup de produit pour peu de travail veulent être gouvernés monarchiquement, pour consumer par le luxe du Prince l'excès du superflu des sujets ; car il vaut mieux que cet excès soit absorbé par le Gouvernement que dissipé par les particuliers. Il y a des exceptions, je le sais ; mais ces exceptions mêmes confirment la règle, en ce qu'elles produisent tôt ou tard des révolutions qui ramènent les choses dans l'ordre de la nature.

Distinguons toujours les lois générales des causes particulières qui peuvent en modifier l'effet. Quand tout le midi serait couvert de Républiques et tout le nord d'États despotiques il n'en serait pas moins vrai que par l'effet du climat le despotisme convient aux pays chauds, la barbarie aux pays froids, et la bonne politie aux régions intermédiaires. Je vois encore qu'en accordant le principe on pourra disputer sur l'application : on pourra dire qu'il y a des pays froids très fertiles et des méridionaux très ingrats. Mais cette difficulté n'en est une que pour ceux qui n'examinent pas la chose dans tous ses rapports. Il faut, comme je l'ai déjà dit, compter ceux des travaux, des forces, de la consommation etc.

Supposons que de deux terrains égaux l'un rapporte cinq et l'autre dix. Si les habitants du premier consomment quatre et ceux du dernier neuf, l'excès du premier produit sera 1/5, et celui du second 1/10. Le rapport de ces deux excès étant donc inverse de celui des produits, le terrain qui ne produira que cinq donnera un superflu double de celui du terrain qui produira dix.

Mais il n'est pas question d'un produit double, et je ne crois pas que personne ose mettre en général la fertilité des pays froids en égalité même avec celle des pays chauds. Toutefois supposons cette égalité ; laissons, si l'on veut, en balance l'Angleterre avec la Sicile, et la Pologne avec l'Égypte. Plus au midi nous aurons l'Afrique et les Indes, plus au nord nous n'aurons plus rien. Pour cette égalité de produit, quelle différence dans la culture ? En Sicile, il ne faut que gratter la terre ; en Angleterre que de soins pour la labourer ! Or là où il faut plus de bras pour donner le même produit, le superflu doit être nécessairement moindre.

Considérez, outre cela, que la même quantité d'hommes consomme beaucoup moins dans les pays chauds. Le climat demande qu'on y soit sobre pour se porter bien : les Européens qui veulent y vivre comme chez eux périssent tous de dysenterie et d'indigestions. *Nous sommes*, dit Chardin, *des bêtes carnassières, des loups, en comparaison des Asiatiques. Quelques-uns attribuent la sobriété des Persans à ce que leur pays est moins cultivé, et moi je crois au contraire que leur pays abonde moins en denrées parce qu'il en faut moins aux habitants. Si leur frugalité*, continue-t-il, *était un effet de la disette du pays, il n'y aurait que les pauvres qui mangeraient peu, au lieu que c'est généralement tout le monde, et on mangerait plus ou moins en chaque province selon la fertilité du pays, au lieu que la même sobriété se trouve par tout le royaume. Ils se louent fort de leur manière de vivre, disant qu'il ne faut que regarder leur teint pour reconnaître combien elle est plus excellente que celle des chrétiens. En effet le teint des Persans est uni ; ils ont la peau belle fine et polie, au lieu que le teint des Arméniens leurs sujets qui vivent à l'Européenne est rude, couperosé, et que leurs corps sont gros et pesants* [200].

Plus on approche de la ligne, plus les peuples vivent de peu. Ils ne mangent presque pas de viande ; le riz, le maïs, le cuzcuz, le mil, la cassave, sont leurs aliments ordinaires. Il y a aux Indes des millions d'hommes dont la nourriture ne coûte pas un sol par jour. Nous voyons en Europe même des différences sensibles pour l'appétit entre les peuples du nord et ceux du midi. Un Espagnol vivra huit jours du dîner d'un Allemand. Dans les pays où les hommes sont plus voraces le luxe se tourne aussi vers les choses de consommation. En Angleterre, il se montre sur une table chargée de viandes ; en Italie on vous régale de sucre et de fleurs.

Le luxe des vêtements offre encore de semblables différences. Dans les climats où les changements des saisons sont prompts et violents, on a des habits meilleurs et plus simples, dans ceux où l'on ne s'habille que pour la parure on y cherche plus d'éclat que d'utilité, les habits eux-mêmes y sont un luxe. À Naples vous verrez tous les jours se promener au Pausilippe des hommes en veste dorée et point de bas. C'est la même chose pour les bâtiments ; on donne tout à la magnificence quand on n'a rien à craindre des injures de l'air. À Paris à Londres on veut être logé chaudement et commodément. À Madrid on a des salons superbes, mais point de fenêtres qui ferment, et l'on couche dans des nids à rats.

Les aliments sont beaucoup plus substantiels et succulents dans les pays chauds ; c'est une troisième différence qui ne peut manquer d'influer sur la seconde. Pourquoi mange-t-on tant de légumes en Italie ? parce qu'ils y sont bons, nourrissants, d'excellent goût : En France où ils ne sont nourris que d'eau ils ne nourrissent point, et sont presque comptés pour rien sur les tables. Ils n'occupent pourtant pas moins de terrain et coûtent du moins autant de peine à cultiver. C'est une expérience faite que les blés de Barbarie, d'ailleurs inférieurs à ceux de France, rendent beaucoup plus en farine, et que ceux de France à leur tour rendent plus que les blés du Nord. D'où l'on peut inférer qu'une gradation semblable s'observe généralement dans la même direction de la ligne au pôle. Or n'est-ce pas un désavantage visible d'avoir dans un produit égal une moindre quantité d'aliment ?

À toutes ces différentes considérations j'en puis ajouter une qui en découle et qui les fortifie ; c'est que les pays chauds ont moins besoin d'habitants que les pays froids, et pourraient en nourrir davantage ; ce qui produit un double superflu toujours à l'avantage du despotisme. Plus le même nombre d'habitants occupe une grande surface, plus les révoltes deviennent difficiles ; parce qu'on ne peut se concerter ni promptement ni secrètement, et qu'il est toujours facile au Gouvernement d'éventer les projets et de couper les communications ; mais plus un peuple nombreux se rapproche, moins le Gouvernement peut usurper sur le Souverain ; les chefs délibèrent aussi sûrement dans leurs chambres que le Prince dans son conseil, et la foule s'assemble aussi tôt dans les places que les troupes dans leurs quartiers. L'avantage d'un Gouvernement tyrannique est donc en ceci d'agir à grandes distances. À l'aide des points d'appui qu'il se donne sa force augmente au loin comme celle des leviers [a] [201]. Celle du peuple au contraire n'agit que concentrée, elle s'évapore et se perd en s'étendant, comme l'effet de la poudre éparse à terre et qui ne prend feu que grain à grain. Les pays les moins peuplés sont ainsi les plus propres à la Tyrannie : les bêtes féroces ne règnent que dans les déserts.

CHAPITRE IX

Des signes d'un bon Gouvernement

Quand donc on demande absolument quel est le meilleur Gouvernement, on fait une question insoluble comme indéterminée ; ou si l'on veut, elle a autant de bonnes solutions qu'il y a de combinaisons possibles dans les positions absolues et relatives des peuples [202].

Mais si l'on demandait à quel signe on peut connaître qu'un peuple donné est bien ou mal gouverné, ce serait autre chose, et la question de fait pourrait se résoudre.

Cependant on ne la résout point, parce que chacun veut la résoudre à sa manière. Les sujets vantent la tranquillité publique, les Citoyens la liberté des particuliers ; l'un préfère la sûreté des possessions, et

a. Ceci ne contredit pas ce que j'ai dit ci-devant, L. II. Chap. IX. Sur les inconvénients des grands États : car il s'agissait là de l'autorité du Gouvernement sur ses membres, et il s'agit ici de sa force contre les sujets. Ses membres épars lui servent de points d'appui pour agir au loin sur le peuple, mais il n'a nul point d'appui pour agir directement sur ces membres mêmes. Ainsi dans l'un des cas la longueur du levier en fait la faiblesse, et la force dans l'autre cas.

l'autre celle des personnes ; l'un veut que le meilleur Gouvernement soit le plus sévère, l'autre soutient que c'est le plus doux ; celui-ci veut qu'on punisse les crimes, et celui-là qu'on les prévienne ; l'un trouve beau qu'on soit craint des voisins, l'autre aime mieux qu'on en soit ignoré ; l'un est content quand l'argent circule, l'autre exige que le peuple ait du pain. Quand même on conviendrait sur ces points et d'autres semblables, en serait-on plus avancé ? Les quantités morales manquant de mesure précise, fût-on d'accord sur le signe, comment l'être sur l'estimation [203] ?

Pour moi, je m'étonne toujours qu'on méconnaisse un signe aussi simple, ou qu'on ait la mauvaise foi de n'en pas convenir. Quelle est la fin de l'association politique ? C'est la conservation et la prospérité de ses membres. Et quel est le signe le plus sûr qu'ils se conservent et prospèrent ? C'est leur nombre et leur population. N'allez donc pas chercher ailleurs ce signe si disputé. Toutes choses d'ailleurs égales, le Gouvernement sous lequel, sans moyens étrangers sans naturalisations sans colonies les Citoyens peuplent et multiplient davantage, est infailliblement le meilleur : celui sous lequel un peuple diminue et dépérit est le pire. Calculateurs, c'est maintenant votre affaire ; comptez, mesurez, comparez [a] [204].

a. On doit juger sur le même principe des siècles qui méritent la préférence pour la prospérité du genre humain. On a trop admiré ceux où l'on a vu fleurir les lettres et les arts, sans pénétrer l'objet secret de leur culture, sans en considérer le funeste effet, *idque apud imperitos humanitas vocabatur, cum pars servitutis esset*. Ne verrons-nous jamais dans les maximes des livres l'intérêt grossier qui fait parler les Auteurs ? Non, quoi qu'ils en puissent dire, quand malgré son éclat un pays se dépeuple, il n'est pas vrai que tout aille bien, et il ne suffit pas qu'un poète ait cent mille livres de rente pour que son siècle soit le meilleur de tous. Il faut moins regarder au repos apparent, et à la tranquillité des chefs, qu'au bien-être des nations entières et surtout des États les plus nombreux. La grêle désole quelques cantons, mais elle fait rarement disette. Les émeutes, les guerres civiles effarouchent beaucoup les chefs, mais elles ne font pas les vrais malheurs des peuples, qui peuvent même avoir du relâche tandis qu'on dispute à qui les tyrannisera. C'est de leur état permanent que naissent leurs

CHAPITRE X

De l'abus du Gouvernement, et de sa pente à dégénérer [205]

Comme la volonté particulière agit sans cesse contre la volonté générale, ainsi le Gouvernement fait un effort continuel contre la Souveraineté. Plus cet effort augmente, plus la constitution s'altère, et comme il n'y a point ici d'autre volonté de corps qui résistant à celle du Prince fasse équilibre avec elle, il doit arriver tôt ou tard que le Prince opprime enfin le Souverain et rompe le traité Social. C'est là le vice inhérent et inévitable qui dès la naissance du corps politique tend sans relâche à le détruire, de même que la vieillesse et la mort détruisent enfin le corps de l'homme.

Il y a deux voies générales par lesquelles un Gouvernement dégénère ; savoir, quand il se resserre, ou quand l'État se dissout [206].

Le Gouvernement se resserre quand il passe du grand nombre au petit, c'est-à-dire de la Démocratie à l'Aristocratie, et de l'Aristocratie à la Royauté. C'est là

---

prospérités ou leurs calamités réelles ; quand tout reste écrasé sous le joug, c'est alors que tout dépérit ; c'est alors que les chefs les détruisant à leur aise, *ubi solitudinem faciunt, pacem appellant.* Quand les tracasseries des Grands agitaient le royaume de France, et que le Coadjuteur de Paris portait au Parlement un poignard dans sa poche, cela n'empêchait pas que le peuple Français ne vécût heureux et nombreux dans une honnête et libre aisance. Autrefois la Grèce fleurissait au sein des plus cruelles guerres ; le sang y coulait à flots, et tout le pays était couvert d'hommes. Il semblait, dit Machiavel, qu'au milieu des meurtres, des proscriptions, des guerres civiles, notre République en devînt plus puissante ; la vertu de ses citoyens, leurs mœurs, leur indépendance avaient plus d'effet pour la renforcer, que toutes ses dissensions n'en avaient pour l'affaiblir. Un peu d'agitation donne du ressort aux âmes, et ce qui fait vraiment prospérer l'espèce est moins la paix que la liberté.

son inclinaison naturelle[a]. S'il rétrogradait du petit nombre au grand, on pourrait dire qu'il se relâche, mais ce progrès inverse est impossible [207].

a. La formation lente et le progrès de la République de Venise dans ses lagunes offre un exemple notable de cette succession ; et il est bien étonnant que depuis plus de douze cents ans les Vénitiens semblent n'en être encore qu'au second terme, lequel commença au *Serrar di consiglio* en 1198. Quant aux anciens Ducs qu'on leur reproche, quoi qu'en puisse dire le *Squittinio della libertà veneta*, il est prouvé qu'ils n'ont point été leurs Souverains.

On ne manquera pas de m'objecter la République Romaine qui suivit, dira-t-on, un progrès tout contraire, passant de la monarchie à l'Aristocratie, et de l'Aristocratie à la Démocratie. Je suis bien éloigné d'en penser ainsi.

Le premier établissement de Romulus fut un Gouvernement mixte qui dégénéra promptement en Despotisme. Par des causes particulières l'Etat périt avant le temps, comme on voit mourir un nouveau-né avant d'avoir atteint l'âge d'homme. L'expulsion des Tarquins fut la véritable époque de la naissance de la République. Mais elle ne prit pas d'abord une forme constante, parce qu'on ne fit que la moitié de l'ouvrage en n'abolissant pas le patriciat. Car, de cette manière l'Aristocratie héréditaire, qui est la pire des administrations légitimes, restant en conflit avec la Démocratie, la forme du Gouvernement toujours incertaine et flottante ne fut fixée, comme l'a prouvé Machiavel, qu'à l'établissement des Tribuns ; alors seulement il y eut un vrai Gouvernement et une véritable Démocratie. En effet le peuple alors n'était pas seulement Souverain, mais aussi magistrat et juge, le Sénat n'était qu'un tribunal en sous-ordre, pour tempérer ou [édition de 1782 : et] concentrer le Gouvernement, et les Consuls eux-mêmes, bien que Patriciens, bien que premiers Magistrats, bien que Généraux absolus à la guerre, n'étaient à Rome que les présidents du peuple.

Dès lors on vit aussi le Gouvernement prendre sa pente naturelle et tendre fortement à l'Aristocratie. Le Patriciat s'abolissant comme de lui-même, l'Aristocratie n'était plus dans le corps des Patriciens comme elle est à Venise et à Gênes, mais dans le corps du Sénat composé de Patriciens et de Plébéiens, même dans le corps des Tribuns quand ils commencèrent d'usurper une puissance active : car les mots ne font rien aux choses, et quand le peuple a des chefs qui gouvernent pour lui, quelque nom que portent ces chefs, c'est toujours une Aristocratie.

De l'abus de l'Aristocratie naquirent les guerres civiles et le Triumvirat. Sylla, Jules-Cesar, Auguste devinrent dans le fait de véritables Monarques, et enfin sous le Despotisme de Tibère l'État fut dissous. L'histoire Romaine ne dément donc pas mon principe ; elle le confirme.

En effet, jamais le Gouvernement ne change de forme que quand son ressort usé le laisse trop affaibli pour pouvoir conserver la sienne. Or s'il se relâchait encore en s'étendant, sa force deviendrait tout à fait nulle, et il subsisterait encore moins. Il faut donc remonter et serrer le ressort à mesure qu'il cède, autrement l'État qu'il soutient tomberait en ruine.

Le cas de la dissolution de l'État peut arriver de deux manières.

Premièrement quand le Prince n'administre plus l'État selon les lois et qu'il usurpe le pouvoir Souverain. Alors il se fait un changement remarquable ; c'est que, non pas le Gouvernement, mais l'État se resserre ; je veux dire que le grand État se dissout et qu'il s'en forme un autre dans celui-là, composé seulement des membres du Gouvernement, et qui n'est plus rien au reste du Peuple que son maître et son tyran. De sorte qu'à l'instant que le Gouvernement usurpe la souveraineté, le pacte social est rompu, et tous les simples Citoyens, rentrés de droit dans leur liberté naturelle, sont forcés mais non pas obligés d'obéir [208].

Le même cas arrive aussi quand les membres du Gouvernement usurpent séparément le pouvoir qu'ils ne doivent exercer qu'en corps ; ce qui n'est pas une moindre infraction des lois, et produit encore un plus grand désordre. Alors on a, pour ainsi dire, autant de Princes que de Magistrats, et l'État, non moins divisé que le Gouvernement, périt ou change de forme.

Quand l'État se dissout, l'abus du Gouvernement quel qu'il soit prend le nom commun d'*anarchie*. En distinguant, la Démocratie dégénère en *Ochlocratie*, l'Aristocratie en *Oligarchie* ; j'ajouterais que la Royauté dégénère en *Tyrannie*, mais ce dernier mot est équivoque et demande explication [209].

Dans le sens vulgaire un Tyran est un Roi qui gouverne avec violence et sans égard à la justice et aux lois. Dans le sens précis un Tyran est un particulier qui s'arroge l'autorité royale sans y avoir droit. C'est ainsi que les Grecs entendaient ce mot de Tyran : Ils le donnaient indifféremment aux bons et aux mauvais Princes dont l'autorité n'était pas légitime[a]. Ainsi *Tyran* et *usurpateur* sont deux mots parfaitement synonymes.

Pour donner différents noms à différentes choses, j'appelle *Tyran* l'usurpateur de l'autorité royale, et *Despote* l'usurpateur du pouvoir Souverain. Le Tyran est celui qui s'ingère contre les lois à gouverner selon les lois ; le Despote est celui qui se met au-dessus des lois mêmes. Ainsi le Tyran peut n'être pas Despote, mais le Despote est toujours Tyran [210].

CHAPITRE XI

De la mort du corps politique

Telle est la pente naturelle et inévitable des Gouvernements les mieux constitués. Si Sparte et Rome ont péri, quel État peut espérer de durer toujours ? Si nous voulons former un établissement durable, ne songeons donc point à le rendre éternel. Pour réussir il ne faut pas tenter l'impossible, ni se flatter de donner à l'ouvrage des hommes une solidité que les choses humaines ne comportent pas [211].

Le corps politique, aussi bien que le corps de l'homme, commence à mourir dès sa naissance et porte en lui-même les causes de sa destruction [212]. Mais l'un et l'autre peut avoir une constitution plus ou moins robuste et propre à le conserver plus ou moins

a. *Omnes enim et habentur et dicuntur Tyranni, qui potestate utuntur perpetua, in ea Civitate quæ libertate usa est,* Corn. Nep., in Miltiad : Il est vrai qu'Aristote *Mor : Nicom.* L. VIII. c. 10 distingue le Tyran du *Roi*, en ce que le premier gouverne pour sa propre utilité et le second seulement pour l'utilité de ses sujets ; mais outre que généralement tous les auteurs grecs ont pris le mot Tyran dans un autre sens, comme il paraît surtout par le Hiéron de Xénophon, il s'ensuivrait de la distinction d'Aristote que depuis le commencement du monde il n'aurait pas encore existé un seul Roi.

longtemps. La constitution de l'homme est l'ouvrage de la nature, celle de l'État est l'ouvrage de l'art [213]. Il ne dépend pas des hommes de prolonger leur vie, il dépend d'eux de prolonger celle de l'État aussi loin qu'il est possible, en lui donnant la meilleure constitution qu'il puisse avoir. Le mieux constitué finira, mais plus tard qu'un autre, si nul accident imprévu n'amène sa perte avant le temps.

Le principe de la vie politique est dans l'autorité Souveraine. La puissance législative est le cœur de l'État, la puissance exécutive en est le cerveau, qui donne le mouvement à toutes les parties. Le cerveau peut tomber en paralysie et l'individu vivre encore. Un homme reste imbécile et vit : mais sitôt que le cœur a cessé ses fonctions, l'animal est mort.

Ce n'est point par les lois que l'État subsiste, c'est par le pouvoir législatif. La loi d'hier n'oblige pas aujourd'hui, mais le consentement tacite est présumé du silence, et le Souverain est censé confirmer incessamment les lois qu'il n'abroge pas, pouvant le faire. Tout ce qu'il a déclaré vouloir une fois il le veut toujours, à moins qu'il ne le révoque [214].

Pourquoi donc porte-t-on tant de respect aux anciennes lois ? C'est pour cela même. On doit croire qu'il n'y a que l'excellence des volontés antiques qui les ait pu conserver si longtemps ; si le Souverain ne les eût reconnues constamment salutaires il les eût mille fois révoquées. Voilà pourquoi loin de s'affaiblir les lois acquièrent sans cesse une force nouvelle dans tout État bien constitué ; le préjugé de l'antiquité les rend chaque jour plus vénérables ; au lieu que partout où les lois s'affaiblissent en vieillissant, cela prouve qu'il n'y a plus de pouvoir législatif, et que l'État ne vit plus [215].

CHAPITRE XII

Comment se maintient l'autorité Souveraine

Le Souverain n'ayant d'autre force que la puissance législative n'agit que par des lois, et les lois n'étant que des actes authentiques de la volonté générale, le Souverain ne saurait agir que quand le peuple est assemblé. Le peuple assemblé, dira-t-on ! Quelle chimère ! C'est une chimère aujourd'hui, mais ce n'en était pas une il y a deux mille ans : Les hommes ont-ils changé de nature ?

Les bornes du possible dans les choses morales sont moins étroites que nous ne pensons : Ce sont nos faiblesses, nos vices, nos préjugés qui les rétrécissent. Les âmes basses ne croient point aux grands hommes : de vils esclaves sourient d'un air moqueur à ce mot de liberté [216].

Par ce qui s'est fait considérons ce qui se peut faire ; je ne parlerai pas des anciennes républiques de la Grèce, mais la République romaine était, ce me semble, un grand État, et la ville de Rome une grande ville. Le dernier Cens donna dans Rome quatre cent mille Citoyens portant armes, et le dernier dénombrement de l'Empire plus de quatre millions de Citoyens sans compter les sujets, les étrangers, les femmes, les enfants, les esclaves.

Quelle difficulté n'imaginerait-on pas d'assembler fréquemment le peuple immense de cette capitale et de ses environs ? Cependant il se passait peu de semaines que le peuple romain ne fût assemblé, et même plusieurs fois. Non seulement il exerçait les droits de la souveraineté, mais une partie de ceux du Gouvernement. Il traitait certaines affaires, il jugeait certaines causes, et tout ce peuple était sur la place publique presque aussi souvent magistrat que Citoyen.

En remontant aux premiers temps des Nations on trouverait que la plupart des anciens Gouvernements, même monarchiques tels que ceux des Macédoniens et des Francs, avaient de semblables Conseils. Quoi qu'il en soit, ce seul fait incontestable répond à toutes les difficultés : De l'existant au possible la conséquence me paraît bonne.

CHAPITRE XIII

Suite

Il ne suffit pas que le peuple assemblé ait une fois fixé la constitution de l'État en donnant la sanction à un corps de lois : il ne suffit pas qu'il ait établi un Gouvernement perpétuel ou qu'il ait pourvu une fois pour toutes à l'élection des magistrats. Outre les assemblées extraordinaires que des cas imprévus peuvent exiger, il faut qu'il y en ait de fixes et de périodiques que rien ne puisse abolir ni proroger, tellement qu'au jour marqué le peuple soit légitimement convoqué par la loi, sans qu'il soit besoin pour cela d'aucune autre convocation formelle [217].

Mais hors de ces assemblées juridiques par leur seule date, toute assemblée du Peuple qui n'aura pas été convoquée par les magistrats préposés à cet effet et selon les formes prescrites doit être tenue pour illégitime et tout ce qui s'y fait pour nul ; parce que l'ordre même de s'assembler doit émaner de la loi.

Quant aux retours plus ou moins fréquents des assemblées légitimes, ils dépendent de tant de considérations qu'on ne saurait donner là-dessus de règles précises. Seulement on peut dire en général que plus le Gouvernement a de force, plus le Souverain doit se montrer fréquemment.

Ceci me dira-t-on, peut être bon pour une seule ville ; mais que faire quand l'État en comprend plusieurs ? Partagera-t-on l'autorité Souveraine, ou bien doit-on la concentrer dans une seule ville et assujettir tout le reste ?

Je réponds qu'on ne doit faire ni l'un ni l'autre. Premièrement l'autorité souveraine est simple et une, et l'on ne peut la diviser sans la détruire. En second lieu, une ville non plus qu'une Nation ne peut être légitimement sujette d'une autre, parce que l'essence du corps politique est dans l'accord de l'obéissance et de la liberté, et que ces mots de *sujet* et de *souverain* sont des corrélations identiques dont l'idée se réunit sous le seul mot de Citoyen.

Je réponds encore que c'est toujours un mal d'unir plusieurs villes en une seule cité, et que, voulant faire cette union, l'on ne doit pas se flatter d'en éviter les inconvénients naturels. Il ne faut point objecter l'abus des grands États à celui qui n'en veut que de petits : mais comment donner aux petits États assez de force pour résister aux grands ? Comme jadis les villes grecques résistèrent au grand Roi, et comme plus récemment la Hollande et la Suisse ont résisté à la maison d'Autriche [218].

Toutefois, si l'on ne peut réduire l'État à de justes bornes, il reste encore une ressource ; c'est de n'y point souffrir de capitale, de faire siéger le Gouvernement alternativement dans chaque ville, et d'y rassembler aussi tour à tour les États du pays [219].

Peuplez également le territoire, étendez-y partout les mêmes droits, portez-y partout l'abondance et la vie, c'est ainsi que l'État deviendra tout à la fois le plus fort et le mieux gouverné qu'il soit possible. Souvenez-vous que les murs des villes ne se forment que du débris des maisons des champs. À chaque palais que je vois élever dans la capitale, je crois voir mettre en masures tout un pays.

CHAPITRE XIV

Suite

À l'instant que le Peuple est légitimement assemblé en corps Souverain, toute juridiction du Gouvernement cesse, la puissance exécutive est suspendue, et la personne du dernier Citoyen est aussi sacrée et inviolable que celle du premier Magistrat, parce qu'où se trouve le Représenté, il n'y a plus de Représentant [220]. La plupart des tumultes qui s'élevèrent à Rome dans les comices vinrent d'avoir ignoré ou négligé cette règle. Les Consuls alors n'étaient que les Présidents du Peuple, les Tribuns de simples Orateurs [a], le Sénat n'était rien du tout.

Ces intervalles de suspension où le Prince reconnaît ou doit reconnaître un supérieur actuel, lui ont toujours été redoutables, et ces assemblées du peuple, qui sont l'égide du corps politique et le frein du Gouvernement, ont été de tous temps l'horreur des chefs : aussi n'épargnent-ils jamais ni soins, ni objections, ni difficultés, ni promesses, pour en rebuter les Citoyens. Quand ceux-ci sont avares, lâches, pusillanimes, plus amoureux du repos que de la liberté, ils ne tiennent pas longtemps contre les efforts redoublés du Gouvernement ; c'est ainsi que la force résistante augmentant sans cesse, l'autorité Souveraine s'évanouit à la fin, et que la plupart des cités tombent et périssent avant le temps [221].

Mais entre l'autorité Souveraine et le Gouvernement arbitraire, il s'introduit quelquefois un pouvoir moyen dont il faut parler.

a. À peu près selon le sens que l'on donne à ce nom dans le Parlement d'Angleterre. La ressemblance de ces emplois eut mis en conflit les Consuls et les Tribuns, quand même toute juridiction eût été suspendue.

CHAPITRE XV

Des Députés ou Représentants [222]

Sitôt que le service public cesse d'être la principale affaire des Citoyens, et qu'ils aiment mieux servir de leur bourse que de leur personne, l'État est déjà près de sa ruine. Faut-il marcher au combat ? ils payent des troupes et restent chez eux ; faut-il aller au Conseil ? ils nomment des Députés et restent chez eux. À force de paresse et d'argent, ils ont enfin des soldats pour asservir la patrie et des représentants pour la vendre [223].

C'est le tracas du commerce et des arts, c'est l'avide intérêt du gain, c'est la mollesse et l'amour des commodités, qui changent les services personnels en argent. On cède une partie de son profit pour l'augmenter à son aise. Donnez de l'argent, et bientôt vous aurez des fers. Ce mot de *finance* est un mot d'esclave ; il est inconnu dans la Cité. Dans un État vraiment libre les Citoyens font tout avec leurs bras et rien avec de l'argent : Loin de payer pour s'exempter de leurs devoirs, ils paieraient pour les remplir eux-mêmes. Je suis bien loin des idées communes ; je crois les corvées moins contraires à la liberté que les taxes.

Mieux l'État est constitué, plus les affaires publiques l'emportent sur les privées dans l'esprit des Citoyens. Il y a même beaucoup moins d'affaires privées, parce que la somme du bonheur commun fournissant une portion plus considérable à celui de chaque individu, il lui en reste moins à chercher dans les soins particuliers. Dans une cité bien conduite chacun vole aux assemblées ; sous un mauvais Gouvernement nul n'aime à faire un pas pour s'y rendre ; parce que nul ne prend intérêt à ce qui s'y fait, qu'on prévoit que la volonté générale n'y dominera pas, et qu'enfin les soins domestiques absorbent tout. Les bonnes lois en font faire de meilleures, les mauvaises en amènent de pires. Sitôt que quelqu'un dit des affaires de l'État, *que m'importe ?* on doit compter que l'État est perdu.

L'attiédissement de l'amour de la patrie, l'activité de l'intérêt privé, l'immensité des États, les conquêtes, l'abus du Gouvernement ont fait imaginer la voie des Députés ou Représentants du peuple dans les assemblées de la Nation. C'est ce qu'en certains pays on ose appeler le Tiers-État. Ainsi l'intérêt particulier de deux ordres est mis au premier et au second rang, l'intérêt public n'est qu'au troisième.

La Souveraineté ne peut être représentée, par la même raison qu'elle ne peut être aliénée ; elle consiste essentiellement dans la volonté générale, et la volonté ne se représente point : elle est la même, ou elle est autre ; il n'y a point de milieu. Les députés du peuple ne sont donc ni ne peuvent être ses représentants, ils ne sont que ses commissaires ; ils ne peuvent rien conclure définitivement. Toute loi que le Peuple en personne n'a pas ratifiée est nulle ; ce n'est point une loi. Le peuple Anglais pense être libre ; il se trompe fort, il ne l'est que durant l'élection des membres du Parlement ; sitôt qu'ils sont élus, il est esclave, il n'est rien. Dans les courts moments de sa liberté, l'usage qu'il en fait mérite bien qu'il la perde [224].

L'idée des Représentants est moderne : elle nous vient du Gouvernement féodal, de cet inique et absurde Gouvernement dans lequel l'espèce humaine est dégradée, et où le nom d'homme est en déshonneur. Dans les anciennes Républiques et même dans les monarchies, jamais le Peuple n'eut de représentants ; on ne connaissait pas ce mot-là. Il est très singulier qu'à Rome où les Tribuns étaient si sacrés on n'ait pas même imaginé qu'ils pussent usurper les fonctions du peuple, et qu'au milieu d'une si grande multitude, ils n'aient jamais tenté de passer de leur chef un seul Plébiscite. Qu'on juge cependant de l'embarras que causait quelquefois la foule, par ce qui arriva du temps des Gracques, où une partie des Citoyens donnait son suffrage de dessus les toits.

Où le droit et la liberté sont toutes choses, les inconvénients ne sont rien. Chez ce sage peuple tout était mis à sa juste mesure : il laissait faire à ses Licteurs ce que ses Tribuns n'eussent osé faire ; il ne craignait pas que ses Licteurs voulussent le représenter.

Pour expliquer cependant comment les Tribuns le représentaient quelquefois, il suffit de concevoir comment le Gouvernement représente le Souverain. La Loi n'étant que la déclaration de la volonté générale, il est clair que dans la puissance Législative le Peuple ne peut être représenté ; mais il peut et doit l'être dans la puissance exécutive, qui n'est que la force appliquée à la Loi. Ceci fait voir qu'en examinant bien les choses on trouverait que très peu de Nations ont des lois. Quoi qu'il en soit, il est sûr que les Tribuns, n'ayant aucune partie du pouvoir exécutif, ne purent jamais représenter le Peuple romain par les droits de leurs charges, mais seulement en usurpant sur ceux du Sénat.

Chez les Grecs tout ce que le peuple avait à faire il le faisait par lui-même ; il était sans cesse assemblé sur la place. Il habitait un climat doux, il n'était point avide, des esclaves faisaient ses travaux, sa grande affaire était sa liberté. N'ayant plus les mêmes avantages, comment conserver les mêmes droits ? Vos climats plus durs vous donnent plus de besoins[a], six mois de l'année la place publique n'est pas tenable, vos langues sourdes ne peuvent se faire entendre en plein air, vous donnez plus à votre gain qu'à votre liberté, et vous craignez bien moins l'esclavage que la misère.

Quoi ! la liberté ne se maintient qu'à l'appui de la servitude ? Peut-être. Les deux excès se touchent. Tout ce qui n'est point dans la nature a ses inconvénients, et la société civile plus que tout le reste. Il y a de telles positions malheureuses où l'on ne peut conserver sa liberté qu'aux dépens de celle d'autrui, et où le Citoyen ne peut être parfaitement libre que l'esclave ne soit extrêmement esclave. Telle était la

a. Adopter dans les pays froids le luxe et la mollesse des Orientaux, c'est vouloir se donner leurs chaînes ; c'est s'y soumettre encore plus nécessairement qu'eux.

position de Sparte. Pour vous, peuples modernes, vous n'avez point d'esclaves, mais vous l'êtes ; vous payez leur liberté de la vôtre. Vous avez beau vanter cette préférence ; j'y trouve plus de lâcheté que d'humanité.

Je n'entends point par tout cela qu'il faille avoir des esclaves ni que le droit d'esclavage soit légitime, puisque j'ai prouvé le contraire. Je dis seulement les raisons pourquoi les peuples modernes qui se croient libres ont des Représentants, et pourquoi les peuples anciens n'en avaient pas. Quoi qu'il en soit, à l'instant qu'un Peuple se donne des Représentants, il n'est plus libre ; il n'est plus [225].

Tout bien examiné, je ne vois pas qu'il soit désormais possible au Souverain de conserver parmi nous l'exercice de ses droits si la Cité n'est très petite. Mais si elle est très petite, elle sera subjuguée ? Non. Je ferai voir ci-après [a] comment on peut réunir la puissance extérieure d'un grand Peuple avec la police aisée et le bon ordre d'un petit État [226].

CHAPITRE XVI

Que l'institution du Gouvernement n'est point un contrat [227]

Le pouvoir Législatif une fois bien établi, il s'agit d'établir de même le pouvoir exécutif ; car ce dernier, qui n'opère que par des actes particuliers, n'étant pas de l'essence de l'autre, en est naturellement séparé. S'il était possible que le Souverain, considéré comme tel, eût la puissance exécutive, le droit et le fait seraient tellement confondus qu'on ne saurait plus ce qui est

a. C'est ce que je m'étais proposé de faire dans la suite de cet ouvrage, lorsqu'en traitant des relations externes j'en serais venu aux confédérations. Matière toute neuve et où les principes sont encore à établir.

loi et ce qui ne l'est pas, et le corps politique ainsi dénaturé serait bientôt en proie à la violence contre laquelle il fut institué [228].

Les Citoyens étant tous égaux par le contrat social, ce que tous doivent faire, tous peuvent le prescrire, au lieu que nul n'a droit d'exiger qu'un autre fasse ce qu'il ne fait pas lui-même. Or c'est proprement ce droit, indispensable pour faire vivre et mouvoir le corps politique, que le Souverain donne au Prince en instituant le Gouvernement.

Plusieurs ont prétendu que l'acte de cet établissement était un contrat entre le Peuple et les chefs qu'il se donne ; contrat par lequel on stipulait entre les deux parties les conditions sous lesquelles l'une s'obligeait à commander et l'autre à obéir. On conviendra, je m'assure, que voilà une étrange manière de contracter ! Mais voyons si cette opinion est soutenable.

Premièrement, l'autorité suprême ne peut pas plus se modifier que s'aliéner, la limiter, c'est la détruire. Il est absurde et contradictoire que le Souverain se donne un supérieur ; s'obliger d'obéir à un maître c'est se remettre en pleine liberté.

De plus, il est évident que ce contrat du peuple avec telles ou telles personnes serait un acte particulier. D'où il suit que ce contrat ne saurait être une loi ni un acte de souveraineté, et que par conséquent il serait illégitime.

On voit encore que les parties contractantes seraient entre elles sous la seule loi de nature et sans aucun garant de leurs engagements réciproques, ce qui répugne de toute manière à l'état civil : Celui qui a la force en main étant toujours le maître de l'exécution, autant vaudrait donner le nom de contrat à l'acte d'un homme qui dirait à un autre ; « je vous donne tout mon bien, à condition que vous m'en rendrez ce qu'il vous plaira » [229].

Il n'y a qu'un contrat dans l'État, c'est celui de l'association ; et celui-là seul en exclut tout autre. On ne saurait imaginer aucun contrat public, qui ne fût une violation du premier [230].

CHAPITRE XVII

De l'institution du Gouvernement

Sous quelle idée faut-il donc concevoir l'acte par lequel le Gouvernement est institué ? Je remarquerai d'abord que cet acte est complexe ou composé de deux autres, savoir l'établissement de la loi, et l'exécution de la loi.

Par le premier, le Souverain statue qu'il y aura un corps de Gouvernement établi sous telle ou telle forme ; et il est clair que cet acte est une loi.

Par le second, le Peuple nomme les chefs qui seront chargés du Gouvernement établi. Or cette nomination étant un acte particulier n'est pas une seconde loi, mais seulement une suite de la première et une fonction du Gouvernement.

La difficulté est d'entendre comment on peut avoir un acte de Gouvernement avant que le Gouvernement existe, et comment le Peuple, qui n'est que Souverain ou sujet, peut devenir Prince ou Magistrat dans certaines circonstances.

C'est encore ici que se découvre une de ces étonnantes propriétés du corps politique, par lesquelles il concilie des opérations contradictoires en apparence. Car celle-ci se fait par une conversion subite de la Souveraineté en Démocratie ; en sorte que, sans aucun changement sensible, et seulement par une nouvelle relation de tous à tous, les Citoyens devenus Magistrats passent des actes généraux aux actes particuliers, et de la loi à l'exécution [231].

Ce changement de relation n'est point une subtilité de spéculation sans exemple dans la pratique : Il a lieu tous les jours dans le Parlement d'Angleterre, où la

Chambre basse en certaines occasions se tourne en grand Comité, pour mieux discuter les affaires, et devient ainsi simple commission, de Cour Souveraine qu'elle était l'instant précédent ; en telle sorte qu'elle se fait ensuite rapport à elle-même comme chambre des Communes de ce qu'elle vient de régler en grand Comité, et délibère de nouveau sous un titre de ce qu'elle a déjà résolu sous un autre.

Tel est l'avantage propre au Gouvernement Démocratique de pouvoir être établi dans le fait par un simple acte de la volonté générale. Après quoi, ce Gouvernement provisionnel reste en possession si telle est la forme adoptée, ou établit au nom du Souverain le Gouvernement prescrit par la loi, et tout se trouve ainsi dans la règle. Il n'est pas possible d'instituer le Gouvernement d'aucune autre manière légitime, et sans renoncer aux principes ci-devant établis.

CHAPITRE XVIII

Moyen de prévenir les usurpations du Gouvernement

De ces éclaircissements il résulte en confirmation du chapitre XVI, que l'acte qui institue le Gouvernement n'est point un contrat mais une Loi, que les dépositaires de la puissance exécutive ne sont point les maîtres du peuple mais ses officiers, qu'il peut les établir et les destituer quand il lui plaît, qu'il n'est point question pour eux de contracter, mais d'obéir, et qu'en se chargeant des fonctions que l'État leur impose ils ne font que remplir leur devoir de Citoyens, sans avoir en aucune sorte le droit de disputer sur les conditions.

Quand donc il arrive que le peuple institue un Gouvernement héréditaire, soit monarchique dans une famille, soit aristocratique dans un ordre de Citoyens, ce n'est point un engagement qu'il prend ; c'est une forme provisionnelle qu'il donne à l'administration, jusqu'à ce qu'il lui plaise d'en ordonner autrement.

Il est vrai que ces changements sont toujours dangereux, et qu'il ne faut jamais toucher au Gouvernement établi que lorsqu'il devient incompatible avec le bien public ; mais cette circonspection est une maxime de politique et non pas une règle de droit, et l'État n'est pas plus tenu de laisser l'autorité civile à ses chefs que l'autorité militaire à ses Généraux.

Il est vrai encore qu'on ne saurait en pareil cas observer avec trop de soin toutes les formalités requises pour distinguer un acte régulier et légitime d'un tumulte séditieux, et la volonté de tout un peuple des clameurs d'une faction [232]. C'est ici surtout qu'il ne faut donner au cas odieux que ce qu'on ne peut lui refuser dans toute la rigueur du droit [233], et c'est aussi de cette obligation que le Prince tire un grand avantage pour conserver sa puissance malgré le peuple, sans qu'on puisse dire qu'il l'ait usurpée : Car en paraissant n'user que de ses droits il lui est fort aisé de les étendre, et d'empêcher sous le prétexte du repos public les assemblées destinées à rétablir le bon ordre ; de sorte qu'il se prévaut d'un silence qu'il empêche de rompre, ou des irrégularités qu'il fait commettre, pour supposer en sa faveur l'aveu de ceux que la crainte fait taire, et pour punir ceux qui osent parler. C'est ainsi que les *Décemvirs* ayant été d'abord élus pour un an, puis continués pour une autre année, tentèrent de retenir à perpétuité leur pouvoir, en ne permettant plus aux comices de s'assembler ; et c'est par ce facile moyen que tous les gouvernements du monde, une fois revêtus de la force publique, usurpent tôt ou tard l'autorité Souveraine [234].

Les assemblées périodiques dont j'ai parlé ci-devant sont propres à prévenir ou différer ce malheur, surtout quand elles n'ont pas besoin de convocation formelle : car alors le Prince ne saurait les empêcher sans se déclarer ouvertement infracteur des lois et ennemi de l'État.

L'ouverture de ces assemblées, qui n'ont pour objet que le maintien du traité social, doit toujours se faire par deux propositions qu'on ne puisse jamais supprimer, et qui passent séparément par les suffrages.

La première ; *s'il plaît au Souverain de conserver la présente forme de Gouvernement.*

La seconde ; *s'il plaît au Peuple d'en laisser l'administration à ceux qui en sont actuellement chargés* [235].

Je suppose ici ce que je crois avoir démontré, savoir qu'il n'y a dans l'État aucune loi fondamentale qui ne se puisse révoquer, non pas même le pacte social ; car si tous les Citoyens s'assemblaient pour rompre ce pacte d'un commun accord, on ne peut douter qu'il ne fût très légitimement rompu. Grotius [236] pense même que chacun peut renoncer à l'État dont il est membre, et reprendre sa liberté naturelle et ses biens en sortant du pays [a]. Or il serait absurde que tous les Citoyens réunis ne pussent pas ce que peut séparément chacun d'eux.

Fin du Livre troisième

a. Bien entendu qu'on ne quitte pas pour éluder son devoir et se dispenser de servir la patrie au moment qu'elle a besoin de nous. La fuite serait alors criminelle et punissable ; ce ne serait plus retraite, mais désertion.

LIVRE IV

CHAPITRE I

Que la volonté générale est indestructible [237]

Tant que plusieurs hommes réunis se considèrent comme un seul corps, ils n'ont qu'une seule volonté, qui se rapporte à la commune conservation, et au bien-être général. Alors tous les ressorts de l'État sont vigoureux et simples, ses maximes sont claires et lumineuses, il n'a point d'intérêts embrouillés, contradictoires, le bien commun se montre partout avec évidence, et ne demande que du bon sens pour être aperçu. La paix l'union l'égalité sont ennemies des subtilités politiques. Les hommes droits et simples sont difficiles à tromper à cause de leur simplicité, les leurres les prétextes raffinés ne leur en imposent point ; ils ne sont pas même assez fins pour être dupes. Quand on voit chez le plus heureux peuple du monde des troupes de paysans régler les affaires de l'État sous un chêne et se conduire toujours sagement, peut-on s'empêcher de mépriser les raffinements des autres nations, qui se rendent illustres et misérables avec tant d'art et de mystères [238] ?

Un État ainsi gouverné a besoin de très peu de Lois, et à mesure qu'il devient nécessaire d'en promulguer de nouvelles, cette nécessité se voit universellement.

Le premier qui les propose ne fait que dire ce que tous ont déjà senti, et il n'est question ni de brigues ni d'éloquence pour faire passer en loi ce que chacun a déjà résolu de faire, sitôt qu'il sera sûr que les autres le feront comme lui [239].

Ce qui trompe les raisonneurs c'est que ne voyant que des États mal constitués dès leur origine, ils sont frappés de l'impossibilité d'y maintenir une semblable police. Ils rient d'imaginer toutes les sottises qu'un fourbe adroit, un parleur insinuant pourrait persuader au peuple de Paris ou de Londres. Ils ne savent pas que Cromwell eût été mis aux sonnettes par le peuple de Berne, et le Duc de Beaufort à la discipline par les Genevois [240].

Mais quand le nœud social commence à se relâcher et l'État à s'affaiblir ; quand les intérêts particuliers commencent à se faire sentir et les petites sociétés à influer sur la grande, l'intérêt commun s'altère et trouve des opposants, l'unanimité ne règne plus dans les voix, la volonté générale n'est plus la volonté de tous, il s'élève des contradictions des débats, et le meilleur avis ne passe point sans disputes.

Enfin quand l'État près de sa ruine ne subsiste plus que par une forme illusoire et vaine, que le lien social est rompu dans tous les cœurs, que le plus vil intérêt se pare effrontément du nom sacré du bien public ; alors la volonté générale devient muette, tous guidés par des motifs secrets n'opinent pas plus comme Citoyens que si l'État n'eût jamais existé, et l'on fait passer faussement sous le nom de Lois des décrets iniques qui n'ont pour but que l'intérêt particulier [241].

S'ensuit-il de là que la volonté générale soit anéantie ou corrompue ? Non, elle est toujours constante, inaltérable et pure ; mais elle est subordonnée à d'autres qui l'emportent sur elle. Chacun, détachant son intérêt de l'intérêt commun, voit bien qu'il ne peut l'en séparer tout à fait, mais sa part du mal public ne lui paraît rien, auprès du bien exclusif qu'il prétend s'approprier. Ce bien particulier excepté, il veut le bien général pour son propre intérêt tout aussi fortement qu'aucun autre. Même en vendant son suffrage à prix d'argent il n'éteint pas en lui la volonté générale, il l'élude. La faute qu'il commet est de changer l'état de la question et de répondre autre chose que ce qu'on lui demande : En sorte qu'au lieu de dire par son suffrage, *il est avantageux à l'État*, il dit, *il est avantageux à tel homme ou à tel parti que tel ou tel avis passe.* Ainsi la loi de l'ordre public dans les assemblées n'est pas tant d'y maintenir la volonté générale, que de faire qu'elle soit toujours interrogée et qu'elle réponde toujours.

J'aurais ici bien des réflexions à faire sur le simple droit de voter dans tout acte de souveraineté ; droit que rien ne peut ôter aux Citoyens ; et sur celui d'opiner, de proposer, de diviser, de discuter, que le Gouvernement a toujours grand soin de ne laisser qu'à ses membres ; mais cette importante matière demanderait un traité à part, et je ne puis tout dire dans celui-ci [242].

CHAPITRE II

Des Suffrages [243]

On voit par le chapitre précédent que la manière dont se traitent les affaires générales peut donner un indice assez sûr de l'état actuel des mœurs, et de la santé du corps politique. Plus le concert règne dans les assemblées, c'est-à-dire plus les avis approchent de l'unanimité, plus aussi la volonté générale est dominante ; mais les longs débats, les dissensions, le tumulte, annoncent l'ascendant des intérêts particuliers et le déclin de l'État.

Ceci paraît moins évident quand deux ou plusieurs ordres entrent dans sa constitution, comme à Rome les Patriciens et les Plébéiens, dont les querelles troublèrent souvent les comices, même dans les plus beaux temps de la République ; mais cette exception est plus apparente que réelle ; car alors par le vice inhérent au corps politique on a, pour ainsi dire, deux États en un ; ce qui n'est pas vrai des deux ensemble est vrai de chacun séparément. Et en effet dans les temps même les plus orageux les plébiscites du peuple, quand le Sénat ne s'en mêlait pas, passaient toujours tranquillement et à la grande pluralité des suffrages : Les Citoyens n'ayant qu'un intérêt, le peuple n'avait qu'une volonté.

À l'autre extrémité du cercle l'unanimité revient. C'est quand les Citoyens tombés dans la servitude n'ont plus ni liberté ni volonté. Alors la crainte et la flatterie changent en acclamations les suffrages ; on ne délibère plus, on adore ou l'on maudit. Telle était la vile manière d'opiner du Sénat sous les Empereurs. Quelquefois cela se faisait avec des précautions ridicules : Tacite observe que sous Othon les sénateurs accablant Vitellius d'exécrations, affectaient de faire en même temps un bruit épouvantable, afin que, si par hasard il devenait le maître, il ne pût savoir ce que chacun d'eux avait dit.

De ces diverses considérations naissent les maximes sur lesquelles on doit régler la manière de compter les voix et de comparer les avis, selon que la volonté générale est plus ou moins facile à connaître, et l'État plus ou moins déclinant.

Il n'y a qu'une seule loi qui par sa nature exige un consentement unanime. C'est le pacte social : car l'association civile est l'acte du monde le plus volontaire ; tout homme étant né libre et maître de lui-même, nul ne peut, sous quelque prétexte que ce puisse être, l'assujettir sans son aveu. Décider que le fils d'une esclave naît esclave, c'est décider qu'il ne naît pas homme [244].

Si donc lors du pacte social il s'y trouve des opposants, leur opposition n'invalide pas le contrat, elle empêche seulement qu'ils n'y soient compris ; ce sont des étrangers parmi les Citoyens. Quand l'État est institué, le consentement est dans la résidence ; habiter le territoire, c'est se soumettre à la souveraineté[a].

Hors ce contrat primitif, la voix du plus grand nombre oblige toujours tous les autres ; c'est une suite du contrat même. Mais on demande comment un homme peut être libre, et forcé de se conformer à des volontés qui ne sont pas les siennes. Comment les opposants sont-ils libres et soumis à des lois auxquelles ils n'ont pas consenti ?

Je réponds que la question est mal posée. Le Citoyen consent à toutes les lois, même à celles qu'on passe malgré lui, et même à celles qui le punissent quand il ose en violer quelqu'une. La volonté constante de tous les membres de l'État est la volonté générale ; c'est par elle qu'ils sont citoyens et libres[b]. Quand on propose une loi dans l'assemblée du Peuple, ce qu'on leur demande n'est pas précisément s'ils approuvent la proposition ou s'ils la rejettent, mais si elle est conforme ou non à la volonté générale qui est la leur ; chacun en donnant son suffrage dit son avis là-dessus, et du calcul des voix se tire la déclaration de la volonté générale. Quand donc l'avis contraire au mien l'emporte, cela ne prouve autre chose sinon que je m'étais trompé, et que ce que j'estimais être la volonté générale ne l'était pas. Si mon avis particulier l'eût emporté, j'aurais fait autre chose que ce que j'avais voulu, c'est alors que je n'aurais pas été libre.

Ceci suppose, il est vrai, que tous les caractères de la volonté générale sont encore dans la pluralité :

a. Ceci doit toujours s'entendre d'un État libre ; car d'ailleurs la famille, les biens, le défaut d'asile, la nécessité, la violence, peuvent retenir un habitant dans le pays malgré lui, et alors son séjour seul ne suppose plus son consentement au contrat ou à la violation du contrat.

b. À Gênes, on lit au-devant des prisons et sur les fers des galériens ce mot *Libertas*. Cette application de la devise est belle et juste. En effet il n'y a que les malfaiteurs de tous états qui empêchent le Citoyen d'être libre. Dans un pays où tous ces gens-là seraient aux galères, on jouirait de la plus parfaite liberté.

quand ils cessent d'y être, quelque parti qu'on prenne il n'y a plus de liberté.

En montrant ci-devant comment on substituait des volontés particulières à la volonté générale dans les délibérations publiques, j'ai suffisamment indiqué les moyens praticables de prévenir cet abus ; j'en parlerai encore ci-après. À l'égard du nombre proportionnel des suffrages pour déclarer cette volonté, j'ai aussi donné les principes sur lesquels on peut le déterminer. La différence d'une seule voix rompt l'égalité, un seul opposant rompt l'unanimité ; mais entre l'unanimité et l'égalité il y a plusieurs partages inégaux, à chacun desquels on peut fixer ce nombre selon l'état et les besoins du corps politique.

Deux maximes générales peuvent servir à régler ces rapports : l'une, que plus les délibérations sont importantes et graves, plus l'avis qui l'emporte doit approcher de l'unanimité : l'autre, que plus l'affaire agitée exige de célérité, plus on doit resserrer la différence prescrite dans le partage des avis ; dans les délibérations qu'il faut terminer sur-le-champ l'excédent d'une seule voix doit suffire. La première de ces maximes paraît plus convenable aux lois, et la seconde aux affaires. Quoi qu'il en soit, c'est sur leur combinaison que s'établissent les meilleurs rapports qu'on peut donner à la pluralité pour prononcer [245].

CHAPITRE III

Des Élections

À l'égard des élections du Prince et des Magistrats, qui sont, comme je l'ai dit, des actes complexes, il y a deux voies pour y procéder ; savoir, le choix et le sort. L'une et l'autre ont été employées en diverses Républiques, et l'on voit encore actuellement un mélange très compliqué des deux dans l'élection du Doge de Venise.

Le suffrage par le sort, dit Montesquieu, *est de la nature de la Démocratie* [246]. J'en conviens, mais comment cela ? *Le sort*, continue-t-il, *est une façon d'élire qui n'afflige personne, il laisse à chaque Citoyen une espérance raisonnable de servir la patrie.* Ce ne sont pas là des raisons.

Si l'on fait attention que l'élection des chefs est une fonction du Gouvernement et non de la Souveraineté, on verra pourquoi la voie du sort est plus dans la nature de la Démocratie, où l'administration est d'autant meilleure que les actes en sont moins multipliés.

Dans toute véritable Démocratie la magistrature n'est pas un avantage mais une charge onéreuse, qu'on ne peut justement imposer à un particulier plutôt qu'à un autre. La loi seule peut imposer cette charge à celui sur qui le sort tombera. Car alors la condition étant égale pour tous, et le choix ne dépendant d'aucune volonté humaine, il n'y a point d'application particulière qui altère l'universalité de la loi.

Dans l'Aristocratie, le Prince choisit le Prince, le Gouvernement se conserve par lui-même, et c'est là que les suffrages sont bien placés [247].

L'exemple de l'élection du Doge de Venise confirme cette distinction, loin de la détruire : Cette forme mêlée convient dans un Gouvernement mixte. Car c'est une erreur de prendre le Gouvernement de Venise pour une véritable Aristocratie. Si le Peuple n'y a nulle part au Gouvernement, la noblesse y est peuple elle-même. Une multitude de pauvres Barnabotes [248] n'approcha jamais d'aucune magistrature, et n'a de sa noblesse que le vain titre d'Excellence et le droit d'assister au grand Conseil. Ce grand Conseil étant aussi nombreux que notre Conseil général à Genève, ses illustres membres n'ont pas plus de privilèges que nos simples Citoyens. Il est certain qu'ôtant l'extrême disparité des deux Républiques, la bourgeoisie de Genève représente exactement le Patriciat vénitien, nos natifs et habitants représentent les Citadins et le peuple de Venise, nos paysans représentent les sujets de terre ferme : enfin de quelque manière que l'on considère cette République, abstraction faite de sa grandeur, son Gouvernement n'est pas plus aristocratique que le nôtre. Toute la différence est que n'ayant aucun chef à vie, nous n'avons pas le même besoin du sort.

Les élections par sort auraient peu d'inconvénient dans une véritable Démocratie où tout étant égal, aussi bien par les mœurs et par les talents que par les maximes et par la fortune, le choix deviendrait presque indifférent. Mais j'ai déjà dit qu'il n'y avait point de véritable Démocratie.

Quand le choix et le sort se trouvent mêlés, le premier doit remplir les places qui demandent des talents propres, telles que les emplois militaires ; l'autre convient à celles où suffisent le bon sens, la justice, l'intégrité, telles que les charges de judicature ; parce que dans un état bien constitué ces qualités sont communes à tous les Citoyens.

Le sort ni les suffrages n'ont aucun lieu dans le Gouvernement monarchique. Le Monarque étant de droit seul Prince et Magistrat unique, le choix de ses lieutenants n'appartient qu'à lui. Quand l'abbé de St. Pierre proposait de multiplier les Conseils du Roi de France et d'en élire les membres par Scrutin, il ne voyait pas qu'il proposait de changer la forme du Gouvernement[249].

Il me resterait à parler de la manière de donner et de recueillir les voix dans l'assemblée du peuple ; mais peut-être l'historique de la police Romaine à cet égard expliquera-t-il plus sensiblement toutes les maximes que je pourrais établir. Il n'est pas indigne d'un lecteur judicieux de voir un peu en détail comment se traitaient les affaires publiques et particulières dans un Conseil de deux cent mille hommes.

CHAPITRE IV

Des Comices romains [250]

Nous n'avons nuls monuments bien assurés des premiers temps de Rome ; il y a même grande apparence que la plupart des choses qu'on en débite sont des fables ; et en général la partie la plus instructive des annales des peuples, qui est l'histoire de leur établissement, est celle qui nous manque le plus. L'expérience nous apprend tous les jours de quelles causes naissent les révolutions des empires ; mais comme il ne se forme plus de peuples, nous n'avons guère que des conjectures pour expliquer comment ils se sont formés.

Les usages qu'on trouve établis attestent au moins qu'il y eut une origine à ces usages [251]. Des traditions qui remontent à ces origines, celles qu'appuient les plus grandes autorités et que de plus fortes raisons confirment doivent passer pour les plus certaines. Voilà les maximes que j'ai tâché de suivre en recherchant comment le plus libre et le plus puissant peuple de la terre exerçait son pouvoir suprême.

Après la fondation de Rome la République naissante, c'est-à-dire, l'armée du fondateur, composée d'Albains, de Sabins et d'étrangers, fut divisée en trois classes, qui de cette division prirent le nom de *Tribus.* Chacune de ces tribus fut subdivisée en dix Curies, et chaque Curie en Décuries, à la tête desquelles on mit des chefs appelés *Curions* et *Décurions.*

Outre cela on tira de chaque Tribu un corps de cent Cavaliers ou Chevaliers, appelé Centurie : par où l'on voit que ces divisions, peu nécessaires dans un bourg, n'étaient d'abord que militaires. Mais il semble qu'un instinct de grandeur portait la petite ville de Rome à se donner d'avance une police convenable à la capitale du monde [252].

De ce premier partage résulta bientôt un inconvénient. C'est que la tribu des Albains[a] et celle des Sabins[b] restant toujours au même état, tandis que celle des étrangers[c] croissait sans cesse par le concours perpétuel de ceux-ci, cette dernière ne tarda pas à surpasser les deux autres. Le remède que Servius[253] trouva à ce dangereux abus fut de changer la division, et à celle des races, qu'il abolit, d'en substituer une autre tirée des lieux de la ville occupés par chaque Tribu. Au lieu de trois Tribus il en fit quatre ; chacune desquelles occupait une des collines de Rome et en portait le nom. Ainsi, remédiant à l'inégalité présente il la prévint encore pour l'avenir ; et afin que cette division ne fût pas seulement de lieux mais d'hommes, il défendit aux habitants d'un quartier de passer dans un autre, ce qui empêcha les races de se confondre.

Il doubla aussi les trois anciennes centuries de Cavalerie et y en ajouta douze autres, mais toujours sous les anciens noms ; moyen simple et judicieux par lequel il acheva de distinguer le corps des Chevaliers de celui du Peuple, sans faire murmurer ce dernier.

À ces quatre Tribus urbaines Servius en ajouta quinze autres appelées Tribus rustiques, parce qu'elles étaient formées des habitants de la campagne, partagés en autant de cantons. Dans la suite on en fit autant de nouvelles, et le Peuple romain se trouva enfin divisé en trente-cinq Tribus ; nombre auquel elles restèrent fixées jusqu'à la fin de la République.

De cette distinction des Tribus de la Ville et des Tribus de la campagne résulta un effet digne d'être observé, parce qu'il n'y en a point d'autre exemple, et que Rome lui dut à la fois la conservation de ses mœurs et l'accroissement de son empire. On croirait que les Tribus urbaines s'arrogèrent bientôt la puissance et les honneurs, et ne tardèrent pas d'avilir les Tribus rustiques ; ce fut tout le contraire. On connaît le goût des premiers Romains pour la vie champêtre.

a. *Ramnenses.*
b. *Tatienses.*
c. *Luceres.*

Ce goût leur venait du sage instituteur qui unit à la liberté les travaux rustiques et militaires, et relégua pour ainsi dire à la ville les arts, les métiers, l'intrigue, la fortune et l'esclavage.

Ainsi tout ce que Rome avait d'illustre vivant aux champs et cultivant les terres, on s'accoutuma à ne chercher que là les soutiens de la République. Cet état étant celui des plus dignes Patriciens fut honoré de tout le monde : la vie simple et laborieuse des Villageois fut préférée à la vie oisive et lâche des Bourgeois de Rome, et tel n'eût été qu'un malheureux prolétaire à la ville, qui, laboureur aux champs, devint un Citoyen respecté. Ce n'est pas sans raison, disait Varron [254], que nos magnanimes ancêtres établirent au Village la pépinière de ces robustes et vaillants hommes qui les défendaient en temps de guerre et les nourrissaient en temps de paix. Pline [255] dit positivement que les Tribus des champs étaient honorées à cause des hommes qui les composaient ; au lieu qu'on transférait par ignominie dans celles de la Ville les lâches qu'on voulait avilir. Le Sabin Appius Claudius étant venu s'établir à Rome y fut comblé d'honneurs et inscrit dans une Tribu rustique qui prit dans la suite le nom de sa famille. Enfin les affranchis entraient tous dans les Tribus urbaines, jamais dans les rurales ; et il n'y a pas durant toute la République un seul exemple d'aucun de ces affranchis parvenu à aucune magistrature, quoique devenu Citoyen.

Cette maxime était excellente ; mais elle fut poussée si loin, qu'il en résulta enfin un changement et certainement un abus dans la police.

Premièrement, les Censeurs, après s'être arrogé longtemps le droit de transférer arbitrairement les citoyens d'une Tribu à l'autre, permirent à la plupart de se faire inscrire dans celle qui leur plaisait ; permission qui sûrement n'était bonne à rien, et ôtait un des grands ressorts de la censure. De plus, les grands et les puissants se faisant tous inscrire dans les Tribus de la campagne, et les affranchis devenus Citoyens restant avec la populace dans celles de la ville, les Tribus en général n'eurent plus de lieu ni de territoire ; mais toutes se trouvèrent tellement mêlées qu'on ne pouvait plus discerner les membres de chacune que par les registres, en sorte que l'idée du mot *Tribu* passa ainsi du réel au personnel, ou plutôt, devint presque une chimère.

Il arriva encore que les Tribus de la ville, étant plus à portée, se trouvèrent souvent les plus fortes dans les comices, et vendirent l'État à ceux qui daignaient acheter les suffrages de la canaille qui les composait.

À l'égard des Curies, l'instituteur en ayant fait dix en chaque Tribu, tout le peuple romain alors renfermé dans les murs de la ville se trouva composé de trente Curies, dont chacune avait ses temples ses Dieux ses officiers ses prêtres, et ses fêtes appelées *compitalia*, semblables aux *Paganalia* qu'eurent dans la suite les Tribus rustiques.

Au nouveau partage de Servius ce nombre de trente ne pouvant se répartir également dans ses quatre Tribus, il n'y voulut point toucher, et les Curies indépendantes des Tribus devinrent une autre division des habitants de Rome : Mais il ne fut point question de Curies ni dans les Tribus rustiques ni dans le peuple qui les composait, parce que les Tribus étant devenues un établissement purement civil, et une autre police ayant été introduite pour la levée des troupes, les divisions militaires de Romulus se trouvèrent superflues. Ainsi, quoique tout Citoyen fût inscrit dans une Tribu, il s'en fallait beaucoup que chacun ne le fût dans une Curie.

Servius fit encore une troisième division qui n'avait aucun rapport aux deux précédentes, et devint par ses effets la plus importante de toutes. Il distribua tout le peuple romain en six classes, qu'il ne distingua ni par le lieu ni par les hommes, mais par les biens : En sorte que les premières classes étaient remplies par les riches, les dernières par les pauvres, et les moyennes par ceux qui jouissaient d'une fortune médiocre. Ces six classes étaient subdivisées en 193 autres corps appelés centuries, et ces corps étaient tellement distribués que la première Classe en comprenait seule plus de la moitié, et la dernière n'en formait qu'un seul. Il se trouva ainsi que la Classe la moins nombreuse en hommes l'était le plus en centuries, et que la dernière classe entière n'était comptée que pour une subdivision, bien qu'elle contînt seule plus de la moitié des habitants de Rome.

Afin que le peuple pénétrât moins les conséquences de cette dernière forme, Servius affecta de lui donner un air militaire : il inséra dans la seconde classe deux centuries d'armuriers, et deux d'instruments de guerre dans la quatrième : Dans chaque classe, excepté la dernière, il distingua les jeunes et les vieux, c'est-à-dire ceux qui étaient obligés de porter les armes, et ceux que leur âge en exemptait par les lois ; distinction qui plus que celle des biens produisit la nécessité de recommencer souvent le cens ou dénombrement : Enfin il voulut que l'assemblée se tînt au champ de Mars, et que tous ceux qui étaient en âge de servir y vinssent avec leurs armes.

La raison pour laquelle il ne suivit pas dans la dernière classe cette même division des jeunes et des vieux, c'est qu'on n'accordait point à la populace dont elle était composée l'honneur de porter les armes pour la patrie ; il fallait avoir des foyers pour obtenir le droit de les défendre, et de ces innombrables troupes de gueux dont brillent aujourd'hui les armées des Rois, il n'y en a pas un, peut-être, qui n'eût été chassé avec dédain d'une cohorte romaine, quand les soldats étaient les défenseurs de la liberté.

On distingua pourtant encore dans la dernière classe les *prolétaires* de ceux qu'on appelait *capite censi*. Les premiers, non tout à fait réduits à rien, donnaient au moins des Citoyens à l'État, quelquefois même des soldats dans les besoins pressants. Pour ceux qui n'avaient rien du tout et qu'on ne pouvait dénombrer que par leurs têtes, ils étaient tout à fait regardés comme nuls, et Marius fut le premier qui daigna les enrôler.

Sans décider ici si ce troisième dénombrement était bon ou mauvais en lui-même, je crois pouvoir affirmer qu'il n'y avait que les mœurs simples des premiers Romains, leur désintéressement, leur goût pour l'agriculture, leur mépris pour le commerce et pour l'ardeur du gain, qui pussent le rendre praticable. Où est le peuple moderne chez lequel la dévorante avidité, l'esprit inquiet, l'intrigue, les déplacements continuels, les perpétuelles révolutions des fortunes pussent laisser durer vingt ans un pareil établissement sans bouleverser tout l'État ? Il faut même bien remarquer que les mœurs et la censure plus fortes que cette institution en corrigèrent le vice à Rome, et que tel riche se vit relégué dans la classe des pauvres, pour avoir trop étalé sa richesse.

De tout ceci l'on peut comprendre aisément pourquoi il n'est presque jamais fait mention que de cinq classes, quoiqu'il y en eût réellement six. La sixième, ne fournissant ni soldats à l'armée ni votants au champ de Mars [a] et n'étant presque d'aucun usage dans la République, était rarement comptée pour quelque chose.

Telles furent les différentes divisions du peuple romain. Voyons à présent l'effet qu'elles produisaient dans les assemblées [256]. Ces assemblées légitimement convoquées s'appelaient *Comices* ; elles se tenaient ordinairement dans la place de Rome ou au champ de Mars, et se distinguaient en comices par Curies, Comices par Centuries, et Comices par Tribus, selon celle de ces trois formes sur laquelle elles étaient ordonnées : les comices par Curies étaient de l'institution de Romulus, ceux par Centuries de Servius, ceux par Tribus des Tribuns du peuple. Aucune loi ne recevait la sanction, aucun magistrat n'était élu que dans les comices, et comme il n'y avait aucun Citoyen qui

a. Je dis, *au champ de mars*, parce que c'était là que s'assemblaient les Comices, par centuries ; dans les deux autres formes le peuple s'assemblait *au forum* ou ailleurs, et alors les *Capite censi* avaient autant d'influence et d'autorité que les premiers Citoyens.

ne fût inscrit dans une Curie, dans une Centurie, ou dans une Tribu, il s'ensuit qu'aucun citoyen n'était exclu du droit de suffrage, et que le Peuple Romain était véritablement Souverain de droit et de fait.

Pour que les Comices fussent légitimement assemblés et que ce qui s'y faisait eût force de loi, il fallait trois conditions : la première que le corps ou le Magistrat qui les convoquait fût revêtu pour cela de l'autorité nécessaire ; la seconde que l'assemblée se fît un des jours permis par la loi ; la troisième que les augures fussent favorables.

La raison du premier règlement n'a pas besoin d'être expliquée. Le second est une affaire de police ; ainsi il n'était pas permis de tenir les Comices les jours de férie et de marché, où les gens de la campagne venant à Rome pour leurs affaires n'avaient pas le temps de passer la journée dans la place publique. Par le troisième le Sénat tenait en bride un peuple fier et remuant, et tempérait à propos l'ardeur des Tribuns séditieux ; mais ceux-ci trouvèrent plus d'un moyen de se délivrer de cette gêne.

Les Lois et l'élection des chefs n'étaient pas les seuls points soumis au jugement des Comices : Le peuple romain ayant usurpé les plus importantes fonctions du Gouvernement, on peut dire que le sort de l'Europe était réglé dans ses assemblées [257]. Cette variété d'objets donnait lieu aux diverses formes que prenaient ces assemblées selon les matières sur lesquelles il avait à prononcer.

Pour juger de ces diverses formes il suffit de les comparer. Romulus en instituant les Curies avait en vue de contenir le Sénat par le peuple et le Peuple par le Sénat, en dominant également sur tous. Il donna donc au peuple par cette forme toute l'autorité du nombre pour balancer celle de la puissance et des richesses qu'il laissait aux Patriciens. Mais selon l'esprit de la Monarchie, il laissa cependant plus d'avantage aux Patriciens par l'influence de leurs Clients sur la pluralité des suffrages. Cette admirable institution des Patrons et des Clients fut un chef-d'œuvre de politique et d'humanité, sans lequel le Patriciat, si contraire à l'esprit de la République, n'eût pu subsister. Rome seule a eu l'honneur de donner au monde ce bel exemple, duquel il ne résulta jamais d'abus, et qui pourtant n'a jamais été suivi.

Cette même forme des Curies ayant subsisté sous les rois jusqu'à Servius, et le règne du dernier Tarquin n'étant point compté pour légitime, cela fit distinguer généralement les lois royales par le nom de *leges curiatae.*

Sous la République les Curies, toujours bornées aux quatre Tribus urbaines, et ne contenant plus que la populace de Rome, ne pouvaient convenir ni au Sénat qui était à la tête des Patriciens, ni aux Tribuns qui, quoique plébéiens, étaient à la tête des Citoyens aisés. Elles tombèrent donc dans le discrédit, et leur avilissement fut tel, que leurs trente Licteurs assemblés faisaient ce que les comices par Curies auraient dû faire.

La division par Centuries était si favorable à l'Aristocratie, qu'on ne voit pas d'abord comment le Sénat ne l'emportait pas toujours dans les Comices qui portaient ce nom, et par lesquels étaient élus les Consuls, les Censeurs, et les autres Magistrats curules. En effet des cent quatre-vingt-treize centuries qui formaient les six Classes de tout le Peuple romain, la première Classe en comprenant quatre-vingt-dix-huit, et les voix ne se comptant que par Centuries, cette seule première Classe l'emportait en nombre de voix sur toutes les autres. Quand toutes ses Centuries étaient d'accord on ne continuait pas même à recueillir les suffrages ; ce qu'avait décidé le plus petit nombre passait pour une décision de la multitude, et l'on peut dire que dans les Comices par Centuries les affaires se réglaient à la pluralité des écus bien plus qu'à celle des voix.

Mais cette extrême autorité se tempérait par deux moyens [258]. Premièrement les Tribuns pour l'ordinaire, et toujours un grand nombre de Plébéiens, étant dans la classe des riches balançaient le crédit des Patriciens dans cette première classe.

Le second moyen consistait en ceci, qu'au lieu de faire d'abord voter les Centuries selon leur ordre, ce qui aurait toujours fait commencer par la première, on en tirait une au sort, et celle-là[a] procédait seule à l'élection ; après quoi toutes les Centuries appelées un autre jour selon leur rang répétaient la même élection et la confirmaient ordinairement. On ôtait ainsi l'autorité de l'exemple au rang pour la donner au sort selon le principe de la Démocratie.

Il résultait de cet usage un autre avantage encore ; c'est que les Citoyens de la campagne avaient le temps entre les deux élections de s'informer du mérite du Candidat provisionnellement nommé, afin de ne donner leur voix qu'avec connaissance de cause. Mais, sous prétexte de célérité, l'on vint à bout d'abolir cet usage, et les deux élections se firent le même jour.

Les Comices par Tribus étaient proprement le Conseil du peuple romain. Ils ne se convoquaient que par les Tribuns ; les Tribuns y étaient élus et y passaient leurs plébiscites. Non seulement le Sénat n'y avait point de rang, il n'avait pas même le droit d'y assister, et forcés d'obéir à des lois sur lesquelles ils n'avaient pu voter, les Sénateurs à cet égard étaient moins libres que les derniers Citoyens. Cette injustice était tout à fait mal entendue, et suffisait seule pour invalider les décrets d'un corps où tous ses membres n'étaient pas admis. Quand tous les Patriciens eussent assisté à ces Comices selon le droit qu'ils en avaient comme Citoyens, devenus alors simples particuliers ils n'eussent guère influé sur une forme de suffrages qui se recueillaient par tête, et où le moindre prolétaire pouvait autant que le Prince du Sénat.

a. Cette centurie ainsi tirée au sort s'appelait *præ rogativa*, à cause qu'elle était la première à qui l'on demandait son suffrage, et c'est de là qu'est venu le mot de *prérogative*.

On voit donc qu'outre l'ordre qui résultait de ces diverses distributions pour le recueillement des suffrages d'un si grand Peuple, ces distributions ne se réduisaient pas à des formes indifférentes en elles-mêmes, mais que chacune avait des effets relatifs aux vues qui la faisaient préférer.

Sans entrer là-dessus en de plus longs détails, il résulte des éclaircissements précédents que les Comices par Tribus étaient les plus favorables au Gouvernement populaire, et les Comices par Centuries à l'Aristocratie. À l'égard des Comices par Curies où la seule populace de Rome formait la pluralité, comme ils n'étaient bons qu'à favoriser la tyrannie et les mauvais desseins, ils durent tomber dans le décri, les séditieux eux-mêmes s'abstenant d'un moyen qui mettait trop à découvert leurs projets. Il est certain que toute la majesté du Peuple Romain ne se trouvait que dans les Comices par Centuries, qui seuls étaient complets ; attendu que dans les Comices par Curies manquaient les Tribus rustiques, et dans les Comices par Tribus le Sénat et les Patriciens.

Quant à la manière de recueillir les suffrages, elle était chez les premiers Romains aussi simple que leurs mœurs, quoique moins simple encore qu'à Sparte. Chacun donnait son suffrage à haute voix, un Greffier les écrivait à mesure ; pluralité de voix dans chaque Tribu déterminait le suffrage de la Tribu, pluralité de voix entre les Tribus déterminait le suffrage du peuple, et ainsi des Curies et des Centuries. Cet usage était bon tant que l'honnêteté régnait entre les Citoyens et que chacun avait honte de donner publiquement son suffrage à un avis injuste ou à un sujet indigne ; mais quand le peuple se corrompit et qu'on acheta les voix, il convint qu'elles se donnassent en secret pour contenir les acheteurs par la défiance, et fournir aux fripons le moyen de n'être pas des traîtres.

Je sais que Cicéron blâme ce changement et lui attribue en partie la ruine de la République. Mais quoique je sente le poids que doit avoir ici l'autorité de Cicéron, je ne puis être de son avis. Je pense, au contraire, que pour n'avoir pas fait assez de changements semblables on accéléra la perte de l'État. Comme le régime des gens sains n'est pas propre aux malades, il ne faut pas vouloir gouverner un peuple corrompu par les mêmes Lois qui conviennent à un bon peuple. Rien ne prouve mieux cette maxime que la durée de la République de Venise, dont le simulacre existe encore, uniquement parce que ses lois ne conviennent qu'à de méchants hommes [259].

On distribua donc aux Citoyens des tablettes par lesquelles chacun pouvait voter sans qu'on sût quel était son avis. On établit aussi de nouvelles formalités pour le recueillement des tablettes, le compte des voix, la comparaison des nombres etc. Ce qui n'empêcha pas que la fidélité des Officiers chargés de ces fonctions [a] ne fût souvent suspectée. On fit enfin, pour empêcher la brigue et le trafic des suffrages, des Édits dont la multitude montre l'inutilité.

Vers les derniers temps, on était souvent contraint de recourir à des expédients extraordinaires pour suppléer à l'insuffisance des lois. Tantôt on supposait des prodiges ; mais ce moyen qui pouvait en imposer au peuple n'en imposait pas à ceux qui le gouvernaient ; tantôt on convoquait brusquement une assemblée, avant que les Candidats eussent eu le temps de faire leurs brigues ; tantôt on consumait toute une séance à parler quand on voyait le peuple gagné prêt à prendre un mauvais parti : Mais enfin l'ambition éluda tout ; et ce qu'il y a d'incroyable, c'est qu'au milieu de tant d'abus, ce peuple immense, à la faveur de ses anciens règlements, ne laissait pas d'élire les Magistrats, de passer les lois, de juger les causes, d'expédier les affaires particulières et publiques, presque avec autant de facilité qu'eût pu faire le Sénat lui-même.

a. Custodes, Diribitores, Rogatores suffragiorum.

CHAPITRE V

Du Tribunat [260]

Quand on ne peut établir une exacte proportion entre les parties constitutives de l'État, ou que des causes indestructibles en altèrent sans cesse les rapports, alors on institue une magistrature particulière qui ne fait point corps avec les autres, qui replace chaque terme dans son vrai rapport, et qui fait une liaison ou un moyen terme soit entre le Prince et le Peuple, soit entre le Prince et le Souverain, soit à la fois des deux côtés s'il est nécessaire.

Ce corps, que j'appellerai *Tribunat*, est le conservateur des lois et du pouvoir législatif. Il sert quelquefois à protéger le Souverain contre le Gouvernement, comme faisaient à Rome les Tribuns du peuple, quelquefois à soutenir le Gouvernement contre le Peuple, comme fait maintenant à Venise le conseil des Dix, et quelquefois à maintenir l'équilibre de part et d'autre, comme faisaient les Éphores à Sparte [261].

Le Tribunat n'est point une partie constitutive de la Cité, et ne doit avoir aucune portion de la puissance législative ni de l'exécutive, mais c'est en cela même que la sienne est plus grande : car ne pouvant rien faire il peut tout empêcher. Il est plus sacré et plus révéré comme défenseur des Lois, que le Prince qui les exécute et que le Souverain qui les donne. C'est ce qu'on vit bien clairement à Rome quand ces fiers patriciens, qui méprisèrent toujours le peuple entier, furent forcés de fléchir devant un simple officier du peuple, qui n'avait ni auspices ni juridiction [262].

Le Tribunat sagement tempéré est le plus ferme appui d'une bonne constitution ; mais pour peu de force qu'il ait de trop il renverse tout : À l'égard de la faiblesse, elle n'est pas dans sa nature, et pourvu qu'il soit quelque chose, il n'est jamais moins qu'il ne faut.

Il dégénère en tyrannie quand il usurpe la puissance exécutive dont il n'est que le modérateur, et qu'il veut dispenser les lois qu'il ne doit que protéger. L'énorme pouvoir des Éphores qui fut sans danger tant que Sparte conserva ses mœurs, en accéléra la corruption commencée. Le sang d'Agis égorgé par ces tyrans fut vengé par son successeur : le crime et le châtiment des Éphores hâtèrent également la perte de la République, et après Cléomène Sparte ne fut plus rien. Rome périt encore par la même voie, et le pouvoir excessif des Tribuns usurpé par degrés servit enfin, à l'aide des lois faites pour la liberté, de sauvegarde aux Empereurs qui la détruisirent. Quant au Conseil des Dix à Venise ; c'est un Tribunal de sang, horrible également aux Patriciens et au Peuple, et qui, loin de protéger hautement les lois, ne sert plus, après leur avilissement, qu'à porter dans les ténèbres des coups qu'on n'ose apercevoir.

Le Tribunat s'affaiblit comme le Gouvernement par la multiplication de ses membres. Quand les Tribuns du peuple romain, d'abord au nombre de deux, puis de cinq, voulurent doubler ce nombre, le Sénat les laissa faire, bien sûr de contenir les uns par les autres ; ce qui ne manqua pas d'arriver.

Le meilleur moyen de prévenir les usurpations d'un si redoutable corps, moyen dont nul Gouvernement ne s'est avisé jusqu'ici, serait de ne pas rendre ce corps permanent, mais de régler des intervalles durant lesquels il resterait supprimé. Ces intervalles qui ne doivent pas être assez grands pour laisser aux abus le temps de s'affermir, peuvent être fixés par la loi, de manière qu'il soit aisé de les abréger au besoin par des commissions extraordinaires.

Ce moyen me paraît sans inconvénient, parce que, comme je l'ai dit, le Tribunat ne faisant point partie de la constitution peut être ôté sans qu'elle en souffre ; et il me paraît efficace, parce qu'un magistrat nouvellement rétabli ne part point du pouvoir qu'avait son prédécesseur, mais de celui que la loi lui donne.

CHAPITRE VI

De la Dictature [263]

L'inflexibilité des lois, qui les empêche de se plier aux événements, peut en certains cas les rendre pernicieuses, et causer par elles la perte de l'État dans sa crise. L'ordre et la lenteur des formes demandent un espace de temps que les circonstances refusent quelquefois. Il peut se présenter mille cas auxquels le législateur n'a point pourvu, et c'est une prévoyance très nécessaire de sentir qu'on ne peut tout prévoir.

Il ne faut donc pas vouloir affermir les institutions politiques jusqu'à s'ôter le pouvoir d'en suspendre l'effet. Sparte elle-même a laissé dormir ses lois.

Mais il n'y a que les plus grands dangers qui puissent balancer celui d'altérer l'ordre public, et l'on ne doit jamais arrêter le pouvoir sacré des lois que quand il s'agit du salut de la patrie. Dans ces cas rares et manifestes on pourvoit à la sûreté publique par un acte particulier qui en remet la charge au plus digne. Cette commission peut se donner de deux manières selon l'espèce du danger.

Si pour y remédier il suffit d'augmenter l'activité du gouvernement, on le concentre dans un ou deux de ses membres ; Ainsi ce n'est pas l'autorité des lois qu'on altère mais seulement la forme de leur administration. Que si le péril est tel que l'appareil des lois soit un obstacle à s'en garantir, alors on nomme un chef suprême qui fasse taire toutes les lois et suspende un moment l'autorité Souveraine ; en pareil cas la volonté générale n'est pas douteuse, et il est évident que la première intention du peuple est que l'État ne périsse pas. De cette manière la suspension de l'autorité législative ne l'abolit point ; le magistrat qui la fait taire ne peut la faire parler, il la domine sans pouvoir la représenter ; il peut tout faire, excepté des lois.

Le premier moyen s'employait par le Sénat Romain [264] quand il chargeait les Consuls par une formule consacrée de pourvoir au salut de la République ; le second avait lieu quand un des deux consuls nommait un Dictateur[a] ; usage dont Albe avait donné l'exemple à Rome.

Dans les commencements de la République on eut très souvent recours à la Dictature, parce que l'État n'avait pas encore une assiette assez fixe pour pouvoir se soutenir par la force de sa constitution. Les mœurs rendant alors superflues bien des précautions qui eussent été nécessaires dans un autre temps, on ne craignait ni qu'un Dictateur abusât de son autorité, ni qu'il tentât de la garder au-delà du terme. Il semblait, au contraire, qu'un si grand pouvoir fût à charge à celui qui en était revêtu, tant il se hâtait de s'en défaire ; comme si c'eût été un poste trop pénible et trop périlleux de tenir la place des lois !

Aussi n'est-ce pas le danger de l'abus mais celui de l'avilissement qui fait blâmer l'usage indiscret de cette suprême magistrature dans les premiers temps. Car tandis qu'on la prodiguait à des Élections, à des Dédicaces, à des choses de pure formalité, il était à craindre qu'elle ne devînt moins redoutable au besoin, et qu'on ne s'accoutumât à regarder comme un vain titre celui qu'on n'employait qu'à de vaines cérémonies.

Vers la fin de la République, les Romains, devenus plus circonspects, ménagèrent la Dictature avec aussi peu de raison qu'ils l'avaient prodiguée autrefois. Il était aisé de voir que leur crainte était mal fondée, que la faiblesse de la capitale faisait alors sa sûreté contre les Magistrats qu'elle avait dans son sein, qu'un Dictateur pouvait en certains cas défendre la liberté publique sans jamais y pouvoir attenter, et que les fers de Rome ne seraient point forgés dans Rome même, mais dans ses armées : le peu de résistance que firent Marius à Sylla, et Pompée à César, montra bien ce qu'on pouvait attendre de l'autorité du dedans contre la force du dehors.

a. Cette nomination se faisait de nuit et en secret, comme si l'on avait eu honte de mettre un homme au-dessus des lois.

Cette erreur leur fit faire de grandes fautes. Telle, par exemple, fut celle de n'avoir pas nommé un Dictateur dans l'affaire de Catilina ; car comme il n'était question que du dedans de la ville, et tout au plus, de quelque province d'Italie, avec l'autorité sans bornes que les Lois donnaient au Dictateur il eût facilement dissipé la conjuration, qui ne fut étouffée que par un concours d'heureux hasards que jamais la prudence humaine ne devait attendre.

Au lieu de cela, le Sénat se contenta de remettre tout son pouvoir aux Consuls ; d'où il arriva que Cicéron, pour agir efficacement, fut contraint de passer ce pouvoir dans un point capital, et que, si les premiers transports de joie firent approuver sa conduite, ce fut avec justice que dans la suite on lui demanda compte du sang des Citoyens versé contre les lois ; reproche qu'on n'eût pu faire à un Dictateur. Mais l'éloquence du Consul entraîna tout ; et lui-même, quoique Romain, aimant mieux sa gloire que sa patrie, ne cherchait pas tant le moyen le plus légitime et le plus sûr de sauver l'État, que celui d'avoir tout l'honneur de cette affaire[a]. Aussi fut-il honoré justement comme libérateur de Rome, et justement puni comme infracteur des lois. Quelque brillant qu'ait été son rappel, il est certain que ce fut une grâce.

Au reste, de quelque manière que cette importante commission soit conférée, il importe d'en fixer la durée à un terme très court qui jamais ne puisse être prolongé ; dans les crises qui la font établir l'État est bientôt détruit ou sauvé, et, passé le besoin pressant, la Dictature devient tyrannique ou vaine[265]. À Rome les Dictateurs ne l'étant que pour six mois, la plupart abdiquèrent avant ce terme. Si le terme eût été plus long, peut-être eussent-ils été tentés de le prolonger encore, comme firent les Décemvirs celui d'une

a. C'est ce dont il ne pouvait se répondre en proposant un Dictateur, n'osant se nommer lui-même et ne pouvant s'assurer que son collègue le nommerait.

année. Le Dictateur n'avait que le temps de pourvoir au besoin qui l'avait fait élire, il n'avait pas celui de songer à d'autres projets.

CHAPITRE VII

De la Censure [266]

De même que la déclaration de la volonté générale se fait par la loi, la déclaration du jugement public se fait par la censure ; l'opinion publique est l'espèce de loi dont le Censeur est le Ministre, et qu'il ne fait qu'appliquer aux cas particuliers, à l'exemple du Prince [267].

Loin donc que le tribunal censorial soit l'arbitre de l'opinion du peuple, il n'en est que le déclarateur, et sitôt qu'il s'en écarte, ses décisions sont vaines et sans effet [268].

Il est inutile de distinguer les mœurs d'une nation des objets de son estime ; car tout cela tient au même principe et se confond nécessairement. Chez tous les peuples du monde, ce n'est point la nature mais l'opinion qui décide du choix de leurs plaisirs. Redressez les opinions des hommes et leurs mœurs s'épureront d'elles-mêmes. On aime toujours ce qui est beau ou ce qu'on trouve tel, mais c'est sur ce jugement qu'on se trompe ; c'est donc ce jugement qu'il s'agit de régler. Qui juge des mœurs juge de l'honneur, et qui juge de l'honneur prend sa loi de l'opinion [269].

Les opinions d'un peuple naissent de sa constitution ; quoique la loi ne règle pas les mœurs, c'est la législation qui les fait naître ; quand la législation s'affaiblit les mœurs dégénèrent, mais alors le jugement des Censeurs ne fera pas ce que la force des lois n'aura pas fait [270].

Il suit de là que la Censure peut être utile pour conserver les mœurs, jamais pour les rétablir. Établissez des Censeurs durant la vigueur des Lois ; sitôt qu'elles l'ont perdue, tout est désespéré ; rien de légitime n'a plus de force lorsque les lois n'en ont plus.

La Censure maintient les mœurs en empêchant les opinions de se corrompre, en conservant leur droiture par de sages applications, quelquefois même en les fixant lorsqu'elles sont encore incertaines. L'usage des seconds dans les duels, porté jusqu'à la fureur dans le royaume de France, y fut aboli par ces seuls mots d'un Édit du Roi ; *quant à ceux qui ont la lâcheté d'appeler des Seconds.* Ce jugement prévenant celui du public le détermina tout d'un coup. Mais quand les mêmes Édits voulurent prononcer que c'était aussi une lâcheté de se battre en duel ; ce qui est très vrai, mais contraire à l'opinion commune ; le public se moqua de cette décision sur laquelle son jugement était déjà porté [271].

J'ai dit ailleurs [a] que l'opinion publique n'étant point soumise à la contrainte, il n'en fallait aucun vestige dans le tribunal établi pour la représenter [272]. On ne peut trop admirer avec quel art ce ressort, entièrement perdu chez les modernes, était mis en œuvre chez les Romains et mieux chez les Lacédémoniens.

Un homme de mauvaises mœurs ayant ouvert un bon avis dans le conseil de Sparte, les Éphores sans en tenir compte firent proposer le même avis par un Citoyen vertueux. Quel honneur pour l'un, quelle honte pour l'autre, sans avoir donné ni louange ni blâme à aucun des deux ! Certains ivrognes de Samos [b] souillèrent le Tribunal des Éphores : le lendemain par Édit public il fut permis aux Samiens d'être des vilains [273]. Un vrai châtiment eût été moins sévère qu'une pareille impunité. Quand Sparte a prononcé sur ce qui est ou n'est pas honnête, la Grèce n'appelle pas de ses jugements.

a. Je ne fais qu'indiquer dans ce chapitre ce que j'ai traité plus au long dans la Lettre à M. d'Alembert.

b. Ils étaient d'une autre île, que la délicatesse de notre langue défend de nommer dans cette occasion. (Note ajoutée dans l'édition de 1782.)

CHAPITRE VIII

De la Religion Civile [274]

Les hommes n'eurent point d'abord d'autres Rois que les Dieux, ni d'autre Gouvernement que le Théocratique. Ils firent le raisonnement de Caligula, et alors ils raisonnaient juste. Il faut une longue altération de sentiments et d'idées pour qu'on puisse se résoudre à prendre son semblable pour maître, et se flatter qu'on s'en trouvera bien [275].

De cela seul qu'on mettait Dieu à la tête de chaque société politique, il s'ensuivit qu'il y eut autant de Dieux que de peuples. Deux peuples étrangers l'un à l'autre, et presque toujours ennemis, ne purent longtemps reconnaître un même maître [276] : Deux armées se livrant bataille ne sauraient obéir au même chef. Ainsi des divisions nationales résulta le polythéisme, et de là l'intolérance théologique et civile qui naturellement est la même, comme il sera dit ci-après [277].

La fantaisie qu'eurent les Grecs de retrouver leurs dieux chez les peuples barbares, vint de celle qu'ils avaient aussi de se regarder comme les Souverains naturels de ces peuples. Mais c'est de nos jours une érudition bien ridicule que celle qui roule sur l'identité des Dieux de diverses nations ; comme si Moloch, Saturne et Chronos pouvaient être le même Dieu ; comme si le Baal des Phéniciens, le Zeus des Grecs et le Jupiter des Latins pouvaient être le même ; comme s'il pouvait rester quelque chose commune à des Etres chimériques portant des noms différents [278] !

Que si l'on demande comment dans le paganisme où chaque État avait son culte et ses Dieux il n'y avait point de guerres de religion ? Je réponds que c'était par cela même que chaque État ayant son culte propre aussi bien que son Gouvernement, ne distinguait point ses Dieux de ses lois. La guerre politique était aussi Théologique : les départements des Dieux étaient, pour ainsi dire, fixés par les bornes des

Nations. Le Dieu d'un peuple n'avait aucun droit sur les autres peuples. Les Dieux des Païens n'étaient point des Dieux jaloux ; ils partageaient entre eux l'empire du monde : Moïse même et le peuple Hébreu se prêtaient quelquefois à cette idée en parlant du Dieu d'Israël. Ils regardaient, il est vrai, comme nuls les Dieux des Chananéens, peuples proscrits, voués à la destruction, et dont ils devaient occuper la place ; mais voyez comment ils parlaient des divinités des peuples voisins qu'il leur était défendu d'attaquer ! *La possession de ce qui appartient à Chamos, votre Dieu*, disait Jephté aux Ammonites, *ne vous est-elle pas légitimement due ? Nous possédons au même titre les terres que notre Dieu vainqueur s'est acquises*[a]. C'était là, ce me semble, une parité bien reconnue entre les droits de Chamos et ceux du Dieu d'Israël [279].

Mais quand les Juifs, soumis aux Rois de Babylone et dans la suite aux Rois de Syrie, voulurent s'obstiner à ne reconnaître aucun autre Dieu que le leur, ce refus, regardé comme une rébellion contre le vainqueur, leur attira les persécutions qu'on lit dans leur histoire, et dont on ne voit aucun autre exemple avant le Christianisme[b].

Chaque Religion étant donc uniquement attachée aux lois de l'État qui la prescrivait, il n'y avait point d'autre manière de convertir un peuple que de l'asservir, ni d'autres missionnaires que les conquérants, et l'obligation de changer de culte étant la loi des vaincus, il fallait commencer par vaincre avant d'en parler. Loin que les hommes combattissent pour

a. *Nonne ea quæ possidet Chamos deus tuus, tibi jure debentur ?*. Tel est le texte de la Vulgate. Le P. de Carrières a traduit. *Ne croyez-vous pas avoir droit de posséder ce qui appartient à Chamos votre Dieu ?* J'ignore la force du texte hébreu ; mais je vois que dans la Vulgate Jephté reconnaît positivement le droit du dieu Chamos, et que le Traducteur français affaiblit cette reconnaissance par un *selon vous* qui n'est pas dans le Latin.

b. Il est de la dernière évidence que la guerre des Phociens appelée guerre sacrée n'était point une guerre de Religion. Elle avait pour objet de punir des sacrilèges et non de soumettre des mécréants.

les Dieux, c'étaient, comme dans Homère, les Dieux qui combattaient pour les hommes ; chacun demandait au sien la victoire, et la payait par de nouveaux autels. Les Romains avant de prendre une place, sommaient ses Dieux de l'abandonner, et quand ils laissaient aux Tarentins leurs Dieux irrités, c'est qu'ils regardaient alors ces Dieux comme soumis aux leurs et forcés de leur faire hommage : Ils laissaient aux vaincus leurs Dieux comme ils leur laissaient leurs lois. Une couronne au Jupiter du Capitole était souvent le seul tribut qu'ils imposaient.

Enfin les Romains ayant étendu avec leur empire leur culte et leurs Dieux, et ayant souvent eux-mêmes adopté ceux des vaincus en accordant aux uns et aux autres le droit de Cité, les peuples de ce vaste empire se trouvèrent insensiblement avoir des multitudes de dieux et de cultes, à peu près les mêmes partout ; et voilà comment le paganisme ne fut enfin dans le monde connu qu'une seule et même Religion [280].

Ce fut dans ces circonstances que Jésus vint établir sur la terre un royaume Spirituel ; ce qui, séparant le système théologique du système politique, fit que l'État cessa d'être un, et causa les divisions intestines qui n'ont jamais cessé d'agiter les peuples chrétiens. Or cette idée nouvelle d'un royaume de l'autre monde n'ayant pu jamais entrer dans la tête des païens, ils regardèrent toujours les Chrétiens comme de vrais rebelles qui, sous une hypocrite soumission, ne cherchaient que le moment de se rendre indépendants et maîtres, et d'usurper adroitement l'autorité qu'ils feignaient de respecter dans leur faiblesse. Telle fut la cause des persécutions [281].

Ce que les païens avaient craint est arrivé ; alors tout a changé de face, les humbles Chrétiens ont changé de langage, et bientôt on a vu ce prétendu royaume de l'autre monde devenir sous un chef visible [282] le plus violent despotisme dans celui-ci.

Cependant comme il y a toujours eu un Prince et des lois civiles, il a résulté de cette double puissance un perpétuel conflit de juridiction qui a rendu toute bonne politie impossible dans les États chrétiens, et l'on n'a jamais pu venir à bout de savoir auquel du maître ou du prêtre on était obligé d'obéir [283].

Plusieurs peuples cependant, même dans l'Europe ou à son voisinage, ont voulu conserver ou rétablir l'ancien système, mais sans succès ; l'esprit du christianisme a tout gagné. Le culte sacré est toujours resté ou redevenu indépendant du Souverain, et sans liaison nécessaire avec le corps de l'État. Mahomet eut des vues très saines, il lia bien son système politique, et tant que la forme de son gouvernement subsista sous les Califes ses successeurs, ce gouvernement fut exactement un, et bon en cela. Mais les Arabes devenus florissants, lettrés, polis, mous et lâches, furent subjugués par des barbares ; alors la division entre les deux puissances recommença ; quoiqu'elle soit moins apparente chez les mahométans que chez les Chrétiens, elle y est pourtant, surtout dans la secte d'Ali, et il y a des États, tels que la Perse, où elle ne cesse de se faire sentir.

Parmi nous, les rois d'Angleterre se sont établis chefs de l'Église, autant en ont fait les Czars ; mais, par ce titre, ils s'en sont moins rendus les maîtres que les Ministres ; ils ont moins acquis le droit de la changer que le pouvoir de la maintenir ; Ils n'y sont pas législateurs, ils n'y sont que Princes. Partout où le Clergé fait un corps [a] il est maître et législateur dans sa partie. Il y a donc deux puissances, deux Souverains, en Angleterre et en Russie, tout comme ailleurs [284].

De tous les Auteurs Chrétiens le philosophe Hobbes est le seul qui ait bien vu le mal et le remède,

a. Il faut bien remarquer que ce ne sont pas tant des assemblées formelles, comme celles de France, qui lient le clergé en un corps, que la communion des Églises. La communion et l'excommunication sont le pacte social du clergé, pacte avec lequel il sera toujours le maître des peuples et des Rois. Tous les prêtres qui communiquent ensemble sont concitoyens, fussent-ils des deux bouts du monde. Cette invention est un chef-d'œuvre en politique. Il n'y avait rien de semblable parmi les Prêtres païens ; aussi n'ont-ils jamais fait un corps de Clergé.

qui ait osé proposer de réunir les deux têtes de l'aigle, et de tout ramener à l'unité politique, sans laquelle jamais État ni Gouvernement ne sera bien constitué. Mais il a dû voir que l'esprit dominateur du Christianisme était incompatible avec son système, et que l'intérêt du prêtre serait toujours plus fort que celui de l'État. Ce n'est pas tant ce qu'il y a d'horrible et de faux dans sa politique que ce qu'il y a de juste et de vrai qui l'a rendue odieuse[a] [285].

Je crois qu'en développant sous ce point de vue les faits historiques, on réfuterait aisément les sentiments opposés de Bayle et de Warburton [286], dont l'un prétend que nulle religion n'est utile au corps politique, et dont l'autre soutient au contraire que le Christianisme en est le plus ferme appui. On prouverait au premier que jamais État ne fut fondé que la Religion ne lui servît de base, et au second que la loi chrétienne est au fond plus nuisible qu'utile à la forte constitution de l'État. Pour achever de me faire entendre, il ne faut que donner un peu plus de précision aux idées trop vagues de Religion relatives à mon sujet.

La Religion considérée par rapport à la société, qui est ou générale ou particulière, peut aussi se diviser en deux espèces, savoir, la Religion de l'homme et celle du Citoyen. La première, sans Temples, sans autels, sans rites, bornée au culte purement intérieur du Dieu Suprême et aux devoirs éternels de la morale, est la pure et simple Religion de l'Évangile, le vrai Théisme, et ce qu'on peut appeler le droit divin naturel [287]. L'autre, inscrite dans un seul pays, lui donne ses Dieux, ses Patrons propres et tutélaires : elle a ses dogmes, ses rites, son culte extérieur prescrit par des lois ; hors la seule Nation qui la suit, tout est pour elle infidèle, étranger, barbare ; elle n'étend les devoirs et

a. Voyez entre autres dans une Lettre de Grotius à son frère du 11 avril 1643, ce que ce savant homme approuve et ce qu'il blâme dans le livre *De Cive*. Il est vrai que, porté à l'indulgence, il paraît pardonner à l'auteur le bien en faveur du mal ; mais tout le monde n'est pas si clément.

les droits de l'homme qu'aussi loin que ses autels. Telles furent toutes les Religions des premiers peuples, auxquelles on peut donner le nom de droit divin civil ou positif [288].

Il y a une troisième sorte de Religion plus bizarre, qui, donnant aux hommes deux législations, deux chefs, deux patries, les soumet à des devoirs contradictoires et les empêche de pouvoir être à la fois dévots et Citoyens. Telle est la religion des Lamas, telle est celle des Japonais, tel est le christianisme Romain. On peut appeler celle-ci [a] la religion du Prêtre. Il en résulte une sorte de droit mixte et insociable qui n'a point de nom.

À considérer politiquement ces trois sortes de religions, elles ont toutes leurs défauts. La troisième est si évidemment mauvaise que c'est perdre le temps de s'amuser à le démontrer. Tout ce qui rompt l'unité sociale ne vaut rien : Toutes les institutions qui mettent l'homme en contradiction avec lui-même ne valent rien.

La seconde est bonne en ce qu'elle réunit le culte divin et l'amour des lois, et que faisant de la patrie l'objet de l'adoration des Citoyens, elle leur apprend que servir l'État c'est en servir le Dieu tutélaire. C'est une espèce de Théocratie, dans laquelle on ne doit point avoir d'autre pontife que le Prince, ni d'autres prêtres que les magistrats. Alors mourir pour son pays c'est aller au martyre, violer les lois c'est être impie, et soumettre un coupable à l'exécration publique c'est le dévouer au courroux des dieux ; *sacer estod* [289].

Mais elle est mauvaise en ce qu'étant fondée sur l'erreur et sur le mensonge elle trompe les hommes, les rend crédules superstitieux, et noie le vrai culte de la divinité dans un vain cérémonial. Elle est mauvaise encore quand, devenant exclusive et tyrannique, elle rend un peuple sanguinaire et intolérant ; en sorte qu'il ne respire que meurtre et massacre, et croit faire

a. L'édition de 1782, accordant avec *le christianisme Romain*, écrit : celui-ci.

une action sainte en tuant quiconque n'admet pas ses Dieux. Cela met un tel peuple dans un état naturel de guerre avec tous les autres, très nuisible à sa propre sûreté.

Reste donc la Religion de l'homme ou le Christianisme, non pas celui d'aujourd'hui, mais celui de l'Évangile, qui en est tout à fait différent. Par cette Religion sainte, sublime, véritable, les hommes, enfants du même Dieu, se reconnaissent tous pour frères, et la société qui les unit ne se dissout pas même à la mort.

Mais cette Religion n'ayant nulle relation particulière avec le corps politique laisse aux lois la seule force qu'elles tirent d'elles-mêmes sans leur en ajouter aucune autre, et par là un des grands liens de la société particulière reste sans effet. Bien plus ; loin d'attacher les cœurs des Citoyens à l'État, elle les en détache comme de toutes les choses de la terre : je ne connais rien de plus contraire à l'esprit social [290].

On nous dit qu'un peuple de vrais Chrétiens formerait la plus parfaite société que l'on puisse imaginer. Je ne vois à cette supposition qu'une grande difficulté ; c'est qu'une société de vrais chrétiens ne serait plus une société d'hommes.

Je dis même que cette société supposée ne serait avec toute sa perfection ni la plus forte ni la plus durable : À force d'être parfaite, elle manquerait de liaison ; son vice destructeur serait dans sa perfection même.

Chacun remplirait son devoir ; le peuple serait soumis aux lois, les chefs seraient justes et modérés, les magistrats intègres incorruptibles, les soldats mépriseraient la mort, il n'y aurait ni vanité ni luxe ; tout cela est fort bien, mais voyons plus loin.

Le Christianisme est une religion toute spirituelle, occupée uniquement des choses du Ciel : la patrie du Chrétien n'est pas de ce monde. Il fait son devoir, il est vrai, mais il le fait avec une profonde indifférence sur le bon ou mauvais succès de ses soins. Pourvu qu'il n'ait rien à se reprocher, peu lui importe que tout aille bien ou mal ici-bas. Si l'État est florissant, à peine ose-t-il jouir de la félicité publique, il craint de s'enorgueillir de la gloire de son pays ; si l'État dépérit, il bénit la main de Dieu qui s'appesantit sur son peuple [291].

Pour que la société fût paisible et que l'harmonie se maintînt, il faudrait que tous les Citoyens sans exception fussent également bons chrétiens : Mais si malheureusement il s'y trouve un seul ambitieux, un seul hypocrite, un Catilina, par exemple, un Cromwell, celui-là très certainement aura bon marché de ses pieux compatriotes. La charité chrétienne ne permet pas aisément de penser mal de son prochain. Dès qu'il aura trouvé par quelque ruse l'art de leur en imposer et de s'emparer d'une partie de l'autorité publique, voilà un homme constitué en dignité ; Dieu veut qu'on le respecte ; bientôt voilà une puissance ; Dieu veut qu'on lui obéisse ; le dépositaire de cette puissance en abuse-t-il ? C'est la verge dont Dieu punit ses enfants. On se ferait conscience de chasser l'usurpateur ; il faudrait troubler le repos public, user de violence, verser du sang ; tout cela s'accorde mal avec la douceur du Chrétien ; et après tout, qu'importe qu'on soit libre ou serf dans cette vallée de misères ? l'essentiel est d'aller en paradis, et la résignation n'est qu'un moyen de plus pour cela [292].

Survient-il quelque guerre étrangère ? Les Citoyens marchent sans peine au combat ; nul d'entre eux ne songe à fuir ; ils font leur devoir, mais sans passion pour la victoire ; ils savent plutôt mourir que vaincre. Qu'ils soient vainqueurs ou vaincus, qu'importe ? La Providence ne sait-elle pas mieux qu'eux ce qu'il leur faut ? Qu'on imagine quel parti un ennemi fier, impétueux, passionné, peut tirer de leur stoïcisme ! Mettez vis-à-vis d'eux ces peuples généreux que dévorait l'ardent amour de la gloire et de la patrie, supposez votre république chrétienne vis-à-vis de Sparte ou de Rome ; les pieux chrétiens seront battus, écrasés, détruits, avant d'avoir eu le temps de se reconnaître, ou ne devront leur salut qu'au mépris que leur ennemi concevra pour eux. C'était un beau serment à mon gré que celui des soldats de Fabius ; ils ne jurèrent pas de mourir ou de vaincre, ils jurèrent de revenir vainqueurs, et tinrent leur serment : Jamais des chrétiens n'en eussent fait un pareil ; ils auraient cru tenter Dieu [293].

Mais je me trompe en disant une République Chrétienne ; chacun de ces deux mots exclut l'autre. Le Christianisme ne prêche que servitude et dépendance. Son esprit est trop favorable à la tyrannie pour qu'elle n'en profite pas toujours. Les vrais Chrétiens sont faits pour être esclaves ; ils le savent et ne s'en émeuvent guère ; cette courte vie a trop peu de prix à leurs yeux.

Les troupes chrétiennes sont excellentes, nous dit-on. Je le nie. Qu'on m'en montre de telles. Quant à moi, je ne connais point de Troupes chrétiennes. On me citera les croisades. Sans disputer sur la valeur des Croisés, je remarquerai que, bien loin d'être des Chrétiens, c'étaient des soldats du prêtre, c'étaient des Citoyens de l'Église ; ils se battaient pour son pays Spirituel, qu'elle avait rendu temporel on ne sait comment. À le bien prendre, ceci rentre sous le paganisme ; comme l'Évangile n'établit point une Religion nationale, toute guerre sacrée est impossible parmi les Chrétiens [294].

Sous les Empereurs païens les soldats chrétiens étaient braves ; tous les Auteurs Chrétiens l'assurent, et je le crois : c'était une émulation d'honneur contre les Troupes païennes. Dès que les Empereurs furent chrétiens, cette émulation ne subsista plus, et quand la croix eut chassé l'aigle, toute la valeur romaine disparut.

Mais, laissant à part les considérations politiques, revenons au droit, et fixons les principes sur ce point important. Le droit que le pacte social donne au Souverain sur les sujets ne passe point, comme je l'ai dit, les bornes de l'utilité publique [a]. Les sujets ne doivent

a. *Dans la République*, dit le marquis d'Argenson, *chacun est parfaitement libre en ce qu'il ne nuit pas aux autres*. Voilà la borne invariable ; on ne peut la poser plus exactement. Je n'ai pu me refuser au plaisir de citer quelquefois ce manuscrit, quoique non connu du public, pour rendre honneur à la mémoire d'un homme illustre et respectable, qui avait conservé jusque dans le Ministère le cœur d'un vrai citoyen, et des vues droites et saines sur le gouvernement de son pays.

donc compte au Souverain de leurs opinions qu'autant que ces opinions importent à la communauté [295]. Or il importe bien à l'État que chaque Citoyen ait une Religion qui lui fasse aimer ses devoirs ; mais les dogmes de cette Religion n'intéressent ni l'État ni ses membres qu'autant que ces dogmes se rapportent à la morale, et aux devoirs que celui qui la professe est tenu de remplir envers autrui. Chacun peut avoir au surplus telles opinions qu'il lui plaît, sans qu'il appartienne au souverain d'en connaître : Car comme il n'a point de compétence dans l'autre monde, quel que soit le sort des sujets dans la vie à venir, ce n'est pas son affaire, pourvu qu'ils soient bons citoyens dans celle-ci.

Il y a donc une profession de foi purement civile dont il appartient au Souverain de fixer les articles, non pas précisément comme dogmes de Religion, mais comme sentiments de sociabilité, sans lesquels il est impossible d'être bon Citoyen ni sujet fidèle [a] [296]. Sans pouvoir obliger personne à les croire, il peut bannir de l'État quiconque ne les croit pas ; il peut le bannir, non comme impie, mais comme insociable, comme incapable d'aimer sincèrement les lois, la justice, et d'immoler au besoin sa vie à son devoir. Que si quelqu'un, après avoir reconnu publiquement ces mêmes dogmes, se conduit comme ne les croyant pas, qu'il soit puni de mort [297] ; il a commis le plus grand des crimes, il a menti devant les lois.

Les dogmes de la religion civile doivent être simples, en petit nombre, énoncés avec précision sans explications ni commentaires. L'existence de la Divinité puissante, intelligente, bienfaisante, prévoyante et pourvoyante, la vie à venir, le bonheur des justes, le châtiment des méchants, la sainteté du Contrat social

a. César plaidant pour Catilina tâchait d'établir le dogme de la mortalité de l'âme ; Caton et Cicéron pour le réfuter ne s'amusèrent point à philosopher : ils se contentèrent de montrer que César parlait en mauvais Citoyen et avançait une doctrine pernicieuse à l'État. En effet voilà de quoi devait juger le Sénat de Rome, et non d'une question de théologie.

et des Lois ; voilà les dogmes positifs [298]. Quant aux dogmes négatifs, je les borne à un seul ; c'est l'intolérance : elle rentre dans les cultes que nous avons exclus.

Ceux qui distinguent l'intolérance civile et l'intolérance théologique se trompent, à mon avis. Ces deux intolérances sont inséparables. Il est impossible de vivre en paix avec des gens qu'on croit damnés ; les aimer serait haïr Dieu qui les punit : il faut absolument qu'on les ramène ou qu'on les tourmente [299]. Partout où l'intolérance théologique est admise, il est impossible qu'elle n'ait pas quelque effet civil [a] ; et sitôt qu'elle en a, le Souverain n'est plus Souverain, même au temporel : dès lors les Prêtres sont les vrais maîtres ; les Rois ne sont que leurs officiers [300].

Maintenant qu'il n'y a plus et qu'il ne peut plus y avoir de Religion nationale exclusive [301], on doit tolérer toutes celles qui tolèrent les autres, autant que leurs dogmes n'ont rien de contraire aux devoirs du Citoyen. Mais quiconque ose dire, *hors de l'Église point de Salut*, doit être chassé de l'État, à moins que l'État ne soit l'Église, et que le Prince ne soit le Pontife. Un

a. Le mariage, par exemple, étant un contrat civil, a des effets civils sans lesquels il est même impossible que la société subsiste. Supposons donc qu'un clergé vienne à bout de s'attribuer à lui seul le droit de passer cet acte ; droit qu'il doit nécessairement usurper dans toute religion intolérante. Alors n'est-il pas clair qu'en faisant valoir à propos l'autorité de l'Église il rendra vaine celle du Prince qui n'aura plus de sujets que ceux que le clergé voudra bien lui donner ? Maître de marier ou de ne pas marier les gens, selon qu'ils auront ou n'auront pas telle ou telle doctrine, selon qu'ils admettront ou rejetteront tel ou tel formulaire, selon qu'ils lui seront plus ou moins dévoués, en se conduisant prudemment et tenant ferme, n'est-il pas clair qu'il disposera seul des héritages, des charges, des Citoyens, de l'État même, qui ne saurait subsister n'étant plus composé que de bâtards ? Mais, dira-t-on, l'on appellera comme d'abus, on ajournera, décrétera, saisira le temporel. Quelle pitié ! Le Clergé, pour peu qu'il ait, je ne dis pas de courage, mais de bon sens, laissera faire et ira son train ; il laissera tranquillement appeler, ajourner, décréter, saisir, et finira par rester le maître. Ce n'est pas, ce me semble, un grand sacrifice d'abandonner une partie quand on est sûr de s'emparer du tout.

tel dogme n'est bon que dans un Gouvernement Théocratique, dans tout autre il est pernicieux. La raison sur laquelle on dit qu'Henri IV embrassa la Religion romaine la devrait faire quitter à tout honnête homme, et surtout à tout Prince qui saurait raisonner [302].

CHAPITRE IX

Conclusion

Après avoir posé les vrais principes du droit politique et tâché de fonder l'État sur sa base, il resterait à l'appuyer par ses relations externes ; ce qui comprendrait le droit des gens, le commerce, le droit de la guerre et les conquêtes, le droit public, les ligues les négociations les traités etc. Mais tout cela forme un nouvel objet trop vaste pour ma courte vue ; j'aurais dû la fixer toujours plus près de moi [303].

Fin du Livre quatrième

NOTES

Avertissement

L'annotation proposée veut apporter clarté et précision dans la lecture du texte. Elle donne les informations contextuelles nécessaires, les correspondances dans l'œuvre et signale les principales difficultés, en indiquant les débats qu'elles ont pu susciter.

Nous nous sommes appuyés sur le travail des précédents éditeurs, au premier rang desquels Dreyfus-Brissac, Beaulavon, Vaughan, Halbwachs, Derathé. Notre dette à leur égard est si grande qu'il faut la reconnaître ici en bloc : nous ne les citons que dans des cas très particuliers.

Concernant les ouvrages fréquemment cités, les notes mentionnent seulement le nom de l'auteur, le titre, et la pagination, les références complètes figurent dans la Bibliographie, en fin de volume. Par contre les articles ou les ouvrages ne faisant l'objet que de rares mentions sont référencés dans le corps même des notes, et ne sont pas repris dans la Bibliographie.

Les renvois à l'œuvre de Rousseau sont donnés dans l'édition des *Œuvres complètes* (Bibliothèque de la Pléiade, 1959-1995, 5 vol. notés OC I à OC V) et, quand cela est possible, aux volumes de la collection GF-Flammarion, les renvois aux *Institutions chimiques* dans l'édition du Corpus des œuvres philosophiques de langue française (Fayard, 1999).

Selon la convention, le *Discours sur les sciences et les arts* et le *Discours sur l'origine et les fondements de l'inégalité parmi les hommes* seront désignés respectivement comme *Premier* et *Second Discours*, l'article *Économie politique* de *L'Encyclopédie* comme *Économie politique,* et la première version du *Contrat social* comme *Manuscrit de Genève.*

Pour alléger les notes, le nom de Rousseau sera noté de sa seule initiale : R. et le *Contrat social* sera désigné par l'indication CS, suivie du livre et du chapitre (CS I, 1).

1. Sur le titre et le sous-titre, inséparables, voir notre Introduction : *L'objet du CS*, p. 17.

2. Depuis le *Premier Discours*, R. signe ses œuvres de son titre de citoyenneté. Ses amis parisiens le nommaient familièrement « le Citoyen ». En fait, de sa « conversion » de 1728 à sa réintégration officielle de 1754, il était privé de ce statut. Il en jouira jusqu'à ce qu'il « abdique » solennellement son droit de citoyenneté (lettre au syndic Favre du 12 mai 1763). R. a été réellement citoyen de Genève durant sept ans. Pour la définition rigoureuse de la citoyenneté, voir sa note : CS I, VII, et notre note 49.

3. « Énonçons les clauses d'une convention équitable. » Virgile, *Énéide*, ch. XI, v. 320-321. Par ces mots, le roi Latinus exprime devant son conseil la nécessité de cesser la guerre entre Troyens et Latins et de conclure un traité avec Énée. Sur *fœdus*, voir l'Introduction, p. 21.

4. Il s'agit des *Institutions politiques*. Sur cette œuvre projetée, et la caractérisation du CS comme traité voir notre Introduction : *Des Institutions politiques au CS*, p. 9.

5. Cette table des matières (à cette place dans l'édition de 1762, reportée en fin de texte par celle de 1782) est supprimée ou mutilée dans les éditions modernes. Elle comprend des indications sur le contenu de chaque livre qui doivent être prises en compte, surtout si elles semblent faire difficulté. L'attention que R. y prêtait allait jusqu'à la typographie (lettre à Rey du 28 février 1762).

6. R. détermine ici de façon très précise le « cahier des charges » du *Contrat social*.

Il trace le cadre de sa recherche : « l'ordre civil ». L'état de nature est révolu ; il est impossible d'y régresser. Le second *Discours*, sur le mode hypothétique, a tenté de rendre compte de ce qui a pu produire un tel changement ; ce n'est plus la question du CS. Les hommes sont ce que le passage à l'état civil a fait d'eux (CS I, VIII). Le sous-titre donné au livre I par la table des matières (*Où l'on recherche comment l'homme passe de l'État de nature à l'état civil, et quelles sont les conditions essentielles du pacte*) ne s'oppose pas à cette décision : le *comment* n'est pas le *pourquoi*, il s'agit de rendre ce changement légitime (CS I, I). Il y a là un protocole de lecture très net : les cinq premiers chapitres, répondant à la première question, montreront que seule une convention permet de penser ce passage ; les quatre suivants exposeront ce qui est de l'essence du pacte.

Il définit l'objet de sa recherche : « une règle d'administration légitime et sûre ». Cette règle sera la volonté générale (R. Derathé, OC III, p. 1432) en tant qu'elle est le fondement de toute constitution légitime. Ce sont les « principes du droit politique », non leur application qu'examine le C.S. R. écrivait au début du *Manuscrit de Genève* (OC III, p. 282) : « Il n'est point ici question de l'administration de ce corps, mais de sa constitution. »

Il fixe enfin les contraintes de cette recherche : allier « ce que le droit permet avec ce que l'intérêt prescrit ». Il y a une instance motrice, c'est l'intérêt, et une instance régulatrice, le droit. La première trouve sa racine dans la « première loi » qui veut que « tout homme veille à sa conservation », la deuxième dans l'impératif qui veut qu'il conserve dans l'ordre civil la liberté que la nature lui impartit. Ce couple a son analogue dans la *Profession de foi du vicaire savoyard* : lorsqu'il s'agit de déterminer « ce qui nous importe », la conscience (ou sentiment intérieur) *demande* et la raison *consent*. À ce sujet, voir notre Introduction à ce texte (GF-Flammarion, 1996, p. 33).

Voir également Reinard Brandt, « Droit et intérêt dans le CS », *Annales J.-J. R.*, t. XXXIX, 1980, p. 113-121.

7. Les deux derniers alinéas ne sont pas contradictoires : citoyen de Genève, R. est membre du souverain ; mais il n'est pas législateur (c'est-à-dire instituteur de la constitution), ni prince (celui ou ceux qui sont en charge du gouvernement). Ces distinctions sont établies respectivement CS II, VII et III, I.

8. Ce véritable incipit est sans doute l'énoncé le plus célèbre de R. Plus familiers que nous du latin sous-jacent, les Constituants y sont restés fidèles en écrivant au premier article de la *Déclaration des droits de l'homme et du citoyen* : « Les hommes naissent et demeurent libres, et égaux en droit. » Le passé composé de R. ne signifie pas que l'homme a été libre et ne l'est plus, il a la valeur du parfait latin qui énonce un résultat acquis : l'homme est constitué libre par la nature. Le contraste est d'autant plus violent avec le présent ponctuel, et donc précaire, de « nos sociétés modernes », qui est fait de servitude. Sur le rôle du CS dans la rédaction de la *Déclaration des droits*, J.-J. Tatin-Gourier, *Le CS en question. Échos et interprétations du CS de 1782 à la Révolution*, Presses universitaires de Lille, 1989.

9. Les *Lettres écrites de la Montagne* (OC III, p. 841-842) y reviendront : « Quiconque est maître ne peut être libre, et régner c'est obéir. » Par ce second énoncé, R. détermine en l'enrichissant la compréhension des notions de servitude et de liberté : si leur noyau est politique (et se pense en termes de souveraineté et de domination), elles ont un statut plus largement anthropologique ; il y va de la servitude et de la liberté pour tout ce qui en l'homme est affecté par le changement qu'induit le passage à l'état civil (CS I, VIII).

10. L'ignorance avouée par R. annule-t-elle toute la construction du *Second Discours* ? Non, bien sûr. Mais elle rappelle que le registre en était l'hypothèse : R. n'a jamais prétendu *savoir* comment l'homme est passé à l'état civil. Surtout, il veut marquer le changement de problématique opéré par le *Contrat social* : il ne s'agit plus de comprendre comment nous sommes devenus ce que nous sommes, mais de déterminer comment l'état civil pourrait ne plus être régi par la servitude, comment on pourrait le « rendre légitime ». Rendre légitime, c'est rendre conforme à un droit. Cette exigence n'est pas un retour à une conception prémachiavélienne du politique. Ce serait le cas si R. présupposait une norme de droit à laquelle le politique devrait se conformer. Mais il ne suppose aucune norme de droit prépolitique. Tout au contraire, il s'agit de chercher *dans l'ordre politique* ce qui pourrait être producteur d'une

telle norme : la réponse sera le pacte social comme avènement de la volonté générale.

11. La stratégie rhétorique mérite d'être soulignée. Comme souvent, R. feint d'accorder ce qu'il entend réfuter. C'est un lieu commun que de donner la famille pour origine à la société. R. le réfute ici en montrant que le « lien naturel » est de nécessité, alors que le « lien social » est de volonté.

On a vu dans ce passage (R. Derathé, OC III, p. 1434) un écho de Locke (*Traité du gouvernement civil*, le chapitre intitulé *Du pouvoir paternel*, GF-Flammarion, 1992, p. 214-234) qui présente une réfutation de la *Patriarcha* de Filmer. R. a évoqué à plusieurs reprises Filmer et ses réfutations (dans le *Second Discours*, au début de l'*Économie politique*, enfin dans le *Manuscrit de Genève*, OC III, p. 298-300). Ce dernier texte concluait de façon abrupte : « Il est donc certain que le lien social de la Cité n'a pu ni dû se former par l'extension de celui de la famille ni sur le même modèle. »

Mais, ici, R. avance une thèse plus radicale, qu'on ne trouve pas chez Locke. Il ne se contente pas de dire que la famille n'est pas le modèle des premières sociétés, il opère une véritable refonte du concept de famille, distinguant la famille naturelle, nécessaire et précaire, de la famille sociale, inscrite dans la durée par la convention. La famille en ce sens est une institution qui présuppose le lien social. Il l'avait déjà montré, s'agissant de la formation du couple, dans la longue note XII du *Second Discours*. Sur toutes ces questions, R. ne pense pas avec Locke contre Filmer, mais à la fois contre l'un et l'autre.

12. Ce paragraphe résume le fondement de l'anthropologie de R., et constitue à ce titre le présupposé sans lequel le CS, comme toute son œuvre, est inintelligible. Tout être vivant tend à sa conservation, l'homme y veille. Veiller à sa propre conservation, telle est la loi fondamentale, loi de nature, qui régit la vie humaine. En tant que l'homme éprouve et se représente cette loi, il se doit des soins : c'est l'amour de soi. Cet amour de soi, pour le pire (l'amour-propre) et pour le meilleur (le jugement) est profondément transformé par l'éveil de la raison. Dans sa plénitude, la liberté humaine est la mise en œuvre de cette loi : l'amour de soi, éclairé par la raison, nous permet de voir ce qui véritablement « nous importe ». Voir également note 31.

13. L'expression « aliéner sa liberté » peut faire difficulté. R. semble accepter une idée dont il va très vite (CS I, IV) montrer qu'elle est dépourvue de sens. Cela s'éclaire si l'on veut bien remarquer que tout ce paragraphe est suspendu à l'ironie du « si l'on veut ». R. précisément ne veut pas. Il l'a très clairement montré dans le *Second Discours* (OC III, p. 183). Sur la notion d'aliénation, voir note 27.

14. Il n'y a aucune réciprocité (ce en quoi R. diffère encore de Locke), non seulement dans le rapport du chef au peuple, mais dans celui du père à son enfant : c'est l'amour qu'il éprouve, non celui qu'il reçoit, qui est toute sa gratification.

15. Grotius écrivait (*Le Droit de la guerre et de la paix*, liv. I, chap. III, VIII, § 15, p. 129 de la traduction de Barbeyrac, 1734) : « Mais il n'est pas vrai généralement et sans restriction, que tout pouvoir soit établi en faveur de ceux qui sont gouvernés. Il y a des pouvoirs qui, par eux-mêmes, sont établis en faveur de celui qui gouverne, comme le pouvoir d'un maître sur son esclave [...]. » Voir trad. Pradier-Fodéré, PUF, 1998, p. 105.

Le texte du marquis d'Argenson, *Traité des intérêts de la France avec ses voisins,* auquel renvoie R. en note, comme en plusieurs autres lieux du CS, circulait en manuscrit. Il fut publié plus tard à Amsterdam, chez Rey, sous le titre : *Considérations sur le Gouvernement ancien et présent de la France*. L'édition de 1782 y renvoie.

Cette idée était récurrente chez d'Argenson. Dans le Mémoire qu'il avait proposé à l'Académie de Dijon pour le concours remporté par R., on peut lire (Académie de Dijon, *Discours sur l'origine de l'inégalité*, Corpus des œuvres de philosophie en langue française, Fayard, 2000, texte établi par B. de Negroni, p. 94-95) : « On a cru devoir éclaircir les droits par l'histoire [...]. L'histoire des abus a passé pour celle du droit public [...]... Non, le Droit Public ne peut avoir sa source dans les abus continuels que nous présente l'histoire de la Barbarie ; il n'en a qu'une seule, c'est la Raison. »

16. Contrairement à ce que pourrait suggérer ce seul chapitre, R. ne met pas sur le même plan Grotius et Hobbes. Certes, il voit en eux des « fauteurs du despotisme » (CS I, V), mais il accorde une importance supérieure au second qui l'a fortement influencé (Derathé, *J.-J. R. et la science politique de son temps*, p. 100-113). Mais le rapprochement des deux auteurs est ici beaucoup plus précis qu'on a cru. R., comme pour Grotius, renvoie à un texte déterminé de Hobbes (*Le Citoyen*, chap. X, § XVIII, trad. Sorbière, GF-Flammarion, p. 208) : « Après tout, puisqu'il était nécessaire pour notre conservation d'être soumis à un prince ou à un État, il est certain que notre condition est beaucoup meilleure quand nous sommes sujets d'une personne à qui il importe de nous bien conserver. Or, cela arrive quand les sujets sont du patrimoine et de l'héritage du souverain car, chacun est porté assez naturellement à bien garder ce dont il hérite. »

17. Philon d'Alexandrie avait rédigé un compte rendu de son ambassade auprès de Caligula, au nom des Juifs d'Alexandrie. On peut y lire, mis dans la bouche de Galigula, un tel raisonnement. Arnauld d'Andilly avait joint la traduction de ce texte à celle de la *Guerre des Juifs* de Flavius Josèphe (1668).

18. R. a lu Aristote, tout au moins les *Politiques*, l'*Éthique à Nicomaque* et l'*Éthique à Eudème*, qu'il cite souvent. C'est au livre I des *Politiques* (chap. 3 à 7) qu'est examiné le statut de l'esclave, et sa légitimité. Aristote, au terme d'une argumentation très balancée, affirme (1255b, trad. P. Pellegrin, GF-Flammarion, 1993, p. 107) : « l'un doit être commandé et l'autre commander selon une autorité naturelle, c'est-à-dire être maître ». Pufendorf (*Le Droit de la nature*

et des gens, liv. III, chap. II, § 8, trad. Barbeyrac, 1732, p. 316-319) le cite pour le critiquer.

19. « Il en est de la liberté comme de l'innocence et de la vertu, dont on ne sent le prix qu'autant qu'on en jouit soi-même, et dont le goût se perd sitôt qu'on les a perdues » (*Second Discours*, OC III, p. 181).

Les compagnons d'Ulysse, changés en cochons par l'enchanteresse Circé, se prennent aux délices de leur nouvel état. C'est Plutarque, dont R. a commencé la lecture dans ses premières années genevoises pour ne jamais la laisser, qui interprète ainsi l'épisode du chant X de l'*Odyssée*. Dans le fragment *Que l'état de guerre naît de l'état social* (OC III, p. 609), c'est leur captivité dans l'antre du Cyclope (*Odyssée*, chant IX) qui est évoquée dans le même sens, de même qu'*infra*, CS I, IV.

20. Aussi surprenant que cela puisse paraître, l'ironie de R. a pour base le texte même de la *Patriarcha* de Filmer qui défend cette généalogie des pouvoirs royaux.

21. Aux sources de ce chapitre sans doute un dialogue avec Pascal sur la justice et la force, en particulier (éd. Brunschvicg) *Pensées*, section V, § 298-304.

22. Un passage du livre II de l'*Émile* (OC IV, p. 311) permet d'éclairer celui-ci, auquel il renvoie explicitement, qui l'éclaire en retour. La nature est un ordre physique, défini par des causes produisant des effets. C'est la « dépendance des choses », qui « ne nuit point à la liberté ». Il ne saurait y avoir de devoir que pour une volonté libre, c'est-à-dire exempte de toute dépendance à l'égard d'une autre volonté. L'état civil corrompu instaure une « dépendance des hommes », qui est la servitude, destructrice de la liberté, et donc de toute moralité. Le droit positif est une chimère réelle qui introduit une dépendance « désordonnée » des volontés à l'égard les unes des autres. Le règne de la volonté générale permet de sortir de ce labyrinthe, fondant un nouvel ordre, ayant pour source la liberté et produisant un effet de nécessité non pas identique mais analogue à celui de l'ordre naturel. L'art politique comme l'éducation imitent la nature mais dans un nouvel ordre, social et politique.

23. La prudence relève de l'entendement, qui discerne les effets des causes, elle n'est pas ici vertu morale.

24. C'est un célèbre passage de saint Paul (Épître aux Romains, chap. 13, ici dans la Traduction Œcuménique de la Bible) que R. cite : « Que tout homme soit soumis aux autorités qui exercent le pouvoir, car il n'y a d'autorité que par Dieu et celles qui existent sont établies par lui. Ainsi celui qui s'oppose à l'autorité se rebelle contre l'ordre voulu par Dieu, et les rebelles attireront la condamnation sur eux-mêmes. » Bossuet, après bien d'autres, en avait tiré argument (*Politique tirée des propres paroles de l'Écriture sainte*, Paris, 1709, liv. VI, art. II, « De l'obéissance due au prince »).

25. Il s'agit bien de chercher dans l'ordre politique un principe de légitimité, cf. chap. I et note 10.

26. Entre ce premier énoncé et le titre du chapitre, il semble d'abord y avoir contradiction : s'il est déjà acquis que la servitude ne peut être fondée ni en nature ni sur la force, pourquoi examiner l'esclavage comme fondement possible de l'autorité ? Cette question exige de bien déterminer l'objet de ce chapitre et son économie.

La généralité du titre est trompeuse : ce n'est ni du statut d'esclave en général, ni du fait historique de l'esclavage qu'il sera question ici. R. se donne un objet plus déterminé : réfuter les théories de la servitude volontaire ou, plus précisément encore, de la servitude contractuelle. C'est le concept même d'un *pacte de soumission*, formé par les théoriciens du droit naturel, qu'il s'agit d'invalider. La servitude politique est ici au centre, l'esclavage comme statut social n'est envisagé qu'en arrière-plan (comme c'est le cas également dans le cadre du jus-naturalisme). À cet objet particulier, il adaptera une argumentation en plus d'un point redevable à Locke (second *Traité du gouvernement civil*, § 22-24, GF-Flammarion, p. 191-193, PUF, p. 19-20) et à Montesquieu (*Esprit des lois*, liv. XV). C'est pourquoi R. a été amené à renoncer à l'approche historique de l'esclavage qu'il avait envisagée. C'est pourquoi aussi ses interlocuteurs sont Hobbes, Grotius et Pufendorf.

L'économie même du chapitre devient alors intelligible : deux lignes argumentatives sont développées parallèlement. La première, proprement conceptuelle, porte sur la contradiction irréductible entre l'idée de convention (reposant sur la libre volonté) et celle de soumission qui la supprime. La seconde inventorie successivement les trois figures classiques du contrat de soumission : la liberté contre la subsistance, la liberté contre la sécurité, la liberté contre la vie. C'est la première argumentation qui structure l'ensemble, l'examen en trois moments de la seconde venant la conforter et la préciser.

27. Il faut examiner avec attention la façon dont R. introduit la notion d'aliénation dans ce chapitre, et le rôle qu'il lui fait jouer.

R. Derathé, après d'autres, croit pouvoir situer la référence à Grotius, qui écrivait (*Le Droit de la guerre et de la paix*, liv. I, chap. III, § 8, trad. Barbeyrac p. 121-122) : « Il est permis à chaque homme en particulier de se rendre esclave de qui il veut [...] : pourquoi donc un Peuple libre ne pourrait-il pas se soumettre à une ou plusieurs personnes, en sorte qu'il leur transférât entièrement le droit de le gouverner, sans s'en réserver aucune partie ? [...] Or il peut y avoir plusieurs raisons qui portent un peuple à se dépouiller entièrement de sa souveraineté [...]. » Voir trad. Pradier-Fodéré, PUF, p. 99-100. Observant que la notion d'aliénation n'y est pas utilisée, il en repère l'usage un peu plus loin (§ 12) s'agissant des « royautés patrimoniales ». Grotius est d'ailleurs repris par Hobbes (*Le Citoyen*, chap. IX, § XIII, GF-Flammarion, p. 192) : « Certes, celui à qui le roi transmet sa royauté, ou en pur don, ou par manière de vente, reçoit fort légitimement le sceptre. »

Un autre lieu chez Grotius peut être signalé, à partir duquel le texte de R. paraîtra sous un nouveau jour. Au livre II du *Droit de la guerre et de la paix* (chap. VI, § III) est démontré « que la Souveraineté peut être aliénée, quelquefois par le Roi, et quelquefois par le Peuple ». Le chapitre, dans son ensemble, est gouverné par la notion d'aliénation qui est ainsi amenée (§ I) : « *On possède en propre une chose*, disait Aristote, *lorsqu'on a pouvoir de l'aliéner.* » Barbeyrac donne en note, avec la référence (*Rhétorique*, l. I, chap. 5, 523b), le texte grec de cet énoncé. Qui se reporte au texte d'Aristote constatera qu'il se poursuit par la définition suivante : « J'appelle aliénation le don et la vente. » De toute évidence, R. est allé voir le texte d'Aristote et a purement et simplement repris sa définition. Ce qui rend assez piquante cette question d'un demi-savant (Élie Lussac, *Lettre d'un anonyme à M. J.-J. R., 1766*) : « Aliéner, c'est, dites-vous, donner ou vendre. D'où prenez-vous, Monsieur, cette définition très incomplète ? » On peut répondre : d'Aristote. Outre l'éclairage ainsi donné sur les méthodes de travail de R., plus soucieux de ses sources qu'on ne dit souvent, nous pouvons constater que le recours au concept d'aliénation est réfléchi et méthodiquement orchestré. À quelle nécessité répond-il ?

Le *Second Discours* (OC III, p. 183) peut nous éclairer. R. y a, une première fois, développé cette argumentation et employé la notion d'aliénation : « Pufendorf dit que, tout de même qu'on transfère son bien à autrui par des conventions et des contrats, on peut aussi se dépouiller de sa liberté en faveur de quelqu'un. C'est là, ce me semble, un fort mauvais raisonnement ; car premièrement le bien que j'aliène me devient une chose tout à fait étrangère, et dont l'abus m'est indifférent, mais il m'importe qu'on n'abuse point de ma liberté, et je ne puis sans me rendre coupable du mal qu'on me forcera de faire, m'exposer à devenir l'instrument du crime. De plus, le droit de propriété n'étant que de convention et d'institution humaine, tout homme peut à son gré disposer de ce qu'il possède : mais il n'en est pas de même des dons essentiels de la nature, tels que la vie et la liberté, dont il est permis à chacun de jouir et dont il est au moins douteux qu'on ait droit de se dépouiller. En s'ôtant l'une on dégrade son être ; en s'ôtant l'autre on l'anéantit autant qu'il est en soi ; et comme nul bien temporel ne peut dédommager de l'une et de l'autre, ce serait offenser à la fois la nature et la raison que d'y renoncer à quelque prix que ce fût. Mais quand on pourrait aliéner sa liberté comme ses biens, la différence serait très grande pour les enfants qui ne jouissent des biens du père que par transmission de son droit, au lieu que, la liberté étant un don qu'ils tiennent de la nature en qualité d'hommes, leurs parents n'ont eu aucun droit de les en dépouiller ; de sorte que comme pour établir l'esclavage, il a fallu faire violence à la nature, il a fallu la changer pour perpétuer ce droit, et les jurisconsultes qui ont gravement prononcé que l'enfant d'une esclave naîtrait esclave ont décidé en d'autres termes qu'un homme ne naîtrait pas homme. » À bien des égards éclairant, on va le voir, ce texte reproduit la difficulté. Le passage de Pufendorf qu'il invoque (*Le Droit de la nature et des gens*, liv. VII, chap. III, vol. 2, p. 250) parle bien de « soumettre sa volonté » à celle d'autrui, mais ne parle pas de l'aliéner.

R. commente donc un texte virtuel, un composite de références précises à Grotius, Pufendorf, et Hobbes. En composant ce texte, R. déplace le concept d'aliénation pour en faire le concept constitutif de tout prétendu pacte de soumission. Plus précisément : le concept d'aliénation est indispensable à R. pour invalider l'idée même d'un pacte de soumission.

C'est chez Locke (§ 23, GF-Flammarion, p. 192), qu'il cite dans le *Second Discours*, que R. a trouvé le noyau de sa démarche : « Cette liberté par laquelle l'on n'est point assujetti à un pouvoir arbitraire et absolu est si nécessaire, et est unie si étroitement avec la *conservation de l'homme*, qu'elle n'en peut être séparée que par ce qui détruit en même temps *sa conservation et sa vie.* »

28. R. engage ici la discussion avec les partisans du pacte de soumission assimilé à un « droit d'esclavage ». La première hypothèse est celle de l'échange de la liberté contre la subsistance. Elle était défendue par Grotius (*Le Droit de la guerre et de la paix*, liv. II ; chap. V, § XXVII, trad. Barbeyrac, vol. 1, p. 308, trad. Pradier-Fodéré, p. 245) : « La servitude parfaite consiste à être obligé de servir toute sa vie un maître, pour la nourriture et les autres choses nécessaires de la vie, qu'il doit fournir à l'esclave. » R. ne prend pas même la peine de montrer, comme fait Pufendorf (liv. VI, chap. III), que le rapport ainsi fondé n'est pas l'esclavage mais le contrat de travail. C'est la domination politique qui lui importe, c'est du peuple qu'il s'agit.

L'allusion à Rabelais n'est pas unique chez R., elle dément l'image par trop austère qu'on a de lui.

29. C'est à Montesquieu (*Esprit des lois*, liv. XV, chap. II) que cet argument est emprunté : « Il n'est pas vrai qu'un homme libre puisse se vendre. La vente suppose un prix : l'esclave se vendant, tous ses biens entreraient dans la propriété du maître ; le maître ne donnerait donc rien, et l'esclave ne recevrait rien. »

30. Deuxième hypothèse : la liberté contre la sécurité. C'est bien entendu Hobbes qui est d'abord visé, pour qui la crainte est source de soumission, fondement de l'ordre civil. Voir, par exemple, *Le Citoyen*, chap. V, « Des causes et comment se sont formées les sociétés civiles », GF-Flammarion, p. 138-146. L'argument que lui oppose R. reste ici largement implicite : privé de liberté, nul homme ne peut connaître le contentement. La référence au chant IX de l'*Odyssée* était déjà chez Locke (second *Traité du gouvernement civil*, § 228, GF-Flammarion, p. 356).

31. Montesquieu, (*Esprit des lois,* liv. XV, chap. II) avait déjà parlé « d'extravagance » pour qui voudrait « vendre sa qualité de citoyen ».

Cet alinéa forme, avec les deux suivants, le centre de ce chapitre et, faisant directement écho à la première partie du chapitre II (voir note 12), explicite le soubassement anthropologique du *Contrat social.* La première loi de tout être vivant est de veiller à sa conservation, son premier bien est la vie. L'amour de soi l'exprime. La raison, éclairant l'amour de soi, permet à l'homme de juger ce qui lui permet de se conserver. Tel est le concept de la liberté, qui n'est rien d'autre que la qualité proprement humaine de la vie. Nul ne peut aliéner sa vie, ni aliéner sa liberté. Le concept d'aliénation était indispensable à R. parce qu'il lui permet de mettre en évidence que s'aliéner, sous quelque forme que ce soit, c'est confondre être et avoir, se comporter à l'égard de soi-même comme à l'égard d'une chose, d'un objet possible de possession. Le *Second Discours* (*loc. cit.*, OC III, p. 183) le disait déjà nettement : « Tout homme peut à son gré disposer de ce qu'il possède : mais il n'en est pas de même des dons essentiels de la nature, tels que la vie et la liberté. [...] En s'ôtant l'une on dégrade son être ; en s'ôtant l'autre on l'anéantit autant qu'il est en soi. » Il y a là le fondement de l'éducation, de la morale, et de la politique. De l'éducation : le droit de paternité est subordonné à cette première loi. Il s'exerce au service de la liberté constitutive de l'enfant comme être humain, ne peut ni l'amoindrir ni en disposer. De la moralité : c'est la liberté qui rend l'homme responsable de ses actes. Se mettre sous la dépendance d'autrui est l'immoralité essentielle. Contraindre autrui à être sous ma dépendance c'est le priver de toute responsabilité morale. De la politique enfin : le lien social ne peut être que le résultat de la convention, c'est-à-dire de l'accord de libertés entre elles. Toute convention suppose la liberté, aucune ne peut la remettre en cause sans se détruire elle-même.

32. La fin du chapitre réfute la troisième hypothèse sur la formation du pacte de soumission : la liberté contre la vie sauve. Elle ne pouvait être abordée qu'après avoir établi le point décisif : la liberté et la vie sont pour l'homme une seule et même chose, la vie humaine étant la vie libre. Cela vient d'être fait.

« Grotius et les autres » : R. considère bien comme une chaîne textuelle de Grotius à Hobbes, de Hobbes à Pufendorf, Barbeyrac, le traducteur et commentateur du premier et du dernier, étant à la fois partie intégrante de cette chaîne et extérieur à elle. Voir Derathé, *J.-J. R. et la science politique de son temps*, chap. II.

R. se méprend-il, comme le pense R. Derathé (OC III, p. 1440) sur les conceptions de Grotius ? C'est ce qu'on pourrait penser à la seule lecture du chapitre VII du livre III du *Droit de la guerre et de la paix* (trad. Barbeyrac, vol. 2, p. 820 sq. ; trad. Pradier-Fodéré, p. 669 sq.) qui dit clairement que les prisonniers de guerre sont esclaves en dehors de toute convention. Mais c'est sans compter que Grotius développe dans ce passage la doctrine du *droit des gens*. Le chapitre XIV du même livre (*De la modération dont on doit user à l'égard des prisonniers de guerre*), qui développe la doctrine du *droit naturel*, affirme au contraire (p. 899 ; p. 741) : « Ainsi cette forme d'esclavage se réduit à un engagement de servir toujours le maître, sous le pouvoir duquel on passe, à condition d'être toujours nourri à ses frais [...]. Il y a donc une grande différence entre la manière dont on peut impunément traiter un esclave, selon le droit des gens, et ce que le droit naturel permet. » R. est parfaitement rigoureux dans le cadre de son enquête en se référant à la doctrine du droit naturel de Grotius.

Hobbes (*Le Citoyen*, chap. VIII, GF-Flammarion, p. 180-181) s'inscrit dans cette logique. Énumérant « les moyens par lesquels on [peut] acquérir domination sur une personne », il examine « le deuxième, qui arrive lorsque quelqu'un étant fait prisonnier de guerre, ou vaincu par ses ennemis, ou se défiant de ses forces, promet, pour sauver sa vie, de servir le vainqueur, c'est-à-dire de faire tout ce que le plus fort lui commandera. En laquelle convention, le bien que reçoit le vaincu, ou le plus faible, est la vie, qui, par le droit de la guerre et en l'état naturel des hommes, pouvait lui être ôtée ; et l'avantage qu'il promet au vainqueur est son service et son obéissance ».

Pufendorf (*Le Droit de la nature et des gens*, liv. VI, chap. III, § 6 et 7 ; vol. 2, p. 203-205) s'inscrit explicitement dans la double continuité de Grotius et de Hobbes, tout en les critiquant. Il souligne la différence entre la possession d'une chose et la domination d'une personne : « L'Humanité ne permet pas de réduire [un homme] à une condition où il ne reste aucune trace de l'égalité naturelle de tous les hommes, et de le traiter comme une bête, ou comme une chose inanimée, envers laquelle on n'est tenu à rien. »

Cette séquence est susceptible d'une double lecture. On peut y voir l'émergence progressive de l'idée selon laquelle à la condition d'homme sont attachés des droits inaliénables ; R. paraît alors achever un creusement intérieur de la notion d'esclavage qui aboutit à sa suppression. Mais on peut y voir aussi l'opposition d'une conception pour laquelle la liberté peut s'aliéner, et un pacte de soumission être formé, à l'affirmation irréductible de l'inaliénabilité de la liberté. R. représente alors une rupture. C'est bien sûr cette seconde lecture qu'il fait.

33. Dans le projet primitif des *Institutions politiques*, une part importante devait être consacrée au *droit des gens*. Le *Contrat social* se restreint à l'examen des principes du *droit politique*. R. cependant, parce que la nature des choses l'imposait ou parce que certaines de ses idées en la matière lui tenaient particulièrement à cœur, en donne quelques éléments. Ainsi en est-il des notions de guerre et d'état de guerre. Sur ces questions, la pensée de R. est tout entière ordonnée par une thèse : la guerre est une réalité politique, elle est propre à l'état civil, elle est un rapport de puissance à puissance. « J'appelle donc guerre de puissance à puissance l'effet d'une disposition mutuelle, constante et manifestée de détruire l'État ennemi, ou de l'affaiblir au moins par tous les moyens que l'on peut. Cette disposition réduite en acte est la guerre proprement dite : tant qu'elle reste sans effet, elle n'est que l'état de guerre » (*Que l'état de guerre naît de l'état social*, OC III, p. 607). Cette thèse a une double portée. Elle est dirigée contre Hobbes, et concerne le droit politique (ce pour quoi elle a sa place ici). Le *Second Discours* l'avait déjà établi : dans l'état de nature, les hommes vivent épars, il peut y avoir entre eux des rencontres, pas de rapports, une violence

occasionnelle, pas de guerre. C'est l'état civil qui fixe les hommes dans leurs rapports aux choses (« ceci est à moi ») et aux autres hommes. L'idée d'une guerre de tous contre tous est une double erreur sur l'état de nature et sur la nature de la guerre. Pour ce qui concerne le droit des gens, cette thèse est tout aussi fondatrice : à la guerre ne s'oppose pas tant la paix que le traité, comme rapport institué entre puissances.

Des fragments de brouillons de R. nous sont parvenus concernent ces notions : OC III, p. 345 ; p. 601-616 ; p. 1899-1904. Une partie d'entre eux est publiée et commentée par S. Goyard-Fabre, sous le titre *J.-J. R., L'État de guerre*, Actes Sud, 2000).

34. R. anticipe ici les distinctions qu'il établira plus loin (CS I, VI). Le corps politique se décline comme Souverain dont sont membres les citoyens, comme État dont relèvent les sujets, comme Puissance, que défendent les soldats ou défenseurs de la patrie. Y correspondent droit politique, droit civil et droit des gens. Le terme *politie* employé au paragraphe précédent est une transcription du grec *politéia*, la constitution, l'ordre politique. Il était désuet ; R. le remet en usage volontairement comme en atteste une lettre à son éditeur M.-M. Rey (23 décembre 1761).

35. Entre les mille pages en petits caractères, les milliers de citations du *Droit de la guerre et de la paix* et le *Contrat social*, le contraste est saisissant. L'œuvre de Grotius est fortement tendue entre une volonté rationnelle dans la méthode (qui se veut déductive) et l'objet de la recherche (élaborer un droit naturel) qui en font incontestablement un moderne, et une pratique textuelle de compilation de citations et d'exemples (à la fois tradition juridique et *habitus* de la période humaniste) qui le rattachent au passé. R. est d'évidence plus sensible au second qu'au premier caractère.

36. On en revient ici à la figure du brigandage et au « droit du plus fort ».

37. *L'Économie politique* (OC III, p. 273) présentait en termes voisins le pacte de dupes du riche et du pauvre : « Résumons en quatre mots le pacte social des deux états. Vous avez besoin de moi, car je suis riche et vous êtes pauvre ; faisons donc un accord entre nous : je permettrai que vous ayez l'honneur de me servir, à condition que vous me donnerez le peu qui vous reste, pour la peine que je prendrai de vous commander. »

Le texte de l'édition originale donne bien *droit d'esclavage* et non *droit d'esclave* comme Derathé et plusieurs.

38. La partie négative du premier livre s'achève. R. entend avoir réfuté les « fausses notions du lien social », selon l'expression du *Manuscrit de Genève*. On ne saurait fonder un rapport de domination légitime ni sur la nature (puissance paternelle ou inégalité naturelle), ni sur la force, ni sur un prétendu pacte de soumission (la liberté en échange de la subsistance, la sécurité ou la vie). Les interlocuteurs de R. ont été Grotius, Hobbes et Pufendorf. Bien qu'opposés en plus d'un point – Hobbes (que R. suit sur ce point)

refusant en particulier l'idée d'une sociabilité naturelle – ils sont englobés sous cette qualification sans appel de « fauteurs du despotisme » parce qu'ils soutiennent qu'on peut aliéner sa liberté. Tel est le point acquis au cours de cette réfutation : un homme ne peut se défaire de sa liberté. Cette thèse de nature anthropologique va recevoir dans le chapitre V son corollaire politique : le lien social ne peut procéder que de la convention de volontés libres. La liberté est le nœud de l'anthropologie et de la politique de R.

39. C'est, très habilement, en retournant contre elle-même la distinction traditionnelle entre multitude et peuple que R. va procéder. Une multitude est un amas sans unité d'individus qui n'a pas d'existence politique ; elle ne peut trouver son unité comme peuple que par l'autorité qui s'exerce sur elle. Hobbes (*Le Citoyen*, chap. VIII, § I, GF-Flammarion, p. 148-149) avait donné à cette doctrine traditionnelle la rigueur d'une épure, et plus loin (chap. XII, § VIII, GF-Flammarion, p. 222-223) la forme d'un quasi-paradoxe : « C'est une erreur contraire au gouvernement politique et surtout au monarchique, que ce que les hommes ne mettent pas assez la différence entre le peuple et la multitude. Le peuple est un certain corps, et une certaine personne à laquelle on peut attribuer une seule volonté, et une action propre : mais il ne se peut rien dire de semblable de la multitude. C'est le peuple qui règne en quelque sorte d'État que ce soit : car dans les monarchies même c'est le peuple qui commande, et qui veut par la volonté d'un seul homme. Les particuliers et les sujets sont ce qui fait la multitude. Pareillement, en l'État populaire et en l'aristocratique, les habitants en foule sont la multitude, et la cour ou le conseil, c'est le peuple. Dans une monarchie, les sujets représentent la multitude et le roi (quoique ceci semble fort étrange) est ce que je nomme le peuple. » R. va montrer ici que la seule autorité qui d'une multitude puisse faire un peuple, c'est le peuple !

40. Nous sommes ici au cœur de la pensée politique de R. Il s'agit de penser le concept de société, plus précisément de concevoir quel type d'unité le lien social produit. En ce sens, la lecture que l'on fait du chapitre V commande celle du chapitre VI, et donc l'interprétation que l'on peut donner du contrat.

Plus qu'aucune autre, la signification de la pensée politique de R. a fait l'objet d'interprétations contradictoires : on a pu voir en lui aussi bien un apôtre de l'irréductible liberté de l'individu qu'un fourrier du totalitarisme. Dans son outrance même, cette opposition renvoie à la caractérisation de sa démarche épistémologique : on a pu lui prêter une orientation tantôt individualiste tantôt holiste. Doit-on voir dans sa conception de la société la mise en œuvre d'un modèle artificialiste et mécaniste ou organiciste ? Sans se recouvrir, ces trois débats d'interprétation renvoient d'évidence l'un à l'autre. Si les exégètes les plus attentifs de la pensée de R. se sont refusés à toute lecture unilatérale, si le R. totalitaire de L.-J. Talmon (*Les Origines de la démocratie totalitaire*, Boston, 1952, trad. fr. Paris, 1966), ne leur a guère paru crédible, ils semblent généralement accepter les termes du débat. R. Derathé (voir *J.-J. R. et la science politique de son temps*, p. 410-413, ainsi que son annotation du CS) est dans ce cas. Une lecture attentive de ce chapitre ne permet-elle pas de montrer que R. cherche précisément à se dégager de l'opposition entre organicisme et artificialisme mécaniste ? À partir de là, n'est-il pas possible de reformuler dans son ensemble la problématique ?

Pour déterminer la notion d'association, R. lui oppose celle d'agrégation. Les lectures classiques de cette dernière notion, appuyées sur l'origine latine du terme (*grex* : le troupeau), font porter tout le poids de l'opposition sur celle d'un groupement volontaire et d'un regroupement forcé. C'est le mode de production de l'unité qui est ainsi expliqué, non la nature de cette unité. De plus, dans une telle perspective, la métaphore du chêne réduit en cendres perd toute cohérence avec l'argument lui-même. Or, il est possible, sans contredire absolument ce premier niveau de lecture, de rendre compte de façon plus précise de cette opposition, et de restituer sa cohérence à la rédaction.

Un passage de la première version du CS (OC III, p. 284) le dit expressément : la notion d'agrégation est empruntée au vocabulaire de la chimie. « Si la société générale existait ailleurs que dans les systèmes des philosophes, elle serait, comme je l'ai dit, un être moral qui aurait des qualités propres et distinctes de celle des êtres particuliers qui la constituent, à peu près comme les composés chimiques ont des propriétés qu'ils ne tiennent d'aucun des mixtes qui les composent : il y aurait une langue universelle que la nature apprendrait à tous les hommes, et qui serait le premier instrument de leur mutuelle communication ; il y aurait une sorte de sensorium commun qui servirait à la correspondance de toutes les parties ; le bien ou le mal public ne serait pas seulement la somme des biens ou des maux particuliers comme dans une simple agrégation, mais il résiderait dans la liaison qui les unit, il serait plus grand que cette somme, et loin que la félicité publique fût établie sur le bonheur de particuliers, c'est elle qui en serait la source. » L'opposition de l'agrégation et de la mixtion, renvoyant l'une à la mécanique, l'autre à la chimie fait partie du fonds commun des chimistes contemporains de R. Lui-même, dans ses *Institutions chimiques*, rédigées vers 1750 (Fayard, 1999, p. 305), définissait ainsi la synthèse chimique : « La syncrèse chimique consiste en de nouvelles mixtions de sorte que deux substances qu'on unit mêlées et confondues intimement en composent une troisième d'une forte union différente en nature de chacune de celles qui l'ont composée et où aucune d'elle n'est plus reconnaissable. » C'est la mixtion chimique qui sert ici de support à la notion politique d'association.

L'opposition entre agrégation et association ne porte donc pas seulement sur le mode de production de l'unité sociale (volontaire ou forcé) mais sur la nature de l'unité produite (simple agglomérat ou « liaison intime ») et plus encore sur les effets qu'elle induit : propriétés nouvelles du tout irréductibles à celles des parties, transformation des propriétés des parties elles-mêmes. Ainsi se trouvent éclairés le vocabulaire et la logique interne de ce chapitre. Un bénéfice d'intelligibilité s'ensuivra pour plus d'un passage ultérieur.

Pour une argumentation développée : Bruno Bernardi, « J.-J. R., une chimie du Politique ? Pour une relecture de CS I, V », *Philosophie*, n° 56, déc. 97.

41. Parler d'un peuple, c'est supposer l'association politique formée, puisque « peuple » n'est rien d'autre que le nom de cette association (ou mixtion) en tant qu'elle est effective. La théorie du contrat de soumission ne peut rendre compte de la formation du lien social, elle la présuppose.

Les termes d'« acte » et de « délibération » employés ici par R. sont au carrefour des questions les plus délicates soulevées par sa pensée. « Acte » doit s'entendre ici à la fois au sens de la technique juridique (c'est ce qui ne peut être posé que par le détenteur d'un droit à agir) et au sens obvie (c'est ce qui renvoie à un sujet de l'action). Or, précisément, l'objet de cet acte est de constituer le sujet qui peut seul le poser. Le choix du présent (« l'acte par lequel un peuple est un peuple ») s'imposait : il y a coïncidence nécessaire de la position de l'acte et de l'existence du peuple sujet de cet acte. La notion de délibération réfléchit dans l'ordre de la volonté cette étrange structure logique : elle désigne à la fois le mouvement de la volonté qui se détermine et la détermination qui résulte de cette volition. Sur la notion de délibération chez R. : B. Bernardi, « Souveraineté, citoyenneté, délibération : d'une tension constitutive de la pensée de R. », *Cahiers philosophiques*, n° 84, oct. 2000.

42. Il y a plus dans ce dernier paragraphe qu'une simple inférence logique : la loi de la majorité (pluralité) doit avoir été acceptée de façon unanime. R. développera cette idée plus loin (CS IV, II) : « Il n'y a qu'une seule loi qui, par sa nature, exige un consentement unanime. C'est le pacte social : car l'association civile est l'acte du monde le plus volontaire ; tout homme étant né libre et maître de lui-même, nul ne peut, sous quelque prétexte que ce puisse être, l'assujettir sans son aveu. » Au moment de former le contrat social, il s'agit de rappeler son fondement anthropologique, la liberté constitutive non tant de l'individu que de l'homme. La notion d'unanimité réplique exactement la structure de celles d'acte et de délibération.

43. Cette supposition renvoie précisément à l'ignorance affichée au chapitre I et au mode hypothétique du second *Discours*. Elle se réduit à ce qui est strictement nécessaire : une condition essentielle, le principe de la conservation de soi, et une condition factuelle, l'existence d'obstacles à cette conservation. Le modèle est physique, plus précisément mécanique.

Rien ne permet de penser, comme le suggère, après d'autres, Derathé (OC III, p. 1443), que R. vise ici particulièrement un « état de guerre » survenu entre les hommes. Il s'agit beaucoup plus généralement de l'ensemble des modifications, produites par la perfectibilité humaine et toute une série de causes contingentes, qui ont dénaturé la condition originelle de l'homme. L'excitation des passions, le développement des besoins y occupent une place prépondérante. Le *Second Discours* a fait la description hypothétique de ce processus. Les forces de la nature sont devenues des obstacles pour l'existence humaine. La rédaction primitive du *Manuscrit de Genève* (OC III, p. 289) commande clairement cette interprétation : « Sitôt que les besoins de l'homme passent ses facultés et que les objets de ses désirs s'étendent et se multiplient, il faut qu'il reste éternellement malheureux, ou qu'il cherche à se donner un nouvel être duquel il tire les ressources qu'il ne trouve pas en lui-même. Sitôt que les obstacles qui nuisent à notre conservation l'emportent par leur résistance sur les forces que chaque individu peut employer à les vaincre, l'état primitif ne peut plus subsister, et le genre humain périrait si l'art ne venait au cours de la nature. » L'art politique dont il est question ici trouve son modèle dans l'art chimique, ou spagyrique (B. Bernardi, « Constitution et gouvernement mixte », *Corpus*, n° 36, 1999, p. 191-194).

En surdéterminant par la référence à l'état de guerre, absente du texte même, la formation du pacte social, on s'expose à en gauchir la compréhension. L. Althusser suit sur ce point et accuse la lecture de Derathé. Toute sa construction en est fragilisée (« Sur le *Contrat social* », *Cahiers pour l'Analyse*, n° 8, oct. 67, *L'Impensé de J.-J. R.*).

44. Le retour de la notion d'agrégation, congédiée au chapitre précédent, n'est pas une inconséquence ; il devient intelligible si l'on suit rigoureusement le système conceptuel de R. (voir note 40 et article cité). Le problème se pose d'abord en termes mécaniques : il s'agit d'équilibrer des forces. La somme des forces individuelles est la seule façon pour les hommes de faire face aux obstacles qui se dressent devant leur conservation. Mais on va voir que la nature de leur force interdit aux hommes ce mode de sommation. Il va leur falloir passer d'une unité agrégative à une unité associative (une mixtion).

45. R. ramasse ici, sous la forme d'un problème, l'ensemble de ce qui a été acquis jusqu'ici. Les données de ce problème ne sont pas de même nature. La première est anthropologique : la première loi qui régit la vie de l'homme est de « veiller à sa propre conservation » (chap. II et note 12). C'est le concept même de la liberté dont l'homme ne saurait se défaire. La seconde donnée est d'ordre factuel, ou si l'on veut historique. Elle est donnée ici comme hypothèse : les hommes sont sortis de leur « primitive condition », et se trouvent en butte à des obstacles qui mettent en péril leur conservation. Seul un véritable concours des forces individuelles peut permettre aux hommes d'assurer leur conservation. Ce concours exige une « union intime » ou « forte », pas une simple agrégation. Or la liberté est de la nature de ces forces : comment former une association qui ne détruise pas ces forces en supprimant la liberté qui leur est essentielle ?

46. « L'acte par lequel un peuple est un peuple » n'est pas un acte séparé, historique et factuel, il est inscrit dans toute volonté commune. Tout acte de la volonté générale (toute loi) enveloppe la for-

mation du contrat. C'est ce qui implique que tous participent au vote, cette participation remplit la clause de la nécessaire unanimité ; la délibération prise, elle, suit la règle de la majorité (pluralité). Sur la notion même de contrat, voir notre Introduction : *L'objet du CS*.

47. Le contrat social, qui n'est autre que l'acte par lequel un peuple est un peuple, est présenté sous deux formes successives qui s'éclairent l'une l'autre.

La première définit le contenu de sa clause unique : « l'aliénation totale de chaque associé avec tous ses droits à toute la communauté ». La formule est volontairement paradoxale et provocante. L'aliénation, notion repoussoir du chapitre IV, revient ici au cœur de la définition du contrat. Elle n'est ni partielle ni contrôlée, mais absolue. Soi-même, ses droits, ses biens, l'associé concède tout. N'est-ce pas ce que dénonçait R. en récusant Grotius ? « Les sujets donnent donc leur personne à condition qu'on prendra aussi leur bien ? Je ne vois pas ce qu'il leur reste à conserver. » Le paradoxe trouve son explication dans la relation très particulière des termes de ce rapport : chaque associé d'une part, toute la communauté de l'autre. En toute rigueur les deux termes sont équivalents, le premier déployant l'exhaustion des éléments, le second définissant en compréhension l'ensemble dont ils sont les éléments. « Chacun (donc tous) se donnant à tous ne se donne à personne. »

La seconde formulation du contrat : « *Chacun de nous met en commun sa personne et toute sa puissance sous la suprême direction de la volonté générale ; et nous recevons en corps chaque membre comme partie indivisible du tout* », ne se borne pas à dramatiser le concept (donnant par là occasion à plus d'un contresens faisant du pacte social un événement historique). Elle introduit la volonté générale, dont c'est la première occurrence dans le CS. Il est essentiel à cet égard de ne pas la surdéterminer par l'élaboration qui en sera ensuite donnée, essentiellement au livre II. Elle s'inscrit dans une séquence qui procède de la formation du pacte, donnant au corps politique « son unité, son moi commun, sa vie et sa volonté ». Elle est le « sensorium commun » dont R. parlait dans le *Manuscrit de Genève* s'agissant d'une hypothétique « société générale du genre humain » (note 40). L'acte d'association dans le même temps forme cette entité nouvelle qu'est le corps politique, ou peuple, et confère à chacun de ses membres de nouvelles propriétés.

Sur l'introduction de la notion de volonté générale dans la pensée de R. : B. Bernardi, « Volonté générale, intérêt, bien commun (sur la formation du concept de volonté générale dans la philosophie politique de J.-J. R.) », *Cahiers philosophiques*, n° 77, déc. 1998.

48. Nous avons ici tous les traits distinctifs de la mixtion chimique. En entrant en composition les uns avec les autres, les individus qui forment le lien social donnent naissance à un nouveau corps : le corps politique. Ce corps a son unité et ses propriétés ; il entre en des rapports déterminés avec ceux qui le composent, avec lui-même, et avec d'autres corps politiques avec lesquels il peut être

en relation. Les propriétés de ce nouveau corps se répliquent comme nouvelles propriétés acquises par les éléments qui le constituent.

L'instantanéité dont il est question ici n'est pas celle d'un événement, elle a un caractère absolu, en un sens intemporel. Un fragment de brouillon (OC III, p. 485) le dit très clairement : « Chaque acte de souveraineté ainsi que chaque instant de sa durée est absolu, indépendant de celui qui précède et jamais le souverain n'agit parce qu'il a voulu mais parce qu'il veut. » La formation du pacte est une création continue.

49. R. met en place ici les concepts clés de sa pensée politique ; mais, comme on l'a vu pour la volonté générale, ils sont ici posés comme par anticipation, pour être ensuite déployés dans toutes leurs déterminations. La théorie de la *souveraineté* sera développée au chapitre suivant puis, confondue avec celle de la volonté générale, au livre II. La théorie de l'*État* est abordée aux livres III et IV. À elles deux, elles forment le noyau du *droit politique*. La notion de *Puissance* avait pour fonction, dans le plan primitif des *Institutions politiques*, de servir de base au *droit des gens*. Le CS ne l'aborde que de façon incidente. Les membres du corps politique, selon qu'ils sont considérés sous l'un ou l'autre de ses rapports, sont citoyens, sujets ou défenseurs de l'État (voir plus haut, CS I, IV, et note 34). Sur le vocabulaire de R., voir notamment R. Derathé, *J.-J. R. et la science politique de son temps*, Appendice I, p. 380-386.

L'équivalence établie entre les notions de Cité, de corps politique et de République est un exemple privilégié de la fonction critique attribuée par R. à la référence à l'Antiquité. Le concept de la cité et de la citoyenneté que R. prête à l'Antiquité (et c'est avant tout Aristote qu'il vise) est formé autour d'un paradigme démocratique (F. Wolf, « Aristote démocrate », *Philosophie*, n° 18, 1988). On a pu remarquer que le reproche fait par R. à Bodin était imputable à une version fautive des *Six Livres de la République*. Bodin y distingue bien ville et cité. Sur le fond cependant, R. discernait à juste titre dans la définition bodinienne (« citoyen, qui n'est autre chose, en propres termes, que le franc sujet tenant de la souveraineté d'autrui », liv. I, chap. VI), un concept de la citoyenneté directement opposé au sien. Sur la confusion de la ville et de la cité, R. aurait pu tout aussi bien citer Hobbes, qui traduit le latin *civitas* par l'anglais *city* et son traducteur Sorbière qui donne, en français, *ville* (*Le Citoyen*, chap. VI, § I, GF-Flammarion, p. 148). L'appel à l'Antiquité permet à R. de renverser la théorie moderne de la souveraineté en théorie de la souveraineté du peuple.

50. Sur cette structure si particulière du contrat, voir notre Introduction : *L'objet du CS*, et L. Althusser : « Sur le *Contrat social* », *Cahiers pour l'analyse*, n° 8, oct. 67, *L'Impensé de J.-J. R.*

51. On a ici un effet des distinctions conceptuelles établies au chapitre précédent. Les membres du corps politique, en tant qu'ils sont pris dans le contrat, y sont soumis : en tant que sujets, ils sont « obligés ». C'est le concept du contrat tel que le forme le droit civil

qui s'applique. Le corps politique dans sa totalité (c'est-à-dire le souverain) ne saurait se lier lui-même. En refusant que le souverain soit lié par quelque loi fondamentale, R. se pose, contrairement à la lecture qu'en fait A. Negri (*Le Pouvoir constituant*, PUF, 1997), comme le plus radical des penseurs du pouvoir constituant. Le souverain n'est tenu qu'à ce qu'exige la nature même du contrat social, et on va voir que c'est déjà beaucoup. Le contrat dont il s'agit alors est un concept du droit politique. Quant aux traités que les puissances peuvent passer les unes avec les autres, ils sont encore d'une autre nature et relèvent du droit des gens. Ce ne sont pas à proprement parler des contrats. Il faudrait pour cela que soit formée une « société générale du genre humain ».

52. Toute la fin de ce chapitre, si l'on veut éviter quelques-uns des contresens les plus lourds faits sur la pensée de R., demande à être comprise dans son équilibre et ses articulations. Il s'agit de fixer les bornes respectives des pouvoirs du souverain (question reprise plus longuement au CS II, IV, « Des bornes du pouvoir souverain ») et des sujets. Le souverain est borné par la nature du contrat (sa sainteté). Sa fin est la conservation de chacun de ses membres et de leur liberté ; elle implique qu'ils soient préservés de toute dépendance personnelle, traités par les lois selon la stricte égalité, confirmés comme citoyens dans l'exercice de la souveraineté. Violer l'un de ces principes serait violer le contrat, c'est-à-dire le dissoudre, et restituer chacun dans sa liberté naturelle. Les sujets, quant à eux, sont tenus par l'autorité des lois, c'est-à-dire les délibérations de la volonté générale. Lorsque R. affirme que « quiconque refusera d'obéir à la volonté générale y sera contraint par tout le corps : ce qui ne signifie autre chose sinon qu'on le forcera d'être libre », il ne fait que rappeler la nécessaire conjonction entre l'obéissance due aux lois par les sujets et la souveraineté des citoyens pris en corps. La souveraineté des citoyens est le seul fondement de l'obéissance des sujets. De l'obéissance des sujets dépend la consistance de la souveraineté. Ce n'est qu'au prix d'une désarticulation de cette double contrainte, aux yeux de R. indissociable, et d'une confusion entre le sujet et le citoyen qu'on a pu voir ici le germe d'une conception totalitaire de l'État (L.-J. Talmon, *Les Origines de la démocratie totalitaire*, Boston, 1952, trad. fr. Paris, 1966).

53. Si l'économie générale du chapitre (notes précédentes) est sans ambiguïté véritable, cet alinéa est sans doute porteur d'une des difficultés les plus centrales de la pensée de R.

Du point de vue anthropologique, le passage à l'état civil, comme on le verra au chapitre suivant, produit en l'homme un « changement remarquable ». Son corollaire politique est la formation du pacte, qui « au lieu de la personne particulière de chaque contractant [...] produit un corps moral et collectif » (CS I, VI). L'œuvre du législateur, harmonisant les deux registres, exige de « changer pour ainsi dire la nature humaine [...] ; de substituer une existence partielle et morale à l'existence physique et indépendante que nous avons tous reçue de la nature » (CS II, VII). Or cette transmutation apparaît comme ne pouvant jamais être parfaite. L'intérêt particulier ne disparaît pas avec la formation de l'association, il parle encore. L'existence absolue et naturellement indépendante de chaque homme produit encore des effets quand bien même il est devenu partie constitutive du corps politique. Plus encore, l'appartenance à une catégorie particulière du corps politique peut introduire un troisième type d'intérêt à côté de l'intérêt particulier et de l'intérêt commun, l'intérêt de corps. Le livre III le dira expressément des membres du gouvernement : « Nous pouvons distinguer dans la personne du magistrat trois volontés essentiellement différentes. Premièrement la volonté propre de l'individu, qui ne tend qu'à son avantage particulier ; secondement la volonté commune des magistrats, qui se rapporte uniquement à l'avantage du Prince, et qu'on peut appeler volonté de corps, laquelle est générale par rapport au Gouvernement, et particulière par rapport à l'État, dont le Gouvernement fait partie ; en troisième lieu, la volonté du peuple ou la volonté souveraine, laquelle est générale, tant par rapport à l'État considéré comme le tout, que par rapport au Gouvernement considéré comme partie du tout. »

Il est loisible de voir là une contradiction interne de la pensée de R. qui, d'un côté, ne concevrait d'état social légitime qu'au prix d'une véritable transformation de la nature de l'homme et, de l'autre, serait forcé de reconnaître une telle transformation impossible. On peut encore en tirer la conclusion que la volonté générale est une chimère et le contrat social une utopie. Dans le cadre de la pensée de R., la difficulté trouve une autre réponse parce qu'elle se pose en d'autres termes. Loin de surgir comme difficulté interne à la théorie du contrat, celle-ci a précisément pour fonction d'y répondre. Elle a été posée au départ : « allier ce que le droit permet avec ce que l'intérêt prescrit ». À aucun moment il n'a été question pour R. de faire taire l'intérêt particulier : il parlera toujours, pour autant que toujours un homme devra d'abord veiller à sa propre conservation. C'est bien plutôt à faire parler à l'unisson l'intérêt particulier et l'intérêt général, la voix de l'homme et celle du citoyen que doit s'employer l'art politique. Le livre II repartira précisément de ce point : « Car si l'opposition des intérêts particuliers a rendu nécessaire l'établissement des sociétés, c'est l'accord de ces mêmes intérêts qui l'a rendu possible. C'est ce qu'il y a de commun dans ces différents intérêts qui forment le lien social, et s'il n'y avait pas quelque point dans lequel tous les intérêts s'accordent, nulle société ne saurait exister. Or c'est uniquement sur cet intérêt commun que la société doit être gouvernée. » La pensée politique de R. s'éclaire sur bien des points si l'on reconnaît qu'à sa manière propre elle définit une politique de l'intérêt.

Voir, pour une approche discutable mais stimulante de cet aspect, D. Séglard, « L'intérêt du contrat social chez R. », in *Politiques de l'intérêt*, C. Lazerri et D. Reynié, Presses universitaires franc-comtoises, 1998).

54. Ce paragraphe très rédigé peut servir d'introduction à l'anthropologie de R. et de garde-fou contre les présentations aussi aberrantes que récurrentes de sa pensée comme opposition de la bonté et félicité de l'état de nature aux turpitudes de l'état civil. Le schéma n'est pas binaire mais ternaire : état de nature, état civil corrompu (dont le *Second Discours* a dénoncé les abus : facticité, servitude, inégalité), état civil légitime, dont le CS entend mettre au jour les fondements. L'homme de l'état de nature est un animal stupide et borné mené par l'instinct. R. n'a jamais dit autre chose. Il le rappellera encore dans la *Lettre à Christophe de Beaumont* (OC III, p. 936) : dans l'état de nature, l'homme est « borné au seul instinct physique, il est nul, il est bête ; c'est ce que j'ai fait voir dans mon Discours sur l'inégalité ». C'est le passage à l'état civil, révélant sa perfectibilité virtuelle, qui développe les passions, la raison, la moralité. Mais ce développement a pris la voie de l'amour-propre, des sociétés de facticité, de servitude et d'inégalité. Le *Contrat social* et l'*Émile* ont pour objet de dégager une autre voie de développement possible.

55. Liberté et propriété sont les deux concepts sous lesquels R. prend en charge les grandes divisions du droit civil, issues du droit romain : les choses et les personnes. Le droit personnel se construira autour du refus de toute dépendance d'un homme envers un autre, le droit réel (celui qui concerne le rapport aux choses) autour de la notion de propriété. L'un et l'autre ont pour corollaire obligé l'obéissance à la loi. Il faut prendre garde que la balance établie ici concerne explicitement le rapport des hommes entre eux, leurs personnes et leurs biens. La liberté civile c'est la liberté du droit civil, pas celle du droit politique, celle du sujet pas celle du citoyen. C'est donc en tant que sujets qu'ils sont considérés. Il serait absurde de faire dire à R., comme on l'a souvent fait, que la liberté du citoyen est limitée par la volonté générale : la liberté du citoyen est, comme celle du souverain dont elle est partie constitutive, sans autre borne que la nature du contrat. Dans la première rédaction du CS, le chapitre VIII faisait corps avec le précédent, la continuité de l'argumentation était plus lisible et la faute de lecture si souvent commise plus difficile.

On notera que dans la rédaction primitive (OC III, p. 293) R. écrivait « titre juridique » au lieu de « titre positif ». Les termes sont pour lui équivalents : il n'y a de droit que le droit positif. Il ne faut pas confondre le droit et les principes du droit.

56. La liberté morale est celle que l'homme acquiert dans son rapport à lui-même, lorsque la conscience éclairée par la raison lui permet de discerner ce qui véritablement lui importe. C'est l'*Émile*, en particulier la *Profession de foi du vicaire savoyard* qui en fera l'étude.

57. Les éléments de la doctrine de la propriété que ce chapitre met en place n'ont, chacun pris à part, rien de vraiment original. On peut en trouver la source pour une part chez Hobbes (*Le Citoyen*, chap. XII, § 7, GF-Flammarion, p. 221-222) qui met la

propriété personnelle sous la dépendance de l'État, et surtout chez Locke (*Traité du gouvernement civil*, chap. V, « De la propriété des choses », GF-Flammarion, p. 193-214 ; PUF, p. 21-38) qui fait du besoin et du travail le fondement véritable du droit de propriété. Mais, alors que ces thèses sont explicitement opposées aux yeux de Locke, R. les articule avec une force et une clarté qui lui sont propres. La prééminence de la possession publique sur la propriété privée (*Émile*, OC III, p. 841, emploie les termes traditionnels de « domaine éminent » et « domaine particulier ») tient à ce que la propriété est une institution civile (le *Second Discours* disait déjà, OC III, p. 184 : « le Droit de propriété n'étant que de convention et d'institution humaine »). La propriété privée procède donc de la possession commune et n'en est qu'une concession nécessaire, que le souverain peut reprendre pour autant qu'il le fait conformément à la nature du pacte, c'est-à-dire de façon égale pour tous. Pour la même raison la propriété, institution du droit civil, n'a pas de pertinence en droit des gens. Mais, parce que la propriété est d'institution, elle n'est pas pour autant déliée de la nécessité du besoin qui gouverne la possession et la jouissance, dans la mesure même où la fin de l'association est bien de permettre au genre humain de vivre et à chacun de subvenir à ses besoins.

58. La part ainsi laissée au « droit du premier occupant » ne déroge pas à ce qui fonde le droit de propriété en général. Il en est au contraire une application, si bien que R. vide ce prétendu droit du premier occupant de toute consistance propre. Voltaire ne s'y est pas trompé qui, en marge de son exemplaire, commente rageusement le second principe, limitant l'appropriation par le besoin : « Pourquoi ? S'il n'appartient à personne je puis le prendre pour mes descendants. » Voltaire voyait dans le CS une « philosophie de gueux ».

59. De Las Casas (*Très brève relation de la destruction des Indes*, 1552, Mille et une nuits, 1999) à la référence directe de R., l'*Histoire générale des Voyages* (Paris, 1746-1770, t. XII, p. 184), la dénonciation des pratiques de la conquête espagnole était en ces matières un passage obligé. R. avait écrit (vers 1740) une tragédie sur *La Découverte du Nouveau Monde* (OC II, p. 811-841).

60. C'est le corollaire exact de la confusion entre ville et cité dénoncée chap. VI. La théorie de la souveraineté est ici en jeu. L'habileté dont R. crédite les grands rois de l'Europe est bien entendu ironique.

61. Livre II, chap. IV, fixant « les bornes du pouvoir souverain », R. déterminera sur quels principes les biens des particuliers peuvent être repris par la communauté.

62. Pour un développement plus explicite consacré à l'égalité civile, voir plus loin (CS II, IV) où sera examinée l'hésitation de R. entre égalité de droit et égalité de fait, déjà sensible dans le texte de la note.

63. L'indication de la table sur le contenu de ce second livre est précieuse. Il y est traité « *de la législation* ». Au centre du livre, le

chapitre VI définit la loi. De part et d'autre de ce chapitre, la théorie de la législation. Le terme est à prendre au sens actif : faire des lois. Entendu strictement, faire loi est l'attribut de la souveraineté, donc de la volonté générale (chap. I à V). Mais, avant d'être votée, une loi doit être proposée. Tel est le rôle du législateur, rôle essentiel pour la constitution de l'État, qui légifère toujours pour un peuple donné (chap. VII à XI). Le dernier chapitre distinguera les différents types de lois (politiques, civiles, pénales, plus les mœurs).

64. On a vu (CS I, VI et note 47) comment avait été amenée la notion de volonté générale, puis (CS I, VII et note 53) que la problématique de la volonté est indissociable de celle de l'intérêt. Mais sur ce dernier point, l'approche n'était que négative : R. envisageait l'opposition entre volonté particulière et volonté générale. Abordant la théorie de la souveraineté (autrement dit, de l'exercice de la volonté générale), il repart de la notion d'intérêt. Toute volonté a pour objet un intérêt. L'objet de la volonté générale, c'est l'intérêt commun. Celui-ci n'est pas hétérogène à l'intérêt particulier. Il est « l'intérêt bien entendu », alors que la volonté particulière est la façon dont parle « l'intérêt apparent » (*Manuscrit de Genève*, OC III, p. 288-289). D'où le paradoxe : l'opposition des intérêts particuliers a rendu nécessaire l'établissement des sociétés, les volontés particulières étant la façon dont parle l'intérêt apparent, l'accord de ces mêmes intérêts l'a rendu possible, la volonté générale faisant parler l'intérêt bien compris. Pour autant il ne s'agit pas simplement de requalifier l'intérêt particulier : contrairement à ce qu'une lecture rapide peut laisser croire, il n'y a aucune équivalence entre les deux énoncés suivants : 1° : « l'accord de ces mêmes intérêts a rendu possible l'établissement des sociétés » ; 2° : « c'est ce qu'il y a de commun dans ces différents intérêts qui forme le lien social ». Il y a là une différence logique, celle entre la puissance et l'acte. L'*accord* s'effectue comme *communauté*. Comme toujours chez Rousseau, un tel rapport de puissance à acte est exprimé par un rapport temporel. Il y a enfin la distinction essentielle du moteur et du frein, de l'instance de proposition et de celle de contrôle : l'accord des intérêts particuliers *permet*, le bien commun *forme* le lien social. Nous avons donc trois paliers : 1° l'opposition des intérêts particuliers rend nécessaire le lien social, 2° leur accord le rend possible, 3° la reconnaissance par la volonté générale de l'intérêt commun le forme, c'est-à-dire l'effectue.

65. Cet alinéa, qui ne figure pas dans la première version du *Contrat*, ramasse en une phrase les thèses essentielles : distinction de la souveraineté et du gouvernement, identification de la souveraineté à la volonté générale. Que la souveraineté soit inaliénable, c'est la thèse constante de la politique moderne, dont Bodin a donné l'expression la plus radicale (*Les Six Livres de la République*, liv. I, chap. VIII, p. 112). R. en change totalement la signification parce qu'il renverse la souveraineté exercée sur le peuple en souveraineté du peuple. Sur ce renversement et les difficultés qui en découlent : B. Bernardi, « Souveraineté, citoyenneté, délibération : d'une ten-

sion constitutive de la pensée de Rousseau », *Cahiers philosophiques*, n° 84, oct. 2000.

Le caractère inaliénable de la volonté générale est un cas particulier de l'inaliénabilité de toute volonté (CS I, IV). Le « donc » qui relie ce paragraphe au précédent rappelle que rien ne saurait dissocier conservation de soi, intérêt et volonté.

66. R. éprouve la nécessité de réfuter une fois encore la théorie du pacte de soumission pour mettre en place les bases de la théorie du gouvernement comme commission. Elle fera l'objet du livre III. Le même principe fait que la souveraineté est inaliénable et que le gouvernement, commissaire de son exécution, est toujours temporaire et révocable. Dans cette opération, c'est toute forme d'allégeance personnelle qui est dissoute. On verra que la figure du législateur ne contrevient pas à ce principe.

67. L'article *Économie politique* avait avancé cette idée (OC III, p. 250-251) : « Comment me dira-t-on, connaître la volonté générale dans les cas où elle ne s'est point expliquée ? [...] Souvent, quand on la choque trop ouvertement, elle se laisse apercevoir malgré le frein terrible de l'autorité publique. » Cette réflexion sur le consentement et la résistance du corps politique ressort de la réflexion sur le rôle de « l'opinion », dimension essentielle et mal reconnue de la pensée politique de R. À ce sujet, voir particulièrement CS II, XII et IV, VIII, ainsi que notre annotation à ces deux chapitres.

68. Le statut de la volonté générale, comme il a fondé la distinction de la souveraineté et du gouvernement, fonde celle de la loi et du décret. La généralité que requiert la loi est double, celle de l'objet (le peuple statue sur tout le peuple) et celle du sujet (le peuple tout entier statue). C'est ce dernier trait que souligne ce chapitre. Cet argument (avec la note qui le souligne) est d'une portée considérable. Toute délibération de la volonté générale est double. Elle contient en elle-même, par le fait même de délibérer, la formation du lien social. Cet acte-là obéit à la loi de l'unanimité, raison pour laquelle il faut que toutes les voix soient comptées (voir note 42). Elle est en même temps telle délibération, de telle loi, et obéit alors à la loi de la majorité. Il y a là le moyen de comprendre pourquoi R. parle à la fois de *la* volonté générale et d'*une* volonté générale. Il ne faut pas y voir la distinction d'une faculté et de son exercice. La volonté générale n'est pas une faculté mais un pouvoir, un pouvoir de vouloir. Ce pouvoir n'est connu et effectif que dans les délibérations qu'il prend. Chacune est générale parce qu'elle est délibération du souverain dans sa généralité (elle est acte de la volonté générale) et parce que son objet est le bien commun (elle est une volonté générale).

69. R. Derathé fait remarquer à juste titre que R. ne vise pas ici Montesquieu et sa doctrine de la séparation des pouvoirs. De façon générale, l'expression » nos politiques » ou « les modernes » désigne une lignée conçue comme une unité comprenant Grotius, Pufendorf, Hobbes et Barbeyrac. Tous souscrivent formellement à la

thèse selon laquelle la souveraineté est indivisible : Grotius, *Le Droit de la guerre et de la paix*, liv. I, chap. III, XVII, § 1, p. 146 de la traduction de Barbeyrac ; trad. Pradier-Fodéré, PUF, p. 117 ; Pufendorf, *Le Droit de la nature et des gens*, liv. VII, chap. IV, § 1, trad. Barbeyrac, vol. 2, p. 258 ; Hobbes, *Le Citoyen*, trad. Sorbière, chap. XII, § 5. Mais tous, sans exception, la contredisent sans délai pour distinguer les parties de la souveraineté. R. a plus précisément en tête la note de Barbeyrac à sa traduction de Pufendorf (*loc. cit.*) : « La vérité est que la souveraineté renferme un assemblage de divers droits ou de divers pouvoirs distincts [...] ; rien n'empêche qu'ils soient ou entièrement séparés l'un de l'autre, ou entre les mains de différentes personnes. »

70. Le terme « émanation », rare il est vrai chez R., n'a rien de surprenant. Emprunté à la théologie, il désigne exactement une puissance conférée par une puissance supérieure sans dessaisissement aucun. C'est ainsi que R. parle dans les *Lettres écrites de la Montagne* de l'hypothétique pouvoir conféré par Dieu de faire des miracles (lettre III, OC III, p. 729) : « Le troisième caractère des Envoyés de Dieu, est une émanation de la Puissance divine, qui peut interrompre et changer le cours de la nature à la volonté de ceux qui reçoivent cette émanation. » On pourra tirer de là que, pour R., le peuple souverain est un Dieu terrestre. Il en résulte avant tout que la souveraineté de la volonté générale doit être conçue comme puissance et non comme faculté.

71. Voir CS II, VI.

72. Serait-ce le propos du *Contrat social* ? Il faudrait alors voir une allusion perfide aux relations de Voltaire et Diderot avec Frédéric de Prusse et Catherine de Russie.

73. Vouloir le bien, le voir : la différence se retrouvera (CS II, VI) comme celle de l'entendement et de la volonté. Il y a là un équivalent politique du « nul n'est méchant volontairement » de Socrate. Si l'accord des intérêts particuliers se fait non sur l'intérêt commun mais sur la juxtaposition des intérêts particuliers, aucune véritable communauté ne se formera. Voir note 64. Toute la question politique est donc que, lorsque le peuple est assemblé, la voix de la volonté générale parle en chaque citoyen. R. ignore si peu la force des intérêts particuliers, ceux des individus et ceux des associations partielles qu'ils peuvent former, qu'il y voit précisément ce qui fonde la nécessité de la politique, comme le dit la note commentant le marquis d'Argenson. L'article *Économie politique* avait déjà analysé cette menace qui pèse sur les délibérations de la volonté générale (OC III, p. 246-247).

La distinction entre « volonté de tous » et « volonté générale » est essentielle, mais fait l'objet d'un contresens lorsqu'on imagine que de l'une à l'autre l'intérêt particulier disparaît : dans la volonté générale il est *intégré*. Philonenko a très nettement montré que le calcul infinitésimal constituait l'arrière-plan mathématique de ce chapitre et plus généralement du livre II (*J.-J. R. et la pensée du malheur*, vol. III, chap. 2, p. 25-34). La volonté de tous est la somme arithmétique des intérêts particuliers, la volonté générale est leur intégrale. La formation d'associations partielles (diminuant le nombre des petites différences, en créant de grandes) fait obstacle à cette intégration.

74. On s'est souvent moqué de cette délibération sans communication. C'est pour ne pas avoir bien vu le sens de cette notion et son champ d'application. Communiquer signifie ici former une communauté d'opinion. Une communauté d'opinion ne peut avoir pour objet qu'un intérêt commun. Un tel intérêt commun, particulier à une catégorie de citoyens, ne peut que différer de l'intérêt commun de la société entière. R. défend donc l'idée selon laquelle, dans les délibérations de l'assemblée du peuple, chacun opine en son nom propre et non au nom d'un groupe d'intérêt particulier.

Dans un texte célèbre (« Sur le *Contrat social* », *Cahiers pour l'analyse*, n° 8, oct. 1967), Louis Althusser voit dans ce refus des « associations partielles » une dénégation idéologique de l'existence des classes sociales et plus généralement des groupes d'intérêt. Plus largement cette pensée politique serait dénégation de l'économie. Sans remettre en question la thèse d'ensemble, on peut se demander si le terme de dénégation convient bien, tant la question des associations partielles, des intérêts de groupe et de corps, est explicitement prise en compte dans le CS. R. ne prétend en aucune façon qu'il soit possible de supprimer les oppositions d'intérêts, il s'agit de faire en sorte que leur traduction politique ne prenne pas la forme de groupes d'opinions, ou comme le dira Machiavel dans le texte cité plus loin, de « sectes » ou factions.

Il faut ajouter que R. envisage si peu de prohiber toute communication dans la formation de l'opinion commune qu'il défend la pratique des « cercles » de citoyens (*Lettre à d'Alembert*, OC V, p. 90 et 96-99). Sur la réalité historique et le sens politique de cette pratique démocratique du peuple genevois, voir Michel Launay, *J.-J. R., écrivain politique*, ACER, 1971, p. 20 et sq.

75. Machiavel, *Histoires florentines*, l. V, chap. I (trad. E. Barincou, Bibliothèque de la Pléiade, 1952, p. 1288) : « Parmi les nombreuses rivalités qui agitent les États républicains, les unes leur nuisent, les autres leur sont utiles. Les premières sont celles qui enfantent des partis et des partisans ; les secondes sont celles qui se prolongent sans prendre ce caractère. Le fondateur d'une République, ne pouvant donc y empêcher les rivalités, doit du moins les empêcher de devenir factions. » R. Derathé (OC III, p. 1458) trouve étrange que R. prenne appui sur Machiavel pour soutenir sa thèse. Chez Machiavel, R. retient la distinction entre la reconnaissance de l'inévitable opposition des intérêts et le refus de la formation de factions constituées, de groupes d'opinions sclérosés. Toute sa démarche n'a ici qu'un objet : penser les conditions de possibilité de la délibération commune dans l'assemblée du peuple.

C'est en cette fin du chapitre (qui examine « si la volonté générale peut errer ») qu'apparaît pour la première fois la figure du *législateur*, à laquelle sera consacré le chapitre VII du même livre. Il faudra s'en souvenir : le rôle du législateur est celui d'un correcteur, d'un frein (position, on l'a vu, de la raison face à l'instinct, du droit face à l'intérêt, etc.). Des grandes figures de législateurs (rencontrées très tôt par R. dans sa lecture de Plutarque), Lycurgue, Solon, Numa (Sparte, Athènes et Rome) sont les premières (voir fragment 26, section IV, *in* OC III, p. 500). Rousseau leur associe Moïse (*ibid.*) et, parfois, Servius. Lycurgue, aux yeux de R, est celui qui tira Sparte de l'anarchie en restaurant l'égalité entre les citoyens (« Parallèles entre les deux Républiques de Sparte et Rome », OC III, p. 541). Solon (dans une logique qui fut aussi celle de Clisthène), Numa et Servius tentent de restaurer l'unité du corps politique en instituant de nouvelles divisions du peuple qui ont pour fonction de contrecarrer les anciennes. Une fois de plus l'art politique consiste à réparer le mal commencé. Les réformes de Servius sont examinées en détail au livre IV, chap. IV, « Des Comices romains ».

76. Ce chapitre est décisif pour la compréhension d'ensemble de la pensée politique de R. Cela pour trois raisons : il affirme que la souveraineté, pour être absolue, n'est pas illimitée ; il reconnaît trois sujets de droit (l'homme, le citoyen, le souverain) ; il montre que les changements opérés par le passage à l'état civil conservent ce qui est essentiel à la nature de l'homme.

1) Parler des bornes du pouvoir souverain est, au regard de la doctrine de la souveraineté, un paradoxe provocateur. Bodin, qui en forme la définition la plus classique, reconnaît bien que la souveraineté ne s'étend pas aux lois de nature et celles de Dieu, mais affirme bel et bien que, dans son ordre propre, qui est celui de la « franche volonté », rien ne la borne. Cela tient à ce que la volonté pour lui est définie par son sujet et se donne de façon souveraine son objet. Pour R. il n'en est rien. L'objet de la volonté générale, le bien commun qui implique celui de tous et de chacun, la définit. Elle se borne elle-même par son objet. La conservation de soi est le vrai fondement de l'ordre social, la volonté générale ne peut vouloir ce qui la perdrait. Les droits de l'individu sont intangibles.

2) À y regarder de près, le dispositif conceptuel est complexe, mais très net. Nous avons affaire dans l'ordre social à trois sujets de droits distincts. L'homme, comme personne, est détenteur de droits inaliénables : sa vie et sa liberté. Pas plus qu'il ne peut y renoncer, le souverain ne peut y attenter. Si l'on veut donner un contenu au concept de droit naturel chez R., ce sera celui-là et aucun autre. Le souverain lui-même, les citoyens assemblés dans leurs délibérations publiques, jouissent du droit sans réserve de faire loi, c'est-à-dire d'obliger les sujets. Chaque citoyen, comme membre du souverain, dispose de droits politiques, ceux de délibérer, d'opiner, de voter, dans les assemblées souveraines. La législation est strictement bornée par ces droits. Le souverain ne peut ni aliéner sa propre souveraineté (les chapitres précédents l'ont montré), ni imposer aux sujets des contraintes qui seraient attentatoires à leurs droits politiques de citoyens ou à leur droit naturel à la conservation de leur vie et de leur liberté. Enfin, les membres du corps politique, comme sujets, disposent des droits que la loi leur assure et qui règlent leurs rapports.

3) De ce qui précède il découle que, devenant citoyen, le membre du corps politique ne cesse en aucune façon d'être un homme, et que le sujet ne cesse jamais d'être simultanément homme et citoyen.

77. C'est le bien commun qui, en toute chose, est le critère de la volonté générale et de sa rectitude.

78. La volonté générale ne peut être équitable que si elle statue sur son seul objet, le bien commun, et oblige également tous les sujets.

79. La distinction entre acte de souveraineté et acte de magistrature sera développée à propos de la loi (CS II, VI) et du gouvernement (CS III, I).

80. Rousseau complète ainsi ce qu'il a dit au début du chapitre II de ce livre.

81. L'égalité que produit le pacte social est plus qu'une égalité juridique : elle ne se borne pas à concéder à tous les mêmes droits au regard de la loi, elle donne à la loi pour fin de satisfaire également les intérêts de tous. Pour autant elle n'est pas établissement d'une égalité de fait, qui ferait la situation de chacun identique. Voir plus haut, CS I, VIII et note 62 et, surtout, plus bas, CS II, XI.

82. La volonté générale s'annihilerait et le lien social serait dissous si la loi attentait à ce que R. appelle « la sainteté du contrat ».

83. Rousseau reprend ici la « balance » établie en CS I, VIII. Mais cette fois nous sommes dans le cadre d'un lien social « légitime », loin des « abus » de l'état civil « corrompu ».

84. Exposer sa vie pour la conserver, dans l'état civil comme dans l'état de nature, est une suite logique du principe même de conservation. En cela l'obligation de « défendre la patrie » dérive « de la préférence que chacun se donne et par conséquent de la nature de l'homme ». La question de la peine capitale est différente, R. y consacre un chapitre.

85. Ce chapitre soulève des difficultés spécifiques.

Il faut, pour commencer, se garder de l'anachronisme : si le XVIIIe siècle est animé par un débat sur la fonction et la nature des peines, la légitimité de la peine de mort n'y est guère interrogée. Ce n'est véritablement qu'avec Beccaria que le principe de la peine de mort sera mis en question. On remarquera que son œuvre la plus célèbre, *Des délits et des peines*, publiée en 1764 mais rédigée l'année même de parution du *Contrat social* et couronnée en 1763, en Suisse, par la « Société des Citoyens », est une discussion (chap. XXVIII, « De la peine de mort ») du texte de R. dont il reprend des phrases entières. R. défend ici la peine de mort ; il faut en prendre acte. C'est moins la thèse qui fait problème que la façon dont elle est soutenue.

Ce chapitre est sans correspondant dans la version primitive du *Manuscrit de Genève.* Pourtant sa rédaction et son argumentation semblent renvoyer à un état de la pensée antérieur au système des concepts et des thèses du *Contrat social.* Sans préjuger l'origine de ce texte, nous nous bornerons à souligner ces disparités.

Le premier argument ne comporterait guère de difficulté s'il concernait encore le cas envisagé au chapitre précédent : en risquant sa vie pour conserver la communauté, on ne fait rien d'autre que de risquer sa vie pour la conserver. Tel était le cas du défenseur de la patrie. Le condamné ne risque pas sa vie, il la perd à coup sûr. Or, pour étendre cet argument à la peine de mort, R. commet une série d'écarts terminologiques, incompatibles avec sa propre pensée. Ce ne saurait être le citoyen, mais bien le sujet à qui une peine s'applique. Ce n'est pas le Prince mais le Souverain qui est susceptible de statuer que la peine de mort est légitime. R. relèvera lui-même la difficulté plus loin. Si on peut, à la rigueur, penser que le souverain prenne une loi « pour le bien de l'État », il est par contre certain que, si la vie est un don (le terme ne convient pas, il s'agit d'un échange, de la vie contre la vie !), ce n'est en aucun cas un don de l'État, mais bien du Souverain.

Le second argument : le malfaiteur est un ennemi de l'État contredit radicalement la thèse (CS I, IV) selon laquelle la guerre est « une relation d'État à État ». Il conduit même R. à invoquer « le droit de la guerre de tuer le vaincu » qu'il a réfuté méthodiquement (*ibid.*).

À bien des égards, l'argumentation contre le droit de grâce est plus convaincante, en ce qu'elle est inspirée par une fidélité rigoureuse à la doctrine de la souveraineté. On notera d'ailleurs que Beccaria suit R. sur ce point à la fin de son chapitre « Sur la peine de mort ».

Même la dernière phrase de ce chapitre, qui résonne comme une restriction ou repentance, et serait toute naturelle en plus d'une œuvre de Rousseau par son thème (la culpabilité) et sa modalité (l'implication subjective), détonne curieusement dans le *Contrat social* qui s'efforce d'être un « traité ».

Tout rend donc ce chapitre hétérogène à la démarche du *Contrat social*. Il n'en affecte pas le propos d'ensemble.

86. Cette métaphore signale la montée en puissance de la figure de « l'instituteur » de société que sera le législateur. Plus encore qu'au Léviathan, c'est au Golem qu'on peut penser.

87. Pour Rousseau, ce serait même une définition : « ce qui est bien est conforme à l'ordre ». Des études récentes ont souligné cette dimension fondamentale de sa pensée : Maurizio Viroli, *La Théorie de la société bien ordonnée chez Jean-Jacques Rousseau*, De Gruyter, 1988 ; Florent Guénard, *L'Idée de convenance dans la pensée de J.-J. Rousseau*, thèse de doctorat, université Paris-X, 2000.

88. Le parallélisme avec CS I, III est net : « Toute puissance vient de Dieu, je l'avoue ; mais toute maladie en vient aussi. Est-ce à dire qu'il soit défendu d'appeler le médecin ? » Il y a deux ordres de nécessité : l'une est celle des causes et des effets, l'autre est celle des raisons. L'une nous est extérieure et nous contraint, l'autre devrait être reconnue comme nôtre. C'est un double effet de notre dénaturation que nous puissions prendre écart avec l'une et l'autre. Dans un cas comme dans l'autre, ce n'est pas dans une illusoire suppression de cet écart que se trouve le salut (l'homme de l'état civil n'est plus en harmonie avec la nature, il ne suit pas spontanément sa raison) mais dans un bon artifice : la convention sociale est l'analogue d'un remède. Sur ce thème : Jean Starobinski, *Le Remède dans*

le mal. Critique et légitimation de l'artifice à l'âge des Lumières, Gallimard, 1989, p 165-208.

89. On voit là généralement une allusion à l'*Esprit des lois* de Montesquieu, dont le premier livre décline les lois « dans les rapports qu'elles ont avec les divers êtres », comme « lois de la nature », puis comme « lois positives ». De façon plus générale, R. s'inscrit en opposition au physicalisme épistémologique prédominant à l'âge classique. C'est sans doute ce qui a fait de lui, selon l'expression de Durkheim, un « précurseur de la sociologie ».

90. La loi étant la déclaration de la volonté générale, les développements suivants sont strictement parallèles aux trois premiers chapitres de ce livre.

91. Pour R., généralité et universalité sont deux notions équivalentes. Il le dit explicitement dans la première rédaction de ce chapitre (*Manuscrit de Genève*, OC III, p. 327) : « Que signifient ces mots *Universalité*, ou *Généralité*, qui sont ici la même chose ? Le genre considéré par abstraction, ou ce qui convient au tout dont il s'agit, et le tout n'est tel qu'à l'égard de ses parties. Voilà pourquoi la volonté générale de tout un peuple n'est point générale pour un particulier étranger. » Le concept kantien de l'universalité lui est étranger.

92. L'article *Économie politique* parlait du « gouvernement légitime ou populaire ». Il n'y a pas de différence essentielle entre les deux formulations, puisque la République est ce régime dans lequel le peuple est souverain. Ceci sera repris au livre III. R. rompt avec la tradition sous l'effet déterminant de sa distinction du souverain et du gouvernement. On peut penser que l'enrôlement de sa pensée dans ce qui se donne aujourd'hui en France comme « tradition républicaine » se fait au prix d'une équivoque. La république n'est pas pour R. un régime, une forme d'organisation politique, elle est le titre commun de tout lien social légitime, c'est-à-dire dans lequel le peuple est souverain. Voir à ce sujet, B. Bernardi, *La Démocratie*, GF-Corpus, Flammarion, 1999.

93. Ce passage, qui introduit la réflexion sur le législateur, constitue un tournant décisif dans la démarche du *Contrat social*. Peut-être en est-ce le tournant essentiel.

R., ayant commencé par réfuter « les fausses conceptions du lien social » (l. I, chap. I à V), a formulé le « problème » auquel le contrat social donne solution (chap. V et VI), puis en a déployé les conséquences positives (l. I, chap. VII à IX et l. II, chap. I à V). Il a ainsi formé les concepts de citoyen, de souveraineté, de volonté générale, de loi. Il se heurte désormais à une difficulté d'une tout autre nature, parce que c'est une difficulté interne à sa propre pensée, une difficulté qu'elle a elle-même suscitée : comment penser le processus de la délibération publique ? Le peuple souverain peut seul déclarer sa volonté, faire loi ; comment le peut-il ?

Nous avons vu affleurer une première fois cette difficulté, dans la deuxième partie du chapitre III (voir aussi notes 74 et 75) ; une première fois la figure du législateur s'était profilée. Il s'agissait d'éviter que la volonté générale puisse être trompée. Le problème, ici, est beaucoup plus général : comment la volonté générale peut-elle se déclarer ? Il s'agit du premier moment du processus de législation : la proposition de loi. Si le peuple peut seul, et peut réellement, reconnaître la conformité d'une proposition avec sa volonté, comment cette proposition même peut-elle lui être faite ? Une fois un « système de législation » établi (CS II, XI) et la république étant constituée, cette question est « réglée » par les « lois fondamentales ». Les cinq premiers chapitres du livre IV en traiteront. Mais la question examinée ici est différente : il s'agit de la délibération qui a pour objet d'établir ces lois fondamentales. La législation ne peut se présupposer elle-même. Il faut au peuple un « organe » (une fois de plus le registre de la voix est sollicité dans toute sa polysémie) qui puisse énoncer la volonté générale. Elle sera l'objet par un vote d'une déclaration, chaque citoyen y reconnaissant sa volonté générale. C'est exactement le rôle du législateur. Comme souvent chez R., la notion d'entendement est l'objet du recouvrement d'un paradigme acoustique et d'un paradigme optique, du vocabulaire de la voix et de celui des lumières. Éclairant de ses lumières la volonté générale, le législateur lui permet de voir ce qu'elle veut.

94. Le statut du législateur, « homme extraordinaire », est un des points les plus délicats de la doctrine du CS. La façon dont R. résout la difficulté qu'il s'est suscitée (voir note précédente) peut, à bien des égards, paraître ressortir du *deus ex machina*, ou pour le dire autrement du recours à l'homme providentiel. Que reste-t-il de la souveraineté du peuple, si son pouvoir de vouloir se ramène au consentement qu'il apporte à ce qui lui est proposé ? La délibération serait ramenée à sa plus simple expression : dire oui ou non. Cette lecture tantôt portée au crédit de Rousseau, tantôt opposée à sa pensée, repose cependant sur une interprétation peu défendable.

Il faut, pour commencer, marquer la spécificité de l'emploi imparti au législateur. Il concerne l'institution de la société, non la société instituée, les lois fondamentales, non les lois civiles, contrairement à ce que semble penser Bernard Gagnebin (« Le rôle du législateur dans les conceptions politiques de Rousseau », in *Études sur le Contrat social*, Les Belles Lettres, 1964, p. 278). La société étant instituée, le peuple est législateur (CS III, IV, « De la Démocratie »). Lorsque le peuple se défait de son pouvoir de délibérer pour ne plus signifier qu'une allégeance personnelle, « la crainte et la flatterie changent en acclamations les suffrages ; on ne délibère plus, on adore ou l'on maudit » (CS IV, II).

Il faut ensuite remarquer que le statut du législateur est indissociable de la question de l'opinion et des mœurs. On ne légifère pas *in abstracto*. C'est toujours pour un peuple déterminé, que le législateur travaille. La structure du livre II est à cet égard déterminante. Si le chapitre sur le législateur est suivi de trois longs chapitres sur le peuple, c'est pour montrer que la spécificité d'un peuple donne à la législation ses conditions de possibilité. Ce n'est pas autrement que R. aborde la constitution de la Corse ou celle de la Pologne (voir l'Introduction de Barbara de Negroni à ces textes, GF-Flammarion,

1990). Le législateur doit donner au peuple « à l'exemple de Solon, moins les meilleures lois en elles-mêmes, que les meilleures qu'il puisse comporter dans la situation donnée » (*Lettre à d'Alembert*, OC V, p. 61). Dans ce passage remarquable, R. suit Montesquieu (*Esprit des lois*, liv. XIX, chap. XXI). Celui-ci avait écrit : « les meilleures de celles qu'ils pouvaient souffrir ». Le verbe insolite, « comporter », souligne l'essentiel : le législateur ne peut apporter au peuple que ce qu'il y a déjà en lui. La volonté générale ne peut entendre qu'elle-même. S'il en était autrement, elle ne saurait l'entendre.

Le législateur est bien l'*organe* de la volonté générale, c'est-à-dire qu'il dit à haute voix ce qu'elle est prête à déclarer. Ce rapport est très comparable à celui que le vicaire savoyard établit entre la voix de la conscience et l'Évangile. Le Christ est le législateur de la conscience. Il ne dit rien qu'elle ne se dise, mais faisant vibrer sa voix la révèle à elle-même. Le modèle musical de la *consonance* et de l'*unisson* permet à R. de rendre compte de cette relation. Voir notre édition de la *Profession de foi du vicaire savoyard*, GF-Flammarion, 1996, p. 120 et notes 54 et 127. Le même immanentisme régit les conceptions religieuses et les conceptions politiques de Rousseau.

95. Cette dernière formule semble bien corroborer ce que la note précédente indique.

96. Il s'agit du *Politique*. Platon parle de « l'homme royal » comme « homme divin ».

97. R. cite littéralement Montesquieu, *Considérations sur les causes de la grandeur des Romains et de leur décadence*, chap. I, Bibliothèque de la Pléiade, p. 70. La métaphore mécanique, triviale à l'âge classique, ne doit pas être surinterprétée R. Derathé, *J.-J. Rousseau et la science politique de son temps*, p. 410-412 et B. Bernardi, « J.-J. Rousseau, une chimie du Politique ? », *Philosophie*, n° 56, déc. 97. C'est d'ailleurs un modèle chimique beaucoup plus que mécanique qui prévaut dans le paragraphe suivant.

98. Cette dénaturation, qui altère et renforce tout à la fois la constitution de l'homme, est celle qu'effectue le passage à l'état civil (CS I, VIII). Dans l'état civil corrompu, « la société naissante fit place au plus horrible état de guerre : le genre humain avili et désolé, ne pouvant plus retourner sur ses pas ni renoncer aux acquisitions malheureuses qu'il avait faites et ne travaillant qu'à sa honte, par l'abus des facultés qui l'honorent, se mit lui-même à la veille de sa ruine » (*Discours sur l'inégalité*, OC III, p. 176). Le but même de l'association légitime, dont le législateur est occupé, est de substituer à la guerre l'unité civile et à l'abus des facultés humaines leur usage bien ordonné. R. retrouve ici, pour parler de cette nécessaire transformation de l'homme, les modèles dont il s'est servi pour formuler le pacte d'association. Ici comme alors (CS I, V et VI), ce sont les opérations chimiques de la mixtion qui sous-tendent la compréhension de l'association politique (voir notes 40 et 48).

99. L'exterritorialité du législateur a deux significations. 1) Elle est nécessaire à la cohérence du système politique de R. Faire du

législateur un souverain serait renoncer à la souveraineté du peuple. Tel est précisément le point de rupture entre Machiavel et R. sur la place du législateur (*infra*, note 103) ; en faire un magistrat serait ruiner la distinction entre souveraineté et gouvernement. Cet aspect est généralement reconnu. On remarquera que des termes très proches seront employés pour parler du « tribunat » (CS IV, v) qui ne « fait partie de la constitution », et n'a « aucune portion de la puissance législative ni de l'exécutive ». Le tribunat est au gouvernement ce que le législateur est au souverain. 2) Mais on peut reconnaître une autre signification à cette exterritorialité : elle est le lieu de l'articulation entre la politique et l'histoire. À la nécessité naturelle qui est de causalité, R. veut substituer une nécessité politique qui est de raison (note 88). C'est de façon contingente que l'homme est sorti de l'état de nature, comme l'a montré le *Second discours*. À cette contingence « catastrophique », une autre contingence, volontaire et conventionnelle, succède, c'est la formation des sociétés. L'histoire est l'espace articulé de ces deux contingences, entre nature et politique. Cette lecture est au point de rencontre de deux auteurs par ailleurs bien éloignés, H. Gouhier (« Nature et histoire dans la pensée de J.-J. Rousseau », *Annales J.-J. R.*, t. XXXIII, p. 7-48) et L. Althusser (*Écrits philosophiques et politiques*, IMEC, 1994, t. 1, p. 560).

100. Allusion à la pratique des « podestats », savants juristes qui offraient leurs services d'experts aux villes qui le désiraient. Indication de H. Gouhier, *loc. cit.*, p. 279, qui renvoie à Franchini, *Saggio su lo instituto del podestà*, 1912.

101. Le jugement de R. sur Calvin homme politique est plus favorable que sur le théologien (*Lettres écrites de la Montagne*, OC III, p. 715). Les textes constitutionnels de Calvin datent effectivement de 1543, année de son retour à Genève, après cinq ans de bannissement.

102. La fin du chapitre est consacrée à l'autorité que donne aux législateurs de se présenter comme envoyés des dieux. Il y a là deux questions qui s'entremêlent. La première relève généralement de ce que Pascal appelait la « fabrique de l'opinion », et qu'en termes plus récents on désignerait comme idéologie. Pour éveiller à elle-même la volonté générale le discours de la raison ne suffit pas (autrement, l'art politique serait superflu) ; il faut savoir parler à l'imagination et aux sentiments, aux passions mêmes. C'est ce que la religion sait le mieux faire. Il y a là une ligne de force de la pensée politique de R. (voir l'Introduction). La seconde question est celle du théologico-politique, à laquelle renvoie l'allusion à Warburton. Elle sera abordée à propos du chapitre sur la religion civile (CS V, VIII).

103. Machiavel, *Discours sur la première décade de Tite-Live*, liv. I, chap. XI (trad. Barincou, Bibliothèque de la Pléiade, p. 412) : « Et en vérité il n'a jamais en effet existé de législateur qui n'ait eu recours à l'entremise d'un dieu pour faire accepter des lois exceptionnelles, inadmissibles autrement : en effet nombreux sont les principes utiles dont un sage législateur connaît toute l'importance

et qui ne portent pas avec eux de preuves évidentes qui puissent frapper les autres esprits. » Une fois encore, R. témoigne de sa familiarité avec Machiavel. Leur accord est ici bien circonscrit. Pour Machiavel, le souverain et le législateur sont par définition identiques, pour Rousseau nécessairement distincts.

104. Moïse et Mahomet réalisent la conjonction parfaite du législateur et de l'envoyé de Dieu. De là la stabilité des institutions politiques qu'ils ont mises en place. Ce n'est sans doute pas tant le *Mahomet* de Voltaire (Derathé) que vise « l'orgueilleuse philosophie », mais le *Traité des trois imposteurs*. Cet ouvrage anonyme, quasiment mythique, dénonçant l'imposture de Moïse, Jésus et Mahomet, circulait sous le manteau depuis le XVIIe siècle.

105. Sans être le dernier mot de R., cette indication est précieuse. Sur Warburton (*Dissertations sur l'union de la religion, de la morale et de la politique*, trad. Silhouette, Londres, 1742), voir *infra* CS IV, VIII et note.

106. Sur l'articulation de ce chapitre (et des deux qui le suivent) avec le précédent, sur l'économie générale du livre II, voir notes 63 et 94. Autant nous étions jusqu'ici dans la nécessité de ce que le droit prescrit, autant dans toute cette partie consacrée à la tâche du législateur, nous aurons affaire à la contingence. Avant tout à la contingence historique (note 99) dans le chapitre VIII puis géographique (chapitre IX), démographique et économique (chapitre X). Dans ces domaines l'ombre portée des trente et un livres de l'*Esprit des lois* est écrasante.

R. a parfaitement conscience du caractère d'*excursus* de ces trois chapitres et de leur nécessité. Le *Manuscrit de Genève* (OC III, p. 318) faisait précéder ces réflexions de cette remarque : « Quoi que je traite ici du droit et non des convenances, je ne puis m'empêcher de jeter en passant quelques coups d'œil sur celles qui sont indispensables dans toute bonne institution. »

107. L'anecdote est racontée par Plutarque.

108. Aristote, *Les Politiques*, liv. IV, chap. 1, écrivait (trad. P. Pellegrin, GF-Flammarion, 1993) : « Ce n'est pas une moindre tâche de redresser une constitution que d'en établir une de toutes pièces, comme c'est le cas aussi pour réapprendre et apprendre une première fois. »

109. On concevra sans peine que ce texte ait pu être interprété comme prophétique. Il faut le rapprocher du fameux : « Nous approchons de l'état de crise et du siècle des révolutions » (*Émile*, OC III, p. 468). On notera que l'emploi fait du terme « révolution » est ici intermédiaire entre son usage ancien (retour cyclique) et son usage moderne (changement radical). De même pour celui de « crise » : G. Benrekassa, *Le Langage des Lumières, concepts et savoir de la langue*, PUF, 1995, p. 29-39.

110. La modification apportée par le texte de l'édition de 1782 prend son origine dans une remarque marginale de R. dans l'exemplaire personnel de François Henri d'Ivernois. Ayant remarqué l'apparence d'une contradiction entre l'affirmation selon laquelle

« Les peuples ainsi que les hommes ne sont dociles que dans leur jeunesse » (au second alinéa du même chapitre), et celle selon laquelle « il est pour les Nations comme pour les hommes un temps de maturité qu'il faut attendre avant de les soumettre à des lois », il note en face de ce second passage : « contradiction à relever avec la page 93 ».

111. Dans sa critique de Pierre le Grand, R. visait-il expressément Voltaire qui en faisait l'éloge dans son *Histoire de Charles XII*, et son *Histoire de Russie ?* C'est en tout cas ce dont celui-ci fut persuadé. En marge de son exemplaire personnel du CS, il note : « Polisson ! Il te sied bien de faire de telles prédictions. » Puis il entretint une interminable polémique sur le sujet dans les éditions successives du *Dictionnaire philosophique* (entrée « J.-J. Rousseau et Pierre le Grand ») puis dans les *Idées républicaines* (§ XXXVII).

Pour R. l'exemple, ou plutôt le contre-exemple de la Russie compte avant tout pour marquer le caractère national que devait prendre la constitution. C'est sur cette idée qu'il engage son propos sur la Corse comme sur la Pologne.

112. C'est un des rares échos de l'*Émile* dans le CS, l'inverse étant beaucoup plus fréquent.

113. On peut trouver de nombreuses sources à ce texte, le thème est rebattu. Les principales sont chez Aristote (*Les Politiques*, VII, chap. 4 et 5, trad. P. Pellegrin, GF-Flammarion, p. 461-466) et Montesquieu. Ces œuvres semblent avoir été devant R. lors de la rédaction. Cependant, il donne à ce thème une tonalité nouvelle. Sa préférence va aux petits États par principe : ce sont les plus aptes à la démocratie, et en tout cas à l'exercice du pouvoir souverain ; mais aussi par inclination personnelle : il y a là l'opposition de Genève et de la France. La maxime selon laquelle : « Plus le lien social s'étend, plus il se relâche », a une portée beaucoup plus large. Elle permettrait en particulier d'articuler la théorie politique de R. et ce que l'on serait tenté de caractériser comme sa politique des passions. Le bon lien est toujours « serré », « étroit », « intime » : ce vocabulaire court des *Institutions chimiques* aux *Confessions* en passant par la *Nouvelle Héloïse*.

114. Il faut se souvenir que c'est d'une crise de l'impôt que mourra l'Ancien Régime : les caisses de l'État étaient vides et, dans le même temps, les particuliers écrasés par la multiplicité et le poids de l'imposition.

115. Derrière cette critique des grands empires, privés de l'unité de culture et de mœurs qui est indispensable pour qu'un peuple puisse recevoir une bonne législation, peut-être faut-il voir précisément la France ?

116. La physique cartésienne des tourbillons est une scie au XVIIIe siècle. C'est devenu, depuis les offensives victorieuses contre les cartésiens à l'Académie des sciences (É. Badinter, *Les Passions intellectuelles*, vol. I, Fayard, 1999), un objet de raillerie. R. n'y répugne pas (*Profession de foi du vicaire savoyard*, GF-Flammarion, 1996, p. 62 et note 38).

117. Montesquieu, *Considérations sur les causes de la grandeur des Romains et de leur décadence*, chap. IX, Bibliothèque de la Pléiade, p. 120 : « Rome était faite pour s'agrandir, et ses lois étaient admirables pour cela. »

118. Aristote, *Les Politiques*, liv. VII, chap. 4, trad. P. Pellegrin, GF-Flammarion, p. 462.

119. Tel est le canton du Valais, cher à Rousseau.

120. On peut trouver chez Machiavel la matière de cette opposition (*Discours sur la première décade de Tite-Live*, l. I, chap. X (trad. Barincou, Bibliothèque de la Pléiade, p. 407-411). Mais l'insistance sur le « moment » de l'institution (véritable « kaïros ») est un apport de R. C'est encore le registre de la bonne et de la mauvaise contingence (voir note 99) : la bonne est celle qui permet d'échapper à la contingence pour fonder un ordre civil, la mauvaise celle qui engendre le désordre et l'arbitraire.

121. Dans cette récapitulation des conditions optimales pour l'institution d'une société, il convient de relever l'apparente contradiction entre celle qui veut que le peuple se trouve « déjà lié par quelque union d'origine, d'intérêt ou de convention » et l'idée selon laquelle « ce qui rend pénible l'ouvrage de la législation, est moins ce qu'il faut établir que ce qu'il faut détruire ». Elles ne se situent pas sur le même plan. La première concerne le lien social : pour qu'une volonté générale puisse se déclarer, il faut qu'un peuple soit donné, communauté de fait appelée à devenir communauté de droit. La seconde concerne un ordre politique déjà établi et, par définition, corrompu.

122. Encore une prédiction. Comme la précédente concernant la Russie, elle a été ajoutée après la rédaction du *Manuscrit de Genève.* Elle vaudra à R., en juin 1764, la visite d'un patriote corse, Butafuco, qui lui demandera un projet de constitution pour la Corse. Ce sera sa première œuvre de législateur.

123. Ces deux points ont déjà été établis, le premier par tout le livre I, le second par le chapitre III du livre II. L'égalité qui est requise, nous le savons donc déjà, est celle qui est nécessaire pour que chaque citoyen puisse également participer à la détermination de la volonté générale.

124. Dans un cas comme dans l'autre, il s'agit de préserver la liberté de la volonté générale de chaque citoyen comme membre du souverain.

125. L'objet propre des lois politiques est de créer les conditions pour que la volonté générale ne puisse errer.

126. Peuples « mangeurs de poissons ». Ici se rejoignent le goût pour l'histoire ancienne et l'intérêt du siècle pour ce que nous appellerions l'ethnologie. Rousseau dévorait les récits de voyages.

127. L'*Esprit des lois*, liv. XI, chap. V, « De l'objet des états divers ». La comparaison des listes établies par R. et Montesquieu est intéressante.

128. Ce principe d'unité, auquel Montesquieu donnait précisément le nom « d'esprit des lois » (liv. I, chap. III), est pensé par R. sous la notion de « convenance » (note 87).

129. Elles sont l'objet de l'institution qui occupe le législateur. R. prend soin de noter, une fois encore, qu'elles relèvent en dernier recours du peuple souverain et de lui seul. C'est une erreur fréquente que de les réduire à des lois constitutionnelles, et de rabattre le droit politique sur le droit constitutionnel. La tradition française, en particulier dans l'enseignement du droit, s'est acharnée à occulter la sociologie chez Montesquieu et la politique chez Rousseau.

130. C'est l'ensemble du corps de législation qui fait l'objet des délibérations des assemblées du peuple.

131. Des lois pénales, R. a dit fort peu de chose : leur nécessité (CS I, VII), qu'elles incluent la possibilité de la peine de mort (CS II, V). Cette discrétion est à mettre en rapport avec la réserve qui est la sienne, dans l'ordre religieux, sur « le châtiment des méchants » (*Profession de foi du vicaire savoyard*, GF-Flammarion, 1996, p. 80).

132. Ces « lois non écrites », comme disaient les Grecs, sont aux yeux de R. l'essentiel. Lorsqu'il parle de « nos politiques », il faut entendre les penseurs modernes (note 69). On peut observer que la réflexion sur les mœurs est à l'ordre du jour : les *Considérations sur les mœurs* (1751) de son ami Duclos sont là pour le prouver ; Montesquieu y fait une large place dans l'*Esprit des lois*. R. met particulièrement l'accent sur l'opinion, dont le concept est voisin de notre moderne idéologie (note 102) et, surtout, en fait un ressort fondamental de la politique. R, dans le CS, fait exactement comme le législateur : voir Introduction, *Ce dont le CS s'occupe en secret*, p. 28.

133. Pour aborder le livre III, il faut déterminer son objet. Le titre que donne la Table (*Où il est traité des lois politiques, c'est-à-dire, de la forme du Gouvernement*) recoupe la dernière phrase du livre II : des trois classes de lois, « les lois politiques, qui constituent la forme du Gouvernement, sont la seule relative à mon sujet ». On pourrait s'attendre (le texte est souvent lu ainsi) à une reprise de la très ancienne problématique de la typologie des gouvernements. R. n'ignore pas cette tradition. Il a affaire à elle, mais sur le mode de la rupture : la théorie de la souveraineté entraîne une redéfinition complète de la notion de gouvernement, et donc de la question des formes de gouvernement. Aussi, ce serait une erreur de croire que l'on passe de la théorie de la souveraineté à celle du gouvernement, la théorie du gouvernement ne peut se comprendre que comme partie intégrante de la théorie de la souveraineté. La définition de l'objet des lois politiques (CS II, XII) le montre clairement : « l'action du corps entier agissant sur lui-même, c'est-à-dire le rapport du tout au tout, ou du Souverain à l'État, et ce rapport est composé de celui des termes intermédiaires ».

R., recourant à la métaphore démiurgique de la création du corps politique comme être artificiel, avait déjà noté (CS II, VI) : « Par le pacte social nous avons donné l'existence et la vie au corps politique : il s'agit maintenant de lui donner le mouvement et la volonté par la législation. » La volonté, pour se mettre en œuvre, doit disposer d'une force d'exécution. C'est le gouvernement. Sous ce regard, la démarche est limpide : livre I, venue à l'existence du corps politique (le contrat ou pacte d'association) ; livre II, manifestation de cette existence comme volonté (la souveraineté ou volonté générale) ; livre III, exécution de cette volonté (le gouvernement).

134. La difficulté est double : formant de nouveaux concepts, R. exige de nous une rupture avec les modes de penser reçus ; de plus, il va mettre en œuvre un modèle mathématique complexe.

135. La première difficulté est déjà là ! La comparaison n'a pas la simplicité qu'on peut d'abord lui prêter. La volonté, comme la force, est une puissance ; la force, comme la volonté, est déterminante. Le gouvernement tient sa force, celle de se faire obéir des sujets, de la volonté générale qui la commet à son exécution. La volonté, générale par essence, n'achève de se déterminer que dans les actes de magistrature, qui sont de gouvernement.

136. Voir CS II, VI.

137. La première rédaction développait la comparaison : « Comme dans la constitution de l'homme l'action de l'âme sur le corps est l'abyme de la philosophie, de même l'action de la volonté générale sur la force publique est l'abyme de la politique dans la constitution de l'État » (*Manuscrit de Genève*, OC III, p. 296).

R. souligne le sens latin du mot « ministre » : le serviteur. De même l'association des termes magistrat, roi, gouverneur, prince, énumère les traductions possibles du grec *archôn*, terme clé des *Politiques* d'Aristote.

138. Cette médiation est exceptionnelle, elle est entre le même et le même : la personne publique, qui est souverain en tant qu'elle est active, État en tant qu'elle est passive ; la personne de chaque citoyen et de chaque sujet (CS I, VI).

139. Si le gouvernement est confié par commission et non par contrat, c'est que le souverain ne saurait contracter qu'avec lui-même (c'est le pacte social) ; tout contrat par lequel il se lierait serait une aliénation, contraire à la nature même de la souveraineté. R. reviendra plus au long sur ce point, CS III, XVI. La théorie du contrat ou pacte de soumission était un lieu commun depuis l'époque médiévale (B. Tierney, *Religion et droit dans le développement de la pensée constitutionnelle*, PUF, 1993). Pour des raisons opposées, Hobbes et Locke l'avaient refusée. Hobbes, parce que le souverain n'est en rien lié par un engagement avec ses sujets ; Locke, au contraire, parce que la confiance (*trust*) des membres du corps politique est constitutive de l'autorité du gouvernement civil.

140. Les deux définitions du gouvernement, la première comme « *corps* intermédiaire entre les sujets et le souverain », la seconde comme « exercice légitime de la puissance exécutive », sont complémentaires. C'est la fonction qui leur est commise qui constitue en corps ceux à qui elle est confiée. Cela permet de comprendre pourquoi, même si le Prince est un individu singulier, il constitue un corps. R. retourne exactement contre lui-même l'argument de

Hobbes sur le rapport *multitudo/populus* (*De cive*, chap. VI, § 1 et chap. XII, § 8.). C'est là un effet réglé de la refondation du concept de souveraineté. Voir aussi note 39.

141. Ici commence une série d'emprunts au langage mathématique, récurrents au long du livre III. Nous avons déjà vu (CS II, III, et note 73) l'usage fait du calcul infinitésimal. Longtemps, les commentateurs y ont vu des obscurités, des difficultés insurmontables, quand R. n'était pas simplement accusé d'ignorance et de confusion. Cela pour deux raisons : la culture scientifique de R. était largement sous-estimée (n'était-il pas convenu qu'il méprisait les sciences ?) ; on ne se souciait pas de savoir à quelles mathématiques il se référait. Marcel Françon, et plus récemment Pierre Speziali, ont situé historiquement les mathématiques utilisées par R, et ainsi montré que sa maîtrise était au moins celle d'un « honnête homme ».

Les éclaircissements qui suivent sont redevables à M. Françon : « Le langage mathématique de J.-J. R. », *Isis*, vol. 40, 1949 (article repris dans les *Cahiers pour l'analyse*, n° 8, oct. 1967), « Sur le langage algébrique de R. », *Annales de la Société J.-J. R.*, t. XXXIII, 1953-1955), ainsi qu'à P. Speziali, « Notice sur les "textes scientifiques" de R. » (OC V, 1995, p. CCLVIII-CCLX). Le vocabulaire de R. peut s'éclairer par les ouvrages du père Bernard Lamy, dans lesquels il s'est formé dès les Charmettes : *Élémens de Mathématiques*, 1680 ; *Élémens de Géométrie*, 1685), ainsi que par les articles de l'*Encyclopédie* correspondants (voir *Raison, Rapport, Puissance, Proportion, Exposant*. La plupart sont de d'Alembert).

Le *rapport* de deux grandeurs (a/b), dont le premier terme est appelé « antécédent » et le second « conséquent », exprime la manière dont le conséquent est contenu par l'antécédent. La *raison* du rapport est le rapport primitif auquel on peut le ramener. 1/4 est la raison des rapports (2/8), (4/16), etc. On appelle *exposant* le rapport inverse, quotient de l'antécédent par le conséquent. Le terme *raison* et le terme *rapport* sont souvent employés l'un pour l'autre.

Une proportion est une égalité de rapports, de type $(a/b) = (c/d)$. Les différents rapports d'une proportion ont même raison et même exposant. Le premier et le dernier terme de la proportion sont ses *extrêmes* (a et d). Les deux intermédiaires sont les *moyens* (b et c). Si les termes moyens diffèrent, la proportion est dite *discrète*. Exemple : (2/4) = (8/16). S'ils sont égaux, la proportion est dite *continue*. Elle sera du type : $(a/b) = (b/c)$. Exemple : (2/4) = (4/8). Le terme moyen sera alors dit *moyenne proportionnelle*.

Il faut prendre garde à ce que les termes d'une proportion sont toujours des quantités, exprimées en nombres. Lorsque R. envisage le souverain comme terme d'un rapport, c'est toujours le nombre des citoyens qui est considéré. De même, l'autre extrême sera le nombre des sujets. Ces deux nombres sont identiques, et pour cette raison sont, à l'égard l'un de l'autre, comme 1 est 1. À cette condition, la démonstration de R. est parfaitement rigoureuse.

Le Gouvernement est ici moyenne proportionnelle entre le Souverain et l'État. Ce que le Souverain est au Gouvernement, le Gouvernement l'est à l'État : il dirige. Mais encore une fois le gouvernement est ici considéré comme le nombre des magistrats qui le composent.

142. Le produit des moyens est égal à celui des extrêmes. La *puissance* est le produit d'un nombre par lui-même.

143. La dissolution du corps politique, c'est la désintégration de l'association, ou mixtion (CS I, v, et note 40). Elle a deux figures : l'agrégation mécanique par soumission à une force, c'est le despotisme ; la disparition de tout lien organisé, c'est l'anarchie. R. y consacrera la fin du livre (CS III, x à xv).

Avec la notion de dissolution, revient l'un des paradigmes sous lesquels R. pense le corps politique, le paradigme chimique. Il va jouer un rôle important dans la rédaction du livre III. La culture chimique de R. a connu une occultation plus sévère encore que sa culture mathématique. Le volume V des *Œuvres complètes*, supposé contenir les écrits scientifiques, l'ignore, Pourtant elle était beaucoup plus approfondie. Bernadette Vincent-Bensaude et Bruno Bernardi, « Pour situer les *Institutions chimiques* », in *Corpus*, n° 36, 1999, *R. et la chimie*.

144. Pour une valeur donnée du Souverain et de l'État, il n'y a qu'un bon gouvernement possible. Mais comme ces valeurs sont variables (ce qu'ont montré à l'envi les chapitres sur le peuple, CS II, viii à x), il y a une infinité de bons gouvernements. Cet énoncé est capital ; il récuse d'emblée deux questions des plus traditionnelles en philosophie politique : Combien et quelles sont les formes de gouvernement ? Quel est le meilleur gouvernement ? Typologie, axiologie.

145. Le critère démographique a l'avantage technique d'être quantifiable, donc de se prêter à l'application du modèle. Mais il est aussi particulièrement pertinent parce que (CS III, ix), s'il n'y a pas de critère du bon gouvernement, la démographie est le *signe* de ce qu'un gouvernement est bon, ou non. Voir plus loin, note 204.

146. Un rapport est qualifié de *grand* à proportion de la valeur de sa raison. Dans une proportion continue (c'est le cas ici), la raison est le rapport des extrêmes. La raison augmente si le conséquent augmente (ici la population). Ne l'oublions pas, la question des lois politiques est avant tout celle du rapport du corps des citoyens aux sujets, qui sont les mêmes, sous un rapport différent. Ici on compare les extrêmes. Le pouvoir des citoyens comme membre du souverain (la liberté politique) est d'autant plus grand qu'ils sont peu nombreux. Encore un argument en faveur de petits États.

147. L'égalité entre les extrêmes, c'est l'individu dans son rapport à lui-même. Dans une société, le rapport (la raison) augmente avec la population : de 10 000 à 100 000 dans l'exemple précédent. L'exposant indique fort bien le poids respectif de chaque citoyen : 1/10 000e dans le premier cas, 1/100 000e dans le second. Quand le rapport augmente au sens géométrique, le citoyen s'éloigne du sou-

verain. Cet éloignement a pour effet inévitable un écart croissant entre la volonté particulière et la volonté générale. Il faut alors que la « force compulsive » soit plus grande.

148. Il faut plus de force compulsive pour faire obéir mille sujets que cent.

149. Dans le rapport Souverain/Gouvernement, une augmentation de la force compulsive de celui-ci requiert une augmentation de la force prescriptive de la volonté générale, sans quoi on aura immanquablement une usurpation de la souveraineté par le gouvernement.

150. La *raison double* ou *doublée* est, dans une proportion le produit des deux rapports. Dans une proportion continue, on aura (a/b) x (b/c) et donc : a x $c = b^2$. Si c est constant et égal à 1, $a = b^2$. Et par conséquent : le gouvernement doit être égal à « la racine carrée du nombre du peuple ».

151. R. prend ses distances avec la construction, un peu laborieuse, qu'il vient de produire. Il ne faut pas s'y tromper : s'il relativise le modèle quantitatif de la population, il considère bien son « système » comme fondé et explicatif. Il dira encore dans les *Lettres écrites de la Montagne* (OC III, p. 771) qu'on « doit lire avec quelque soin dans le Contrat social les deux premiers chapitres du Livre troisième ».

152. Thèse essentielle : le gouvernement est une personne morale, un corps politique. Comme tel, toute la théorie du corps politique élaborée aux premiers livres doit lui être appliquée. C'est ce que commencera à faire le chapitre suivant, distinguant le gouvernement du prince sur le modèle de la distinction entre souverain et État. Mais il y a une différence essentielle, aussitôt relevée.

153. Ce n'est pas seulement sa volonté mais sa force aussi que le gouvernement tient du souverain. Le pouvoir exécutif procède de la seule puissance véritable : la volonté générale.

154. Voir note 143.

155. R. retrouve ici les termes employés pour la naissance du corps social (CS I, VI), « un corps moral et collectif composé d'autant de membres que l'assemblée à de voix, lequel reçoit de ce même acte son unité, son *moi* commun, sa vie et sa volonté ». La problématique de la délibération, très logiquement, réapparaît alors à propos du gouvernement, comme elle était apparue pour l'assemblée du peuple (CS II, III).

156. Comme pour toute personne morale et collective, une triple question se pose au gouvernement : la formation de sa volonté commune, les rapports que celle-ci entretient avec les volontés particulières de ses membres, l'exécution de sa volonté. Les mêmes divisions réelles et les mêmes distinctions conceptuelles seront nécessaires.

157. Comparer avec la tripartition de la volonté particulière, de la volonté de tous et de la volonté commune (CS II, I et III, notes 64 et 73). R. discerne dans la volonté de corps, ou esprit de corps, une

des entraves majeures à la souveraineté populaire. Cette difficulté ne nous est pas inconnue.

158. Ce réalisme, sinon ce pessimisme, sur la prévalence de l'intérêt le plus proche, est constant chez R. L'article *Économie politique* (OC III, p. 246) notait déjà que « malheureusement l'intérêt personnel se trouve toujours en raison inverse du devoir, et augmente à mesure que l'association devient plus étroite et l'engagement moins sacré ». Mais, une fois encore, l'art politique n'a pas d'autre raison d'être que de contrecarrer cette pente naturelle.

159. Le déséquilibre entre les deux ordres de considération ne doit pas surprendre : nous sommes au cœur de la théorie du gouvernement. Sa fonction, faire obéir à la loi, requiert avant tout l'efficacité. C'est donc la force du gouvernement qui est privilégiée. Sa rectitude dépend non de lui-même mais de la puissance de la volonté générale. C'est à elle de se faire obéir du gouvernement. Les conditions en ont été établies au livre II, leur application sera examinée dans la deuxième partie du livre III et au livre IV. Le gouvernement démocratique, s'il est bien supérieur à tout autre du point de vue de la rectitude, est le moins efficient comme gouvernement. Entre monarchie et démocratie, l'aristocratie se profile comme la forme de gouvernement la plus équilibrée. Mais, pour le coup, ce que R. met sous ce terme lui est très particulier.

160. De lourdes erreurs peuvent être induites par le titre de ce chapitre et le fait que trois formes de gouvernement y soient définies. Malgré ces apparences, R. ne reprend pas la problématique classique de la typologie des gouvernements. Pour éviter ces incompréhensions, il faut d'abord retenir la leçon du chapitre I : *Il n'y a pas une constitution de Gouvernement unique et absolue, mais il peut y avoir autant de Gouvernements différents en nature que d'États différents en grandeur.* Nous avons d'abord affaire à une variation continue.

La modélisation par le quantitatif et donc le variable va s'inscrire au cœur même des nouveaux concepts. À quoi reconnaît-on la démocratie ? À ce que le souverain « commet le gouvernement » à « tout le peuple ou à *la plus grande partie* du peuple ». L'aristocratie ? À ce qu'il y a « *plus* de citoyens *que* de magistrats ». La monarchie ? C'est cette valeur limite qui institue un « magistrat unique ». Il n'y a plus à évaluer des formes hétérogènes, mais à mesurer des quantités qui varient de façon continue. Pour souligner ces définitions, R. ajoute : « On doit remarquer que toutes ces formes ou du moins les deux premières sont susceptibles de plus ou de moins [...]. Ainsi il y a un point où chaque forme de Gouvernement se confond avec la suivante, et l'on voit que, sous trois seules dénominations, le Gouvernement est réellement susceptible d'autant de formes diverses que l'État a de citoyens. »

Les *Lettres écrites de la Montagne* (OC III, p. 806) emploieront un verbe éclairant : « Les diverses formes dont le Gouvernement est susceptible *se réduisent* à trois principales. » Les formes principales, ou simples, ne sont pas des formes élémentaires premières mais des valeurs remarquables. Voir de même le texte de l'*Émile* (OC IV, p. 402). On ne va pas du simple au complexe par composition, on obtient le simple par réduction.

Pour l'ensemble de la question, B. Bernardi, « Constitution et gouvernement mixte, notes sur le livre III du CS », *Corpus*, n° 36, 1999.

161. La souveraineté est indivisible, le gouvernement, le pouvoir l'est. L'une a pour pôle le sujet de la volonté, le peuple souverain, l'autre son objet, les affaires. L'une agit par des lois, l'autre par des décrets. Le Gouvernement comporte donc des parties ou départements. Chacun pourra être régi par un principe différent. De là les gouvernements mixtes. R. introduit la notion de gouvernement mixte avant de consacrer un chapitre à chacune des formes simples. Le mixte est premier, le simple n'est obtenu que par simplification, comme « dénomination » utile. Lorsqu'il abordera de front les gouvernements mixtes (CS III, VII), ce sera sur le mode du retour au réel : « À proprement parler il n'y a point de Gouvernement simple. »

162. Avec la relativisation de la question de la forme des gouvernements, la question du meilleur gouvernement perd l'essentiel de sa pertinence.

163. Au moment d'aborder les formes simples de gouvernement, il faut rappeler que R. s'est formé sa propre terminologie. Démocratie, aristocratie, monarchie ne sont pas des régimes mais des formes de gouvernement. R. n'utilise jamais la notion de régime. Le vocabulaire politique moderne n'a pas suivi R. Nous appelons « démocratie » ce qu'il appelle « république ». Il peut en résulter une méprise sur l'objet des chapitres suivants. Ce choix terminologique n'allait pas de soi. La *Lettre à d'Alembert* (OC V, p. 105) parle de la démocratie comme de l'État « où les sujets et le souverain ne sont que les mêmes hommes considérés sous différents rapports ». C'est la définition de la république dans le CS.

164. Le gouvernement démocratique est le meilleur et le pire pour la souveraineté. D'un côté, si le peuple veut et fait, ce semble être une garantie pour sa souveraineté. Ainsi en serait-il pour une personne simple. Mais le peuple est une personne morale, composée. C'est pourquoi, il faut distinguer l'objet de sa volonté, nécessairement général, et celui de son action, nécessairement particulier. Le risque est donc que le peuple gouvernant ne corrompe le peuple souverain, en détournant celui-ci de son véritable objet.

165. L'argument est d'une autre nature. Il surprend sous la plume de R. qui consacrera tout un chapitre du même livre (CS III, XII) à en réfuter un autre très semblable : « Le peuple assemblé, dira-t-on ! Quelle chimère ! C'est une chimère aujourd'hui, mais ce n'en était pas une il y a deux mille ans : Les hommes ont-ils changé de nature ? Les bornes du possible dans les choses morales sont moins étroites que nous ne pensons. » Mais les deux cas sont bien différents. Les actes de la volonté générale sont instituants : s'ils sont ponctuels comme prise de délibération, ils visent comme tout

droit (CS I, III) à la durée. Les actes de magistrature sont toujours momentanés, précaires. Par un renversement nécessaire du rapport au temps, les assemblées du souverain peuvent être discontinues, le gouvernement doit siéger en permanence.

166. La liste des conditions nécessaires à l'établissement d'un gouvernement démocratique est strictement analogue à celles qui sont requises pour l'institution d'un peuple (CS II, XII). À cela rien d'étonnant : dans un cas comme dans l'autre, il s'agit des conditions optimales pour la formation de la volonté générale.

167. Montesquieu (*Esprit des lois*, liv. III, chap. III) fait de la vertu le principe de la démocratie, quand la modération est celui de l'aristocratie et l'honneur celui de la monarchie. Pour R., la vertu est le principe de la souveraineté donc de tout gouvernement légitime.

168. « Je préfère les dangers de la liberté au repos de la servitude » (*Observations sur le Gouvernement de la Pologne*, du roi Stanislas, Paris, 1749). Pour R., l'opposition est incontournable entre la liberté et la tranquillité. Il y reviendra, chapitre XIV : lorsque les citoyens sont « plus amoureux du repos que de la liberté », le gouvernement usurpera à coup sûr la souveraineté. Ou plus tard (*Considérations sur le Gouvernement de la Pologne*, OC III, p. 955) : « Le repos et la liberté me paraissent incompatibles ; il faut opter. »

169. La formule est à rapprocher de celle qui concerne le législateur (CS II, VII) : « Il faudrait des Dieux pour donner des lois aux hommes. » À l'une comme à l'autre, on a fait dire plus qu'elles ne disent. Comme l'observe R. Derathé : pour faire dire à R. que jamais un peuple ne se gouvernera lui-même, il faut isoler ce chapitre du corps du CS, particulièrement des derniers chapitres du livre III.

170. C'est à la notion d'aristocratie que R. donne le sens le plus insolite. Aussi bien, lorsqu'on affirme la préférence de R. pour l'aristocratie, on prend souvent de grandes libertés avec sa pensée.

Depuis l'Antiquité, la notion d'aristocratie (le gouvernement des meilleurs) oppose les meilleurs et le peuple. De plus, les meilleurs sont supposés l'être par nature, et de façon héréditaire. R. renverse cela du tout au tout. L'aristocratie ne saurait être héréditaire, mais élective. Le peuple choisit les meilleurs. Ensuite ce choix se fait, d'évidence, parmi le peuple. Tous naissent citoyens, tous sont de potentiels magistrats, tous choisiront parmi tous lesquels le deviendront effectivement. On serait tenté, et cette tentation constitue le second niveau de fausses lectures de la pensée de R., de reconnaître dans ce modèle celui de nos démocraties représentatives. Mais cela reviendrait à supprimer la distinction entre souverain et gouvernement, à accepter la représentation que R. récuse.

Le régime auquel va la préférence de R. peut donc se définir ainsi. Le peuple – et lui seul – est souverain. Il fait les lois. Il nomme par élection ceux qui devront les appliquer. Nul ne peut représenter la volonté du peuple. Le gouvernement est constitué de magistrats élus parmi les citoyens, responsables devant eux, comptables de leur administration.

171. Les difficultés de compréhension viennent plus de lectures erronées que du texte. Qu'il puisse y avoir plusieurs volontés générales n'a rien de surprenant. La volonté générale est si peu universelle et absolue qu'elle est relative à chaque groupe d'intérêt déterminé. Il y a même des volontés « plus générales » que d'autres (article *Économie politique*, OC III, p. 246). L'esprit de corps est ici au maximum. Cela exigera aussi un souverain très actif.

172. L'âge est un mode de sélection des gouvernants parfaitement adéquat au modèle recherché : tous, en naissant, sont des Anciens en puissance ; la nature choisit ceux qui le deviennent et... le restent !

173. On a dans le texte la transformation de la force en droit et, dans la note, celle de l'obéissance en devoir. Cette double généalogie, sa dimension philologique, ne peuvent manquer d'être rapprochées de Nietzsche. Il se gausse beaucoup de R., mais l'a beaucoup lu.

174. Le *Jugement sur la* Polysynodie *de l'abbé de Saint-Pierre* (OC III, p. 645) s'achève sur une condamnation sans appel de l'aristocratie comme « la pire des souverainetés ». En note R. a ajouté : « Je parierais que mille gens trouveront encore ici une contradiction avec le Contrat social. Cela prouve qu'il y a encore plus de lecteurs qui doivent apprendre à lire, que d'auteurs qui devraient apprendre à être conséquents. » Pour ces mille lecteurs, les *Lettres écrites de la Montagne* (OC III, p. 809) synthétiseront : « le meilleur des Gouvernements est l'aristocratique ; la pire des souverainetés est l'aristocratique ».

175. Les qualités requises sont des qualités personnelles. Cela n'a rien d'étonnant s'agissant du choix de magistrats, c'est-à-dire d'exécutants. Les mêmes critères appliqués à l'élection de représentants changent tout à fait de sens. R. les jugerait totalement étrangers au souci de la souveraineté.

Le jugement de R. sur le Sénat de Berne ne sera pas toujours aussi favorable.

176. Sur ce point R. suit Montesquieu qui voit dans la modération le principe de l'aristocratie (voir note 167).

177. Cette référence à Aristote est obscure. On ne voit pas qu'il ait défendu une telle idée. On ne voit pas non plus que R. ait pu confondre aristocratie et oligarchie.

178. Les commentateurs (particulièrement Derathé et Beaulavon), s'ils voient bien comment le monarque peut représenter un collectif, sont embarrassés par l'expression : « un être collectif représente un individu ». On peut en rendre compte. Le Prince, comme le Peuple, est une personne morale (CS III, I). À ce titre, il constitue une unité, il est un individu. Les magistrats qui le composent le représentent. Dans le gouvernement démocratique, le Peuple tout entier est ce représentant, dans l'aristocratie ce sont les magistrats élus, dans la monarchie le monarque. Celui-ci est à la fois un corps et son représentant. En fait R. suit ici exactement le

vocabulaire de Hobbes. Celui du *Léviathan* (chap. XVII) comme du *De cive* (voir également note 140).

179. Le modèle mécanique prévaut ici. N'est-ce pas à la fois parce qu'il convient bien à la monarchie (et donc pas à la souveraineté) et parce que les réminiscences de Montesquieu sont, dans ce contexte, plus fortes ?

180. Voir CS I, II : R. doute fort de cet amour du roi pour son peuple.

181. Dans la Bible, le Livre de Samuel (liv. I, chap. VIII) évoque l'institution de la royauté, en place des anciens Juges. Le peuple réclamant un roi, Samuel, au nom de Dieu, l'avertit du choix de la servitude ainsi fait. Mais le peuple s'obstine. Ce texte était abondamment cité, aussi bien par Hobbes (*De cive*, chap. XI, § 6, GF-Flammarion, p. 213), que par Algernon Sidney (*Discours sur le gouvernement*, chap. XIII, § 3).

182. Ce jugement sur Machiavel, appuyé par la note ajoutée dans l'édition de 1782, s'inscrit dans la continuité de Spinoza (*Traité politique*, chap. V, § 7) et, plus généralement, de tous les partisans de la démocratie. Ce pourrait même être un critère assez probant de distinction entre libéraux et démocrates que la façon dont ils reçoivent Machiavel. R. Derathé signale l'appréciation sans équivoque d'un jurisconsulte du XVIe siècle, Alberico Gentili (*De legationibus*, liv. III, chap. IX) : « Machiavellus Democratiae laudator et assertor acerrimus. » Elle figure dans le dictionnaire de Bayle, dont R. usait beaucoup.

183. C'est précisément dans les ordres intermédiaires que Montesquieu voyait la chance d'un État modéré.

184. On voit ici que la monarchie n'est pas vraiment un régime républicain. C'est pourquoi l'aristocratie héréditaire n'est pas la pire des souverainetés ; en monarchie, il n'y a pas de souveraineté du peuple possible.

185. De son propre aveu (sa correspondance en atteste ainsi que les *Confessions*, liv. XI, OC I, p. 571), R. avait ajouté cette dernière notation à l'intention de M. de Choiseul dont il espérait la protection. Cet espoir était vain.

186. Il est de l'essence d'un gouvernement d'être permanent (voir note 165).

187. D'après Dreyfus-Brissac, l'anecdote est racontée par Plutarque (*Dits notables des rois et des grands capitaines*, trad. Amyot, § 22).

188. C'est ainsi qu'Aristote définit la vertu du citoyen magistrat (*Les Politiques,* liv. III, chap. 4, trad. P. Pellegrin, GF-Flammarion, p. 220) : « On ne commande pas bien si on n'a pas bien obéi. »

189. Tacite (*Histoires*, liv. I, chap. XVI) met ce propos dans la bouche de Galba, lors de l'adoption de Pison : « Le plus efficace et le plus rapide moyen de distinguer le bien du mal, c'est de réfléchir à ce que tu voudrais, ou ne voudrais pas, si un autre était le Prince. »

190. Ce sophisme est pour R. celui de la *Patriarcha* de Filmer qu'il a longuement réfuté dans l'*Économie politique* (OC III, p. 241-

244) et dans la première rédaction du CS (*Manuscrit de Genève*, OC III, p. 298-300).

191. Même référence au *Politique* que plus haut (CS II, VII et note 96).

192. La question de la constitution ou du gouvernement mixte, subséquente à celle de la typologie des formes de gouvernement, était un des lieux obligés de la philosophie politique. Lorsque R. l'aborde, c'est comme une question reçue : « Question fort agitée chez les politiques ». Il la néglige pourtant si peu qu'il en renouvelle totalement l'horizon.

Aristote introduit (*Politiques*, l. IV, chap. 8, 1293b34) la notion de *mixis* sur le modèle développé dans *De la génération et de la corruption* : il s'agit de concevoir la production du composé à partir du simple. H. Bonitz (*Metaphysica*, texte et commentaire latin, Bonn 1848-1849, p. 183) qualifiait très justement la *mixis* de « *mixtio chemica* », « mixtion chimique ». Le gouvernement mixte est défini comme mélange de gouvernements simples. Aristote cherche quel peut être le « bon mélange ». R. réactive l'arrière-fond chimique de la notion, mais dans une tout autre perspective. En politique, comme en chimie, c'est le mélange qui est premier, le simple s'obtenant par analyse. On réduit au simple.

193. Comme on a vu (CS III, IV et note 161), en revenant au gouvernement mixte, on revient au réel. L'examen des formes simples a été un détour éclairant, mais un détour.

S'il peut y avoir des gouvernements mixtes, c'est que la puissance exécutive peut se diviser, à la différence de la souveraineté. R. examine successivement deux significations du partage que cette divisibilité autorise. La première tient à la notion même d'exécution. La commission est de la nature du gouvernement. Dans son ensemble, il se voit commettre l'exécution de la loi. En son sein, il obéit à cette même règle, tout pouvoir s'exerçant par des pouvoirs subordonnés. Ce partage est de subordination, il ne constitue donc pas une « balance » de pouvoirs.

194. La notion de partage prend son second sens, elle renvoie ici à celle de *parties*. Il s'agit des différents domaines dans lesquels la magistrature met en œuvre la loi. C'est cette seconde figure que visait R. (CS III, III) en formant la notion de gouvernement mixte. Il y revient de façon très elliptique, ce qui embarrasse les commentateurs. L'ellipse est double : elle concerne les références historiques, mais aussi le cadre conceptuel mis en œuvre.

Les *Considérations sur le Gouvernement de la Pologne* OC III, p. 976) éclairent le second exemple, qui peut servir de fil conducteur. R. observe qu'en Pologne le gouvernement n'a pas usurpé la souveraineté (celle de la Diète) pour deux raisons : « la présence continuelle du législateur », et « le partage de la puissance exécutive ». Il décrit ce partage, et en évalue les conséquences. Le caractère électif de la royauté intervient d'abord : l'exécutif est périodiquement remis sous l'autorité souveraine. Puis vient la division même de l'exécutif : « Il en était de même des ministres et grands officiers. Tous, indépendants et du Sénat et les uns des autres, avaient, dans leurs départements respectifs, une autorité sans bornes ; mais, outre que ces places se balançaient mutuellement, en ne se perpétuant pas dans les mêmes familles, elles n'y portaient aucune force absolue ; et tout le pouvoir, même usurpé, retournait toujours à sa source. » Pourtant, les inconvénients l'emportent. « La puissance exécutive, partagée entre plusieurs individus, manque d'harmonie entre ses parties, et cause un tiraillement continuel incompatible avec le bon ordre. Chaque dépositaire d'une partie de cette puissance se met, en vertu de cette partie, à tous égards au-dessus des magistrats et des lois ! [...]. Ce sont autant de petits despotes qui, sans usurper précisément l'autorité souveraine, ne laissent pas d'opprimer en détail les citoyens, et donnent l'exemple funeste et trop suivi de violer sans scrupule et sans crainte les droits et la liberté des particuliers. » On retrouve les trois exigences imposées au gouvernement : que l'exécutif soit soumis au souverain, que la cohésion du gouvernement soit assurée, que l'obéissance demandée aux sujets ne devienne pas oppression des personnes particulières. La constitution polonaise, « faite successivement de pièces et de morceaux », ne répond pas aux deux dernières. La critique porte donc sur l'absence d'unité de la constitution.

Les notions de « parties constitutives » et de « manque de liaison », pour le lecteur des *Institutions chimiques*, sont familières : elles font partie du système conceptuel de base de R et sont indissociables de celle de mixte. Les corps auxquels nous avons affaire sont, le plus souvent, des composés. Or, « quels que soient les Elémens dont les corps sont composés, notre industrie mécanique ne nous fournit aucun instrument capable d'en faire la division et de résoudre ces corps en leurs parties constitutives » (*Institutions chimiques, in* édition du Corpus..., Fayard, 1999, p. 12). C'est l'art chimique qui « nous apprend à résoudre les mixtes en leurs parties constitutives » (*Institutions chimiques,* p. 37). « J'appelle ici dissolution, non pas la simple division d'un corps en ses parties intégrantes ; mais sa résolution en ses parties constitutives » (*Institutions chimiques,* p. 133). Pour que la constitution soit bien formée, il faut que les parties constitutives du gouvernement ne soient pas simplement juxtaposées, comme c'est le cas dans la constitution critiquée de la Pologne, mais qu'elles aient entre elles cette interaction qui fait une union serrée sans laquelle « l'État manque de liaison ».

La référence anglaise est plus difficile. On y voit un renvoi à Montesquieu. Sans doute peut-on lire l'idée de « dépendance mutuelle » dans la définition de la constitution d'Angleterre (*Esprit des lois,* liv. XI, chap. VI) : « Voici donc la constitution fondamentale du gouvernement dont nous parlons. Le corps législatif y étant composé de deux parties, l'une enchaînera l'autre par sa faculté mutuelle d'empêcher. Toutes les deux seront liées par la puissance exécutrice, qui le sera elle-même par la législative. » Mais ce modèle semble incompatible avec la théorie de la souveraineté. Pour résoudre la difficulté il faut se reporter au chapitre sur le « Tribunat »

(CS IV, V) qui s'ouvre sur l'évocation des « parties constitutives de l'État ». Les parties constitutives de l'État y sont le souverain (le peuple des citoyens en corps formant la volonté générale), le prince (le gouvernement), le peuple (comme ensemble des sujets). Dans leur unité, elles forment la constitution. Il y a donc deux usages de la notion de partie constitutive dans le vocabulaire politique de R. : l'un concerne le gouvernement et ses parties quand il est divisé, dans le cas des gouvernements mixtes, l'autre concerne le corps politique dans son ensemble, ce sont les parties constitutives de l'État. Si l'exemple de la Pologne concerne les parties constitutives du gouvernement, celui de la constitution anglaise concerne celles de l'État. Montesquieu, sous le vocable de « gouvernement modéré », visait l'équilibre des pouvoirs : chaque pouvoir avait pour lui la faculté « d'empêcher » les débordements des autres. Cela le conduisait à dénaturer les parties constitutives de l'État. R. lui oppose le gouvernement tempéré, qui respecte la distinction nécessaire du souverain et du gouvernement.

195. CS III, I : « Il n'y a pas une constitution de Gouvernement unique et absolue, mais il peut y avoir autant de Gouvernements différents en nature que d'États différents en grandeur. » Autrement dit : « ça dépend ». Tout en matière de gouvernement est affaire de convenances. Voir aussi CS II, IX : « Elle a autant de bonnes solutions qu'il y a de combinaisons possibles dans les positions absolues et relatives des peuples. »

196. Il faut diviser le gouvernement pour que la volonté générale continue à régner. Mais on a vu avec la Pologne les inconvénients qui en découlent.

197. Ces cas sont examinés au liv. IV, chap. V, « Du Tribunat », VI, « De la Dictature », VII, « De la Censure ».

198. Ce chapitre, comme les chapitres VIII à X du livre II (note 106), est écrit en aval de l'*Esprit des lois*. Pour autant, dire qu'il « n'est guère à sa place dans un ouvrage qui traite des *principes du droit politique* » (Derathé, OC III, p. 1484) revient à méconnaître que c'est bien l'un de ces principes que le caractère infiniment variable des formes de gouvernement. Les sept chapitres qui précèdent n'ont d'autre objet que d'établir ce principe. Pour s'assurer que la réflexion sur le rôle des climats n'est pas extérieure à la pensée de R., il n'est que de voir, outre les textes sur la Corse et la Pologne, la place qu'elle occupe dans l'*Essai sur l'origine des langues*.

199. On voit là à quel point R. est conscient de ce que les sociétés politiques ne sauraient se développer sans une base économique.

200. Chardin, *Voyage en Perse*, Amsterdam, 1735, t. III, p. 76 et 83-84.

201. La note est un ajout en cours d'impression. R. se défend toujours contre les suspicions d'inconséquence. On peut remarquer que le modèle qui permet de rendre compte de la Tyrannie est le plus mécanique qui soit, le levier d'Archimède, tandis que celui qui correspond à la souveraineté du peuple relève de la chimie (propagation du feu à une poudre).

202. La position absolue d'un peuple est son état déterminé, c'est celle que le législateur doit prendre en compte pour l'instituer. Sa position relative est celle que la constitution établit en lui donnant un gouvernement.

203. Autant de normes politiques que R. récuse, les unes parce qu'exprimant une volonté particulière, les autres parce que ne pouvant faire l'objet d'une évaluation incontestable.

204. Le critère de la population, déjà évoqué (CS III, I et note 145), témoigne de la sensibilité de R. aux préoccupations les plus contemporaines en matière de philosophie sociale : il permet de recouper le nouvel intérêt accordé à la démographie et la volonté de donner la rigueur des mathématiques aux sciences de la société. Le premier courant allait être marqué, au bout du siècle, par l'*Essai sur le Principe de population* de Malthus (1798), en réponse aux considérations utopistes de William Godwin (*Political Justice*, 1793). Le second avait trouvé son expression tout récemment dans les *Éléments de philosophie* de d'Alembert (1758) et connaîtrait une grande fécondité chez Condorcet (*Tableau général de la science, qui a pour objet l'application du calcul aux sciences politiques et morales*, écrit en 1784, publié en 1793). R. se souvenait aussi d'avoir rencontré à plusieurs reprises l'ouvrage de William Petty : *Political Arithmetick* (1666).

Les citations latines de la note sont toutes deux de Tacite (*Vie d'Agricola*). La première, à l'appui d'une reprise de la problématique du *Discours sur les sciences et les arts*, refuse de voir dans le raffinement de la culture le signe d'un bon gouvernement. « Cela même prenait le titre d'humanité aux yeux des gens sans expérience, qui ne laissait pas d'être un commencement de servitude. » La seconde voit dans la tranquillité obtenue par l'oppression un mal pire que la guerre civile : « Là où ils ont fait le désert, ils prétendent avoir établi la paix. »

C'est le cardinal de Retz, alors coadjuteur de l'archevêque de Paris, qui évoque l'anecdote de la Fronde dans ses *Mémoires*.

Le texte de Machiavel évoqué par R. au terme de cette note, et qui en résume l'esprit, est tiré du préambule aux *Histoires florentines*. C'est dans de tels textes que R. a pu reconnaître chez Machiavel « l'amour de la liberté » (note 182).

205. Nouveau moment de la théorie du gouvernement. Après en avoir formé le concept (chapitres I et II), examiné les formes simples et mixtes qu'il peut prendre (chapitres III à IX), R. va envisager ses rapports avec le souverain (chapitres X à XVIII). Cette troisième section porte donc sur la vie (et la mort) du corps politique. Cette vie est rien moins que paisible. Le souverain et le gouvernement sont dans des rapports de nécessaire contradiction. R. l'avait noté dès la formation du concept de gouvernement (CS III, III et note 143). Le gouvernement est par essence un pouvoir commis. Il y a entre ces deux notions une opposition insurmontable. Tenant son pouvoir du souverain (la commission), le gouvernement doit lui obéir, il est subordonné. Or il est de la nature de tout pouvoir de

commander et non d'obéir, il tendra donc à se subordonner la volonté générale. Il est de la nature du gouvernement de dégénérer. Ce chapitre va établir ce principe, les suivants montrer l'étendue du mal et les remèdes à lui opposer.

206. Dans un cas l'association (mixtion) va se voir substituer une agrégation, dans l'autre elle se dissoudra. Le despotisme et l'anarchie en sont les figures politiques correspondantes.

207. La note sur Venise et Rome marque l'émergence d'une référence à l'histoire, croissante dans les derniers livres du CS. Cela est parfaitement adéquat à la nature du propos : les principes établis, la constitution du corps politique formée, on passe à la mise en œuvre des premiers qui est la vie du second. Voir note 205.

208. La reprise de l'expression de CS IV, III (« changement remarquable ») est rigoureuse : la dissolution du corps politique produit les effets inverses de ceux qui sont induits par sa formation. On revient au droit du plus fort.

209. R. reprend la distinction d'Aristote entre constitutions droites et constitutions déviées (*Politiques*, liv. III, chap. 6, 1279b, trad. P. Pellegrin, GF-Flammarion, p. 227). Mais il la réforme en fonction de son propre système conceptuel. L'« ochlocratie » ou « gouvernement de la foule » (terme introduit par Polybe) s'oppose à la démocratie : avec le silence de la volonté générale le peuple y est dissous.

210. R. tente de mettre de la clarté dans un vocabulaire déjà instable chez les Grecs, comme il le montre, mais rendu encore plus complexe par Montesquieu et sa théorie du despotisme. Pour cela il met à profit sa distinction entre souverain et gouvernement.

Le texte de la note se réfère successivement : 1) à Cornelius Nepos, historien et biographe latin (ici *Vie de Miltiade*) : « est considéré comme Tyran et nommé ainsi qui établit un pouvoir sans limites dans une cité où était établie la liberté » ; 2) à Aristote, *Éthique à Nicomaque*, liv. VIII, chap. X ; 3) enfin à Xénophon, *Hiéron ou le Tyran*, dont Leo Strauss a donné un célèbre commentaire (*De la tyrannie*, Gallimard, 1954, reprise « Tel »).

211. Ce passage ne saurait être trop souligné. Depuis CS I, III nous savons que, pour R., penser la politique c'est penser son rapport au temps. Une institution s'oppose tout autant à la précarité totale de la force et à l'intemporalité d'un ordre éternel. Il est de l'essence du politique de durer… un temps.

212. Voir note 205 et notre Introduction, *Une dynamique du politique*, p. 22.

213. Sur l'art politique voir CS I, VII et l'article cité note 43.

214. Voir CS II, I et note 67. Sur ce point R. suit Hobbes qui parle en termes semblables (*Léviathan*, chap. XXVI), à cette différence près : la conception du souverain. Cette question est à rapprocher de celle de la « représentation » (à ne pas confondre avec celle des représentants). La représentation est la rupture du silence par lequel les citoyens consentent (*Lettres écrites de la Montagne*, OC III, p. 845).

215. C'est l'activité de la volonté générale, pouvoir instituant, qui fait la durée de l'institution.

216. Si la vie du corps politique dépend de l'activité de la volonté générale, celle-ci ne peut se former que dans l'assemblée du peuple. R. affronte la difficulté, dont il sait que dépend la doctrine même de la souveraineté. Voir CS III, IV qui peut sembler contradictoire, et note 165.

217. Si tel n'était pas le cas, on reviendrait à la formule du « pacte de soumission », et la souveraineté serait une vaine formule. Ce débat était au cœur des conflits politiques à Genève au XVIIIe siècle. Il connut deux phases aiguës, l'une dans la jeunesse de R. (M. Launay, *J.-J. R. écrivain politique*, p. 55-66), l'autre après la publication du CS (*Lettres écrites de la Montagne*, OC III, p. 856 et sq.).

218. Ce modèle de la confédération des petits États était une des grandes idées de R., que les *Institutions politiques* devaient développer plus au fond (voir la note en fin de CS III, XV) ainsi que le livre V de l'*Émile*. (OC IV, p. 848).

219. Toute capitale est porteuse de servitude pour le peuple, de corruption pour les individus. Cela vise d'abord Paris (*Émile* V, OC IV, p. 852). Voir également le *Projet de Constitution pour la Corse*, OC III, p. 911.

220. R. rappelle volontairement la formule de CS I, VI : le peuple en se rassemblant refonde le pacte social. R. est fidèle à sa terminologie : le gouvernement est bien le représentant non de la volonté générale (celle-ci ne se représente pas) mais de la puissance commune de se faire obéir des sujets.

221. Cela a été montré : la pente à dégénérer du gouvernement implique qu'il s'efforce d'empêcher le peuple de s'assembler. L'histoire de la République de Genève le montrait à l'envi aux yeux de R.

222. R. exprime ici avec vigueur sa conception de la citoyenneté, fondée en CS I, VI. Il fait sienne l'idée aristotélicienne du citoyen actif, exerçant directement la puissance commune. Mais, prenant acte de ce que l'agrandissement des États, et le développement de l'État, rendent impossible la figure du citoyen magistrat, il reconnaît surtout dans la confusion entre magistrature et souveraineté un danger pour la volonté générale. Le pouvoir d'exécuter la volonté générale peut être délégué ; il doit l'être. La nécessité est d'autant plus grande de garantir l'essentiel : le pouvoir de vouloir. C'est autour de ce noyau qu'il faut reformer l'idée de citoyenneté et penser la participation du citoyen comme égale et pleine participation au pouvoir commun de faire loi. Le rejet de la représentation en découle. D'où vient l'idée de représentation ? R. donne deux réponses : de la « modernité » déjà ancienne (le régime féodal) qui s'oppose alors à l'Antiquité ; et de la modernité présente de l'autre : celle qui voit les rapports sociaux envahis par l'argent, et les rapports politiques par la finance. La première est négation de la volonté, et donc de la souveraineté ; la seconde, en développant l'opposition du privé et du public, ruine le fondement même de l'idée de citoyen. Ne serait-on pas fondé à penser que, pour lui, Hobbes symbolise ces deux

modernités, constitue leur articulation, cumule deux principes également ruineux pour une véritable notion de la citoyenneté ? Ce n'est pas fortuitement que ce chapitre sera en butte aux tenants de la pensée libérale, aux premiers rangs desquels Benjamin Constant *(De la liberté des Anciens et de celle des Modernes)* : sur ce point et bien d'autres, ils sont les vrais héritiers de Hobbes.

On a pu observer (Derathé, OC III, p. 1488) que, dans les *Considérations sur le Gouvernement de la Pologne* (OC III, p. 978-979), R. adoptait sur la question des représentants une position plus « réaliste » et plus « nuancée ». De fait, il y reconnaît comme « un des plus grands inconvénients des grands États » que le souverain « ne peut agir que par députation ». Ce n'est pas faire preuve d'enthousiasme. Surtout, il assortit sa résignation de deux conditions essentielles : 1) que les représentants soient élus pour peu de temps et renouvelés à chaque élection ; 2) qu'ils soient élus sur la base de mandats impératifs dont ils auront à rendre compte. Cette deuxième précaution contient l'essentiel. Le mandat est la déclaration de la volonté générale. Les représentants y doivent obéir. Ils sont ramenés à la relation de commission.

223. La symétrie entre ce texte et la première page de la *Réponse à la question* : *Qu'est-ce que les Lumières ?* de Kant est frappante. Mais Kant, qui a lu R. avec passion, change de terrain. Là où R. parle de la liberté politique du citoyen, il vise l'autonomie du sujet de la connaissance et du sujet éthique. Sur le terrain politique, à front renversé, il soutiendra l'idée, absurde pour R., d'une citoyenneté passive.

224. R. se démarque ici de l'anglomanie politique régnante, qui devait beaucoup à Montesquieu.

225. Il y a sans doute ici l'esquisse d'une problématique historique à laquelle R. n'a pas donné tous les prolongements qu'elle permettrait.

226. Voir note 219.

227. R. développe ici un thème déjà abordé CS III, I (voir note 139).

228. Voir CS III, VI. C'est au bout du compte la seule objection de principe au gouvernement démocratique.

229. Voir CS, I, IV.

230. Il faudrait ajouter que le contrat social est « d'une nature si particulière » qu'il n'est pas à proprement parler un contrat. Voir notre Introduction : *L'objet du CS*.

231. On ne saurait mieux démontrer que, sous la souveraineté, il y a toujours la démocratie ou, pour le dire autrement, que le gouvernement démocratique est le préalable nécessaire de tout gouvernement légitime. R. suit ici Hobbes (*De cive*, chap. VII) : « Ceux qui se sont assemblés pour former une société civile ont dès lors commencé une démocratie. » Mais il se sépare aussitôt de lui, lorsqu'il affirme qu'en se donnant un roi « le peuple cesse d'être une personne publique et devient une multitude confuse ».

232. Sur les factions, voir CS II, III et note 75.

233. Adage du droit romain : « *odia restringenda, favores ampliandi* » (on doit restreindre les règles odieuses, étendre les favorables).

234. C'est un autre effet de la contradiction entre la souveraineté qui doit tendre à retenir ou reprendre le pouvoir qu'elle commet, et la logique de l'institution qui est de durer : la pente du gouvernement est d'en profiter.

235. Ces deux formules complètent celle du pacte social. À elles trois, elles résument toute la théorie de la souveraineté et de son rapport au gouvernement.

236. *Le Droit de la guerre et de la paix*, liv. II, chap. V, § XXIV, p. 306 de la traduction de Barbeyrac, 1734. Voir trad. Pradier-Fodéré, PUF, p. 243, Grotius fait la même restriction que R. en note. Par contre R. refuse, contre Grotius, de restreindre ce droit à l'individu. C'est sur la réaffirmation de la plénitude de la souveraineté que s'achève la théorie du gouvernement.

237. L'unité du livre IV est souvent mal perçue, notamment parce que deux des chapitres qui le composent (IV, « Des Comices romains », et VIII, « De la Religion civile ») en sont, pour des raisons différentes, isolés. Une fois encore les indications de la Table sont précieuses : « Où continuant d'examiner les lois politiques on examine les moyens d'affermir la constitution de l'État. » Il y a continuité avec le livre III, il s'agit toujours des lois politiques, mais aussi distinction : après avoir *formé* l'État, il s'agit de le *renforcer*. Ce renforcement pourra être assuré par deux séries de moyens, articulées mais distinctes. La première ressort de la « machine » politique. Il s'agit de procédures nécessaires à la vie du corps politique (suffrages, élections, comices) et d'instances qui, sans êtres des parties constitutives de l'État, donc sans former la constitution, peuvent aider à son équilibre (tribunat, dictature, censure). La seconde série relève de l'opinion et des mœurs, du « cœur des hommes » : c'est la question envisagée dans ce premier chapitre puis dans les deux derniers. Le chapitre sur la censure appartient aux deux séries et démontre que la seconde est le soubassement de la première. Nous avons affaire très précisément à ce dont R. nous avait dit au terme du livre II que le législateur s'occupait sans cesse « en secret ». Le livre IV nous apparaît alors comme lieu d'émergence de ce qui pourrait bien être le secret du CS (voir Introduction).

238. Ce n'est pas Genève, mais les cantons ruraux (le Valais) qui font figure de paradis de la volonté générale (*Projet de Constitution pour la Corse*, OC III, p. 906). Ce paradis de la démocratie est permis par les mœurs qui y sont établies.

239. Il est bien du pouvoir du citoyen de proposer des lois (voir ci-dessous, note 242).

240. Les sonnettes et la discipline étaient les noms respectifs des prisons de Berne et de Genève. Le duc de Beaufort était un des grands personnages de l'époque de la Fronde, déjà évoqué dans l'anecdote concernant le cardinal de Retz, CS III, IX dans la note de R.

241. Centrés autour de la notion de nœud ou de lien social, ces deux alinéas, loin d'être une simple redite du livre II, mettent à nu une articulation décisive de la pensée politique de R. C'est « dans les cœurs » que le lien social se noue et se dénoue, se forme et se rompt. Nous avons vu (CS II, VII, notes 94 et 102) que le rôle du législateur était d'éveiller dans le cœur des citoyens la voix de la volonté générale. Nous avons montré que le législateur était sur le plan politique ce que le Christ pouvait être pour la conscience religieuse. R. Derathé, à juste titre, fait ici le rapport avec la *Profession de foi du vicaire savoyard* (GF-Flammarion, p. 91). Selon le modèle musical ici en œuvre, la volonté générale ne saurait disparaître. Elle est seulement muette. Comme la conscience « se tait », lorsque la voix des préjugés « étouffe la sienne et l'empêche de se faire entendre ». Toute l'affaire du livre IV est de montrer comment on peut tenir éveillée la volonté générale dans le cœur des citoyens et la faire parler.

242. Ce dernier alinéa fait difficulté (difficulté corrélée à celle examinée, note 94, à propose de CS I, VII). On y a souvent lu que le citoyen épuisait son pouvoir souverain dans le droit de voter, le droit de proposer des lois étant réservé au gouvernement. On est alors conduit (R. Derathé, OC III, p. 1492) à y relever une étonnante limitation du pouvoir souverain, incompatible avec l'idée de souveraineté, en contradiction formelle avec d'autres textes. Ainsi les *Lettres écrites de la Montagne* (OC III, p. 830) : « N'est-il pas contre toute raison que le corps exécutif règle la police du corps législatif, qu'il lui prescrive les matières dont il doit connaître, qu'il lui interdise le droit d'opiner, et qu'il exerce sa puissance absolue jusque dans les actes faits pour la contenir ? » Faudra-t-il évoquer une évolution de la pensée de R. ? Cela est impossible : il vient d'évoquer, dans le même chapitre (voir note 239) l'initiative de proposition du simple citoyen. Il y a sans doute beaucoup plus simple : lorsque R. dit que « le gouvernement a toujours grand soin de ne laisser qu'à ses membres » le droit « d'opiner, de proposer, de diviser, de discuter », il ne fait qu'observer, comme il a fait dans tout le livre précédent, ce qui est « la pente » du gouvernement. Cette pente est nécessaire, elle est de sa nature ; il revient précisément au souverain de la contrecarrer. Il y a là deux pôles, entre eux une infinité de positions possibles. Le droit de voter est la limite inférieure de la souveraineté, en deça de laquelle elle disparaît ; sa limite supérieure est la démocratie directe. Encore une raison de regretter les *Institutions politiques*.

243. Ce chapitre est dans l'exacte continuité du précédent. De nouveau, R. va inscrire l'ordre politique entre deux pôles. Cette fois, ce sont deux modèles opposés de l'unanimité.

À l'une des extrémités, un rêve : la symphonie des citoyens dont les multiples voix parlent à l'unisson, réalisant par le miracle du consensus leur volonté souveraine. C'est la bonne unanimité ; elle est opposée au *dissensus* d'une délibération improductive. La cause pourrait paraître entendue : l'unanimité rend tout processus délibératif inutile, en produisant une unité immédiate, totale, absolue, celle d'une volonté une. La nécessité de délibérer est le signe d'une maladie du corps politique. La souveraineté du citoyen s'accomplirait de ne pas avoir à s'exercer. Ce rêve traverse à coup sûr le CS, comme il traverse toute communauté politique, c'est le rêve de la fusion. Le traverse-t-il autrement que comme un rêve ? Rien n'est moins sûr. Face au rêve de la bonne unanimité, il y a le cauchemar de la mauvaise, « quand les Citoyens tombés dans la servitude n'ont plus ni liberté ni volonté. Alors la crainte et la flatterie changent en acclamations les suffrages ; on ne délibère plus, on adore ou l'on maudit ». Lorsque la délibération disparaît la citoyenneté s'évanouit et avec elle la souveraineté : l'immédiateté du consentement se retourne en servitude.

La délibération occupe l'espace entre l'enfer et le paradis politiques. Dans le paradis elle disparaît, parce qu'elle n'est plus nécessaire. La bonne unanimité, celle de la volonté générale, est immédiatement donnée, mais c'est pour le coup qu'il faudrait un peuple de dieux et que l'on sortirait du politique. Dans l'enfer elle disparaît, parce que l'enfer de la politique c'est la servitude, qui n'est rien d'autre que renoncer à sa liberté, dont le titre politique est le pouvoir de délibérer. Il y a de la politique parce qu'il y a nécessité de délibérer. Pour autant la difficulté n'est pas levée, pour cette bonne raison que la délibération n'est pas seulement l'entre-deux de ces unanimités qui la nient, elle est structurée elle-même par cette opposition. La tension entre citoyenneté et souveraineté est constitutive de la nature même du politique, il revient à la délibération publique de la prendre en charge et de la faire travailler.

244. CS I, IV et V pour cet alinéa, VI et VII pour le suivant. Dans toute cette seconde partie du chapitre, R. reprend les éléments du livre I. Il s'agit de rappeler les principes sur lesquels se fonde l'obligation envers la loi.

245. Une fois de plus le recours à un modèle mathématique a pour fonction de penser en termes de variation continue. En matière politique il n'y a jamais pour R. de « position absolue ».

246. L'*Esprit des lois*, l. II, chap. II. La première citation est une pure reprise d'un lieu commun de l'Antiquité. Hérodote (*L'Enquête*, III, § 80, trad. A. Barguet, Paris, Bibliothèque de la Pléiade, 1964, p. 254-255) définit la démocratie par le tirage au sort des magistrats, de même Aristote, *Les Politiques*, liv. VI, chap. 2, trad. P. Pellegrin, GF-Flammarion, 1993, p. 420. Mais la raison donnée par Montesquieu n'est en aucune façon la leur.

247. Cette idée est obscure si on se tient à la terminologie établie CS III, V, où il a été montré que la véritable aristocratie était élective. Elle est même contradictoire avec la note qui montre expressément qu'en « abandonnant [l'élection] à la volonté du Prince on ne peut éviter de tomber dans l'aristocratie héréditaire, comme il est arrivé aux républiques de Venise et de Berne ». Il faut donc comprendre que, dans ce chapitre, R. parle de la pire des aristocraties. C'est là une des rares contradictions du CS ; elle n'a pas été relevée.

248. On appelait ainsi à Venise les nobles pauvres, habitant le quartier de Saint-Barnabé.

249. R. avait fait un condensé de la volumineuse *Polysynodie* de l'abbé de Saint-Pierre (1718) et rédigé à son sujet un *Jugement* où il montre qu'il transforme la monarchie en gouvernement mixte (OC III, p. 644).

250. Ce très long chapitre historique est d'abord le témoignage des travaux considérables consentis par R. en vue de la rédaction des *Institutions politiques*. Ses sources essentielles sont Machiavel, (*Discours sur la première décade de Tite-Live*), Montesquieu (*Considérations sur les causes de la grandeur des Romains et de leur décadence*), et surtout Sigonius (*De antiquo jure civium romanorum*). Ce chapitre n'est assurément pas, pour nous, le plus parlant du CS. Faut-il pour autant penser, comme Derathé (OC III, p. 1495), qu'il y a là pur remplissage, R. ne cherchant qu'à « étoffer » son quatrième livre pour justifier l'ajout du chapitre sur la religion civile ? La chose paraît peu crédible. R. attachait du prix à un texte qui lui avait demandé un gros travail, sans doute ; et il a voulu le sauver du naufrage des *Institutions politiques*. Peut-être aussi aura-t-il voulu se mesurer, dans l'ordre historique aussi, à ses prédécesseurs. Mais, plus fondamentalement, ce chapitre a bien sa place dans l'économie de ce livre (voir note 237). Fastidieux dans son détail, il est entièrement consacré à la façon dont les institutions sont susceptibles de former les mœurs, et par là d'assurer la cohésion du corps politique en lui donnant un « sensorium commun ». Les comices sont les assemblées du peuple aux yeux de R.

Voir J. Cousin : « R. interprète des institutions romaines dans le CS », in *Études sur le Contrat social*, Les Belles Lettres, 1964.

251. Il n'y a pas d'usage sans institution. C'est l'une des significations que l'on doit donner au célèbre jugement de R. selon lequel « tout tient à la politique ». On a vu à propos du Législateur (CS II, VII) et l'on verra à propos de la Religion civile, pourquoi la fondation des sociétés ne peut être que noyée dans le mythe.

252. R. a déjà repris (CS II, IX et note 117) le jugement de Montesquieu selon lequel Rome était faite pour s'étendre.

253. Voir CS II, III et note 75. L'esprit des réformes de Servius consiste à multiplier les divisions pour empêcher que des factions ne prennent un pouvoir exorbitant et à valoriser les mœurs rustiques.

254. Varron, *De re rustica*, livre III, chap. I.

255. Pline, *Histoires naturelles*, l. XVIII, chap. III.

256. C'est bien l'essentiel pour R. : il s'agit de voir *in concreto* ce qui favorise et ce qui entrave l'expression de la volonté générale dans les assemblées du peuple.

257. R. parle ici d'usurpation parce que, dans une constitution mixte comme celle de Rome, il y avait là une tendance au gouvernement démocratique dangereuse pour l'équilibre des institutions.

258. La république romaine est non seulement un gouvernement mixte mais tempéré (voir CS III, VII et, plus loin, CS IV, V).

259. Cicéron, *Des lois*, liv. III, § 15. L'option de R. pour le suffrage à bulletin secret pourrait avoir une résonance beaucoup plus moderne : c'était une revendication du parti « démocrate » à Genève qui l'opposait aux patriciens (M. Launay, *J.-J. R. écrivain politique*, chap. I, § VII).

260. Le rôle du tribunat a été évoqué au livre précédent (CS III, VII) lorsque R. à côté des gouvernements mixtes a évoqué les gouvernements modérés. Son office est à l'égard du gouvernement et du souverain celui d'un gardien des mœurs, un peu ce que sera le censeur pour les citoyens. Il représente en quelque sorte, dans la continuité de la vie du corps politique, le rôle que le législateur a eu dans sa formation.

Le chapitre s'ouvre par l'évocation des « parties constitutives de l'État » (voir note 194). Rousseau veille à la précision de son vocabulaire ; il ne confond jamais le gouvernement et l'État. Les parties constitutives de l'État sont ici le souverain (le peuple des citoyens en corps formant la volonté générale), le prince (le gouvernement), le peuple (comme ensemble des sujets). Si le tribunat n'est pas une partie constitutive de l'État, cela ne signifie pas qu'il n'y joue pas de rôle. On voit au contraire combien il peut être important. Il intervient comme adjuvant, comme facilitant la cohésion, l'équilibre des proportions et la cohésion interne de la constitution. Il est un « moyen » de la bonne liaison du tout. C'est là le rôle dans les opérations chimiques de certains corps utilisés comme « instruments ».

261. Sur les « Éphores », voir *Lettre à d'Alembert* (OC V, p. 61) : le rôle du tribunat est de conforter les mœurs qui confortent les lois.

262. On l'a déjà noté, le tribunat est dans une position analogue vis-à-vis du gouverneur à celle du législateur vis-à-vis du souverain (CS II, VII, note 99).

263. La dictature est faite pour les situations d'exception, est-ce un pouvoir d'exception ? Au regard du gouvernement sans aucun doute. Elle est gouvernement extrême puisque concentrant au maximum la force publique. Mais la dictature ne saurait pour autant usurper la souveraineté sans que le pacte social soit aussitôt rompu.

264. La formule était la suivante : « *Caveant Consules ne quid detrimenti Respublica capiat* » (Veillent les Consuls à ce que la République ne subisse aucun dommage). R. va considérer la question de la dictature en termes d'histoire antique. Ce n'est pas l'un des moindres tours que l'histoire a joué au CS que d'avoir remis la question à l'ordre du jour d'une actualité brûlante à peine trente ans après sa publication.

265. Le rapport au temps de la dictature est tout à fait spécifique : conçue pour faire face à des situations d'exception, elle est incompatible avec la visée de durée qui est celle de l'institution. En ce sens, elle a plus d'un trait qui la rapproche plutôt de la souveraineté et de son immédiateté. Là est le suprême danger : plus que toute forme de gouvernement, elle peut usurper les droits du souverain.

266. Ce court chapitre est primordial pour la compréhension du CS. Il fait exactement le pont entre le dernier chapitre du livre II et le texte sur la religion civile. Plus largement il est le point névralgique de la théorie de l'opinion et des mœurs qui est la grande affaire du législateur, donc de la politique. R. le dit en note, ce chapitre est un résumé de la *Lettre à d'Alembert*, tout entière consacrée à cette question et en partie (OC V, p. 60-68) à la censure.

Le sens donné par R. au terme « censure », déjà vieilli à son époque, est aujourd'hui obsolète (même dans le dernier vestige de son usage scolaire). Censurer, c'est porter un jugement désapprobateur sur la conduite d'une personne et donner à cette désapprobation la forme d'une déclaration publique.

267. R. met en place une nouvelle « topique » du politique. Entre la volonté générale et la puissance publique, l'opinion publique forme une troisième instance qui porte les caractères de l'une et de l'autre. Comme la volonté générale, elle dit ce qui, au regard du bien commun, doit ou ne doit pas être. En ce sens elle forme « une espèce de loi ». Mais ce jugement, par destination, s'applique au particulier, elle est une espèce de décret. Le premier de ces caractères implique qu'elle est l'affaire du souverain, le second qu'elle ne peut se mettre en œuvre que par la médiation de magistrats commis à cet effet. Elle oblige sans contraindre. Tout son effet est dans sa déclaration. On ne saurait donc la confondre avec une magistrature pénale qui implique un pouvoir de coercition.

268. On voit bien à ce trait que la censure relève de la souveraineté.

269. Ce refus de disjoindre opinion et mœurs, comme celui de les fonder en nature marque bien que l'on affaire ici à des « faits sociaux globaux ».

270. Cette « dialectique » des mœurs et de la législation était déjà en œuvre dans les chapitres sur le législateur et l'institution du peuple (CS II, VII à XI).

271. Que le censeur veuille aller au-delà de l'opinion publique, il usurpera la souveraineté mais en vain : son rôle se borne à déclarer l'opinion qu'elle a déjà. L'exemple des duels fait l'objet d'un examen détaillé dans la *Lettre à d'Alembert* (*loc. cit.*).

272. La censure diffère ici radicalement de l'acte de gouvernement qui se définit par le fait de pouvoir contraindre les sujets. La censure s'adresse aux citoyens, pas aux sujets. C'est l'inverse pour les lois pénales et la juridiction qui les applique.

273. La rectification (Chio au lieu de Samos) apportée par l'édition de 1782 n'est pas très clairement justifiée. La pudeur de R., puisqu'il s'agit de pudeur non d'erreur, est mieux expliquée par une note marginale dans l'exemplaire de François Henri d'Ivernois : « Ils étaient de Chio et non de Samos ; mais vu la chose dont il s'agit, je n'ai jamais osé employer ce mot dans le texte. Je crois pourtant être aussi hardi qu'un autre ; mais il n'est permis à personne d'être sale et grossier, en quelque cas que ce puisse être. Les Français ont tant mis de décence dans leur langue, qu'on n'y peut plus

dire la vérité. » La prononciation du grec au XVIIIe siècle n'était pas « restituée » et la hardiesse de R. s'arrêtait à la scatologie.

274. Le chapitre sur la religion civile est l'un des sujets à controverse. Il serait impossible dans le cadre de cette annotation d'en rendre compte de façon exhaustive. Trop souvent, il est abordé comme si sa situation dans le texte du CS était adventice. C'est le parti inverse que nous prendrons, en essayant de montrer la place qui est la sienne dans les *Principes du droit politique*.

On consultera sur cette question, parmi tant d'autres, et choisis pour leurs divergences : P.-P. Masson, « Le problème de la religion civile », in *La Religion de J.-J. R.*, Hachette, 1916 ; B. Groethuysen, *J.-J. R.*, Gallimard, 1949, p. 269-281 ; R. Derathé, « La religion civile selon R. », in *Entretiens de Genève*, Armand Colin, 1962, p. 161-180 ; H. Gouhier, « La religion du vicaire savoyard dans la Cité du CS », in *Études sur le CS*, Les Belles Lettres, 1964, p. 263-275 ; S. Cotta, « Théorie religieuse et théorie politique chez R. », in *R. et la philosophie politique*, PUF, 1965, p. 171-194 ; J. Ferrari, « De la religion civile dans la pensée politique de J.-J. R. », *Études J.-J. R.*, n° 7, *Politique de R.*, 1995, p. 79-99.

275. La référence à Caligula se trouvait au CS I, II et CS II, VII. R. reprend la réflexion dans l'état où il l'avait laissée (CS II, VII) à propos du législateur (c'est au dos de la rédaction de ce chapitre que figure le premier brouillon conservé de celui sur la religion civile). Il avait alors montré que le législateur, dans le commencement des sociétés, ne pouvant s'appuyer sur l'autorité de la raison et de l'intérêt bien compris, pour faire admettre la nécessité du lien social devait s'appuyer sur l'imagination et se fonder sur une autre autorité, celle des dieux. Le passage à l'État civil réclamerait des lumières que l'état civil seul pourra développer. L'appel à la religion est le substitut ou le supplément de ce manque.

Mais, à titre de pierre d'attente, il précisait dans les dernières lignes : « Il ne faut pas, de tout ceci, conclure avec Warburton que la politique et la religion aient parmi nous un objet commun, mais que dans l'origine des nations l'une sert d'instrument à l'autre. » Il faut donc entendre ici que la première forme du politique est nécessairement religieuse parce que les hommes ne peuvent d'abord accepter de soumettre leur liberté qu'à une volonté surhumaine. Il en découle aussi que la première forme de religion est politique, en ce sens qu'elle est celle d'un peuple ou d'une nation déterminée. La difficulté que R. observe « parmi nous » est que la religion n'a pas le même objet que la politique (pour l'une l'homme, pour l'autre le citoyen) et, pourtant, que la politique a encore besoin de la religion comme instrument. C'est à rendre compte du processus historique que R. va s'employer, à caractériser la situation présente pour montrer ensuite que la religion civile lui répond de façon adéquate.

276. Reconnaître un maître c'est reconnaître le Dieu qui lui donne autorité, et réciproquement.

277. L'origine de l'intolérance est toujours en dernière instance politique. Elle est aussi le signe d'un polythéisme rémanent. Fau-

drait-il voir ici sous la plume de R. une accusation de polythéisme larvé à l'égard du catholicisme romain ? C'est d'autant plus probable que le thème est classique chez les polémistes de la Réforme.

278. Il y a là un principe méthodologique pour l'anthropologie : R. prône un différentialisme historique contre l'universalisme rationaliste dominant de son siècle. Significative est la réaction de Voltaire qui veut s'en tenir à l'identité des dieux du Panthéon grec et du Capitole romain.

279. Cette remarque et la note qui l'accompagne (elle renvoie au Livre des Juges, chap. XI, v. 24) montrent combien était conscient chez R. le principe souligné ci-dessus : il récuse la projection de l'universalisme chrétien sur la Bible hébraïque. Il y a là un sens historique que ne démentirait pas l'exégèse contemporaine. Il voit à l'œuvre dans la Bible deux conceptions de Dieu, l'une plus ancienne d'un Dieu parmi d'autres, comme il est des communautés humaines parmi d'autres, l'autre progressivement apparue du Dieu unique. Pour un renouvellement récent de cette problématique : Jan Assmann, *Moses der Aegypter*, Hanser-Verlag, 1997 (trad. fr., *Moïse l'Égyptien*, Aubier, 2001), chap. I : « La distinction mosaïque ».

280. La croissance de l'Empire romain le conduit à absorber les dieux avec leurs territoires. L'unification du paganisme (dont l'empereur Julien sera le dernier et le plus radical promoteur) confirme en l'étendant le principe établi au début du chapitre. L'Empire romain crée un cadre dont le christianisme va se saisir, pour lui donner un tout autre sens.

281. L'innovation proprement chrétienne est la distinction de deux autorités l'une politique (César), l'autre religieuse (Dieu). L'autorité de Dieu sur terre se manifestant au travers de l'Église, le conflit du Trône et de l'Autel est inscrit dans les racines mêmes de la religion chrétienne. R. reconnaît donc une cause proprement politique à la répression et aux persécutions contre les chrétiens.

282. Expression traditionnelle pour désigner le pape.

283. De plus en plus nettement c'est l'inévitable conflit d'autorité entre l'Église et l'État qui est l'objet du procès instruit contre « les États chrétiens ».

284. Le roi est chef de l'Église d'Angleterre, c'est-à-dire qu'il la gouverne. Il n'est pas le législateur (par hypothèse, Dieu) ni le souverain, aux yeux de R., le clergé.

285. La connivence de R. avec Hobbes trouve son origine en partie dans le rejet commun à tous les Reformés du pouvoir du pape et plus globalement du modèle politique de la chrétienté développé par le catholicisme romain. C'est à cette source que l'un et l'autre puisent leur inspiration commune.

La lettre de Grotius citée en note est transcrite par Barbeyrac (*Le Droit de la guerre et de la paix*, Préface du traducteur, 1734) : « J'ai vu le Traité du Citoyen. J'approuve ce que l'on y trouve en faveur des Rois : mais je ne saurais approuver les fondemens sur lesquels l'Auteur établit ses opinions. [...] Car il va jusqu'à soutenir qu'il est du devoir de chaque Particulier de suivre la Religion adoptée dans sa Patrie par autorité publique, sinon en y adhérant du cœur, du moins en la professant et s'y soumettant par obéissance ». À dire vrai, R. ne faisait pas sien le principe « *cujus rex, ejus religio* » que Grotius prête ici à Hobbes.

286. Bayle, *Dictionnaire historique et critique* ; Warburton, *Dissertations sur l'union de la religion, de la morale et de la politique*, trad. Silhouette, Londres, 1742. Mais R. reprend de Bayle les éléments de sa critique du christianisme.

287. La religion de l'homme qui correspondrait à la *société générale du genre humain* (voir note 290) est, ni plus ni moins, celle que professe le vicaire savoyard. La religion du citoyen, membre d'une société particulière, religion positive, ne peut désormais connaître d'autre forme que celle de la religion civile.

288. C'est la religion politique ou positive, opposée à la religion de l'homme, ou naturelle. Le cheminement de la pensée de R. est clair si on veut bien considérer qu'il est essentiellement historique. Dans les sociétés commençantes, les lumières n'étaient pas assez développées pour que la religion de l'homme puisse se développer, pas plus qu'elles ne l'étaient assez pour que la raison puisse conduire à la formation du pacte social. Il n'y avait que des religions positives (le terme est employé ici par analogie stricte avec le droit positif). Le christianisme apparaît sous un double jour : d'une part, si on s'en tient à l'Évangile, comme l'éveil de la conscience et avec elle de la religion de l'homme ; d'autre part, comme institution de l'Église, il introduit un désordre politique insurmontable. Il est à contre-emploi si on veut en faire une religion politique. C'est ainsi que le christianisme historique a trahi l'Évangile. Le problème dès lors devient de concevoir un autre ordre politique, dans lequel la religion de l'homme soit possible, une autre religion politique compatible avec le vrai christianisme.

289. Cet archaïsme juridique (*sacer estod* pour *sacer esto*) peut se rendre par « sois maudit » ou « sois voué aux divinités infernales ».

290. La seconde phrase de ce paragraphe (comme l'argumentation qui la suit) a fait scandale. Elle est inséparable de la première. La religion de l'homme serait celle qui correspondrait à une « société générale du genre humain », si une telle société existait. Alors, le lien de la socialité s'étendrait à tous les hommes. Mais nous vivons dans des sociétés particulières. La société générale du genre humain est une chimère, c'est à le démontrer que R. avait consacré le chapitre inaugural de la première version du CS (*Manuscrit de Genève* : « De la société générale du genre humain », OC III, p. 281-289). Comme religion politique la religion antique n'est plus possible, le christianisme d'Église est impossible, la religion de l'homme ne l'est pas non plus (pas encore ?). Elle ne l'est que comme religion personnelle : « En ôtant des Institutions nationales la religion chrétienne, je l'établis la meilleure pour le genre humain » (*Lettres écrites de la Montagne*, OC III, p. 707). Or l'État a encore besoin que le lien social soit conforté dans le cœur des citoyens, l'obligation

sociale a encore besoin d'être appuyée d'une autorité autre que celle de la seule raison. Tel sera rigoureusement l'emploi de la religion civile.

Le ton, les arguments, le vocabulaire même de R. dans sa récusation du vrai christianisme comme religion politique, sont à rapprocher de ceux dont il usait dans le texte précité *sur la société générale du genre humain* : comme la société générale est « une idée purement collective qui ne suppose aucune union réelle » (OC III, p. 283), la société de vrais chrétiens « manquerait de liaison ». L'explication est la même dans les deux cas : les « philosophes » (ce sont eux et particulièrement Diderot que ce texte visait) et les « théologiens » qui sont ici concernés ignorent l'*intérêt* qui est le véritable ciment des sociétés. Ce dernier point est souvent mal reconnu faute d'avoir mis au jour la profonde originalité de la théorie rousseauiste de l'intérêt (provisoirement nous en avons souligné quelques éléments dans l'annotation des deux premiers livres). Il faut préciser encore : la force d'un sentiment est fonction de l'intérêt qui le sous-tend, le défaut d'intérêt affaiblit le sentiment du cosmopolite comme celui du vrai chrétien. Le lien ainsi formé est inefficient.

291. Le chrétien se *désintéresse* de ce monde, la religion l'y exhorte.

292. Le nom politique et moral du désintérêt, c'est la *résignation* ; la plus radicale : celle qui n'est pas renonciation devant l'impossible, mais désinvestissement de ce qui n'a pas de valeur.

293. La guerre est bien ici le prolongement de la politique : le courage politique qui y est nécessaire n'est pas le mépris de la mort mais la volonté de se conserver, soi et la communauté politique.

294. C'est une preuve par le contre-exemple : quand les chrétiens se battent bien, c'est l'intérêt qui les guide, pas leur christianisme. Mais alors c'est l'intérêt le plus sordide, l'intérêt particulier, qui se drape du sentiment religieux.

295. En revenant au principe le plus essentiel pour fixer les « bornes du pouvoir souverain » (CS II, III), R. recadre la réflexion. Comme le diront la *Lettre à Christophe de Beaumont* et les *Lettres écrites de la Montagne*, la question en débat ici n'est pas de déterminer la vérité en matière religieuse, mais de raisonner en politique. Le gouvernement n'a pas à « bannir l'erreur dont il n'est pas juge, mais tout sentiment nuisible qui tend à couper le nœud social » (OC III, p. 695). La première question est débattue dans *la Profession de foi* et débouche sur la religion naturelle, le pur théisme ou le vrai christianisme (c'est tout un) ; la seconde est abordée ici et débouche sur la religion civile. Le souverain ne peut demander aux membres du corps politique que ce qui lui *importe* (cette expression équivaut pour R. à la notion d'intérêt). Pour le reste, l'homme reste dans son indépendance naturelle, et l'on ne peut rien l'obliger à croire.

Le passage cité en note d'après le manuscrit manque au texte imprimé du marquis d'Argenson (voir note 15).

296. L'articulation du raisonnement demande à être explicitée : s'il est un lieu où R. peut sembler en contradiction avec lui-même,

c'est bien celui-ci. Sur la liberté de croyance, sa position est claire. On ne peut obliger personne à croire : « Quand un homme sert bien l'État, il ne doit compte à personne de la manière dont il sert Dieu » écrit-il à Voltaire (Lettre du 18 août 1756, OC IV, p. 1072), et il précise « Je suis indigné comme vous que la foi de chacun ne soit pas dans la plus parfaite liberté, et que l'homme ose contrôler l'intérieur des consciences où il ne saurait pénétrer » (*ibid.*). Pourtant, reprenant ce passage du CS, il écrit (*Lettre à Christophe de Beaumont*, OC IV, p. 973) : « Dans la société chacun est en droit de s'informer si un autre se croit obligé d'être juste, et le Souverain est en droit d'examiner les raisons sur lesquelles chacun fonde cette obligation. » Ces affirmations sont suffisamment nettes et répétées pour qu'on ne puisse parler d'inconséquence. Comment R. pensait-il les concilier ? Pour répondre à cette question, il faut d'abord comprendre ce qui le conduit à les poser.

La liberté de conscience est inaliénable et : « renoncer à sa liberté c'est renoncer à sa qualité d'homme » (CS I, III). Ce point ne souffre pas d'ambiguïté. Pour comprendre la nécessité de la seconde affirmation, il faut, une fois encore, se reporter au chapitre sur *la Société générale du genre humain*. Ce texte est consacré, pour l'essentiel, à un débat tendu avec Diderot et son article *Droit naturel*, publié dans le volume V de l'*Encyclopédie*. Son objet est la notion d'*obligation*. Diderot avait cru (article *Droit naturel*) pouvoir fonder l'obligation sur la « volonté générale » qui « est dans chaque individu un acte pur de l'entendement qui raisonne dans le silence des passions sur ce que l'homme peut exiger de son semblable ». La volonté générale est, en chacun, « la voix de l'humanité ». Elle fonde la « société générale du genre humain ». C'est l'ensemble de ces thèses que R. récuse, ce qui le conduit à former son propre concept de la volonté générale. Sa thèse fondamentale est qu'il n'y a d'obligation que celle qui découle de la loi, expression de la volonté générale, entendue cette fois comme volonté souveraine d'une communauté politique. Mais R. considère l'obligation d'un triple point de vue. Elle est *devoir* moral, elle est une *relation de droit* politique, en un troisième sens, l'obligation est le *sentiment* par lequel le membre du corps politique se reconnaît tenu à respecter les lois. L'objet de la religion civile, c'est d'établir « les sentiments de sociabilité », de garantir le respect de l'obligation. Les « dogmes » de la religion civile sont étroitement définis par cette fonction. Une fois encore, en examinant au fond le cheminement de sa pensée, nous voyons que ce qui pouvait d'abord paraître une contradiction est en fait la prise en compte d'une tension constitutive de l'état civil et de toute société politique. Voir Introduction, *Ce dont le CS s'occupe en secret*, p. 28.

Sur l'obligation et l'opposition entre R. et Diderot, G. Barthel, « R. et Diderot, à propos de la société générale du genre humain », in *R. et Voltaire en 1978*, Slatkine, 1981 ; B. Bernardi, « Volonté générale, intérêt, bien commun », *Cahiers philosophiques*, n° 77, déc. 1998.

297. On notera qu'il s'agit bien de la conformation d'une conduite non de la croyance elle-même. Une note de la *Nouvelle*

Héloïse (OC II, p. 589) éclaire cette « provocation » : « Si j'étais magistrat, et que la loi portât peine de mort contre les athées, je commencerais par faire brûler comme tel quiconque viendrait en dénoncer un autre. » C'est aux actes que l'on juge, l'intolérance est le pire de tous.

298. C'est bien de conforter le sentiment d'obligation qu'il s'agit, par la sanction de la conduite, récompense et châtiment, par la sacralisation des lois et du contrat, seules sources d'obligation légitime. L'existence de Dieu n'est ici posée que dans l'exacte mesure où, pour R., elle peut seule conférer un caractère sacré à l'obligation. Il allait de soi qu'aucun dogme de la religion civile ne pouvait concerner le gouvernement.

299. Que toute intolérance soit fondamentalement politique, cela a été établi dès le début du chapitre. C'est l'article *Intolérance* de l'*Encyclopédie* que R. vise ici. Diderot y faisait précisément cette distinction, pour des raisons tactiques. D'Alembert la reprenait dans ses *Éléments de Philosophie* (chap. IX, Fayard, 1986, p. 78-81). R. refuse de les suivre dans ce qu'il juge une compromission et une inconséquence.

300. La note sur le mariage, prévue par R. pour la première édition, supprimée au dernier moment, après bien des tergiversations, par souci d'éviter les polémiques (comme si le CS n'en donnait pas assez de motifs), était une question vive : elle concernait avant tout le mariage des protestants en France. Le 25 mars 1762, dans une lettre à son éditeur, M.-M. Rey, à propos de l'exécution d'un pasteur à Toulouse, il écrivait encore : « Je vous avoue que la matière est si belle et si tentante pour le zèle de l'humanité que je vous avoue que si j'avais le moindre espoir de rassembler les papiers nécessaires, je rêverais quelquefois à cela, et mon intention ne serait pas en pareil cas de m'en tenir à un simple narré » (*Correspondance complète*, t. X, p. 165).

Sur le fond, R. suit le point de vue de Hobbes, exprimé dans des termes très voisins au chapitre VI du *De cive*. Mais la question a pour lui une acuité nouvelle. Elle ne concerne pas seulement les droits du souverain, mais la question ici en jeu du sentiment d'obligation. Le mariage, contrat s'il en est, est une institution qui repose sur la force en chaque homme du sentiment d'obligation. Il relève par excellence de la religion civile, au point qu'on pourrait dire que le mariage pourrait suffire à la rendre nécessaire.

301. On n'a guère prêté attention à cette formule ; elle vaut définition de la religion civile : c'est une religion nationale non exclusive. Parce qu'elle n'est pas exclusive, elle permet *a minima* de tolérer toute foi personnelle, et au maximum de s'accorder avec la religion naturelle.

302. C'est le principe qui veut qu'une seule liberté soit refusée, celle de nier la liberté.

303. R. finit son traité comme il l'avait commencé, par un regard de nostalgie vers le livre abandonné, les *Institutions politiques*. Sur le plan et la matière de cet ouvrage projeté, voir notre Introduction.

CHRONOLOGIE

	La politique dans la vie et l'œuvre de Rousseau	Éléments historiques contextuels
1707		Émeutes populaires à Genève.
1709		Bossuet, *Politique tirée des propres paroles de l'Écriture sainte.*
1712	28 juin : naissance de J.-J. R.	
1718		Abbé de Saint-Pierre, *La Polysynodie.* Fin de la guerre de succession d'Espagne. Mouvement de « représentations » à Genève.
1715		Mort de Louis XIV. Régence du duc d'Orléans.
1720	Lecture de moralistes, historiens, Plutarque.	Effondrement du système de Law.
1722	Mis en pension chez le pasteur Lambercier.	
1724	R. habite chez son oncle S. Bernard, il est brièvement apprenti greffier.	
1725	Contrat d'apprentissage chez un graveur.	Avènement de Louis XV.
1724		Barbeyrac, trad. de Grotius, *Le Droit de la guerre et de la paix*
1725		Mort de Pierre le Grand de Russie.
1728	14 mars, R. quitte Genève. 21 mars, premier passage chez Mme de Warens. 25 avril à Turin, « conversion ». Il perd son droit de citoyenneté.	
1729	Juin : retour à Annecy chez Mme de Warens. Bref passage au Séminaire.	Émeutes en Corse contre les Génois.

	La politique dans la vie et l'œuvre de Rousseau	Éléments historiques contextuels
1731	Après quelques pérégrinations (Lyon, Neuchâtel, Paris) installation chez Mme de Warens à Chambéry.	
1734		Barbeyrac, dernière trad. de Pufendorf, *Le Droit de la nature et des gens.* Montesquieu, *Considérations sur les causes de la grandeur des Romains et de leur décadence.*
1735	Premier séjour aux Charmettes.	
1737-1738		Nouvelle période d'agitation politique à Genève.
1740	Précepteur à Lyon chez M. de Mably.	Avènement de Frédéric II de Prusse ; guerre de succession d'Autriche.
1742	Août : présentation à l'Académie des sciences d'un système de notation musicale.	Silhouette, trad. de Warburton, *Dissertations sur l'union de la religion, de la morale et de la politique.*
1743	Se lie aux Dupin, études de chimie chez Rouelle. Juillet, départ pour Venise où il sera une année secrétaire de l'ambassadeur de France.	
1744	À Venise, premier projet des *Institutions politiques.*	
1745	R. se lie avec Thérèse Levasseur. Il entre dans le cercle de Diderot et Condillac.	
1747	Entreprend un ouvrage intitulé *Institutions chymiques.*	Burlamaqui, *Principes du droit naturel.*
1748		Montesquieu, *De l'Esprit des lois.* Fin de la guerre de succession d'Autriche.

	La politique dans la vie et l'œuvre de Rousseau	**Éléments historiques contextuels**
1749	Travaux de documentation et secrétariat pour les Dupin en vue d'une « réfutation » de Montesquieu. Collaboration à l'*Encyclopédie* pour la musique. Véritable mise en chantier des *Institutions politiques*. Conception et rédaction du *Discours sur les sciences et les arts*.	*Observations sur le Gouvernement de la Pologne*, du roi Stanislas. Incarcération de Diderot à Vincennes.
1750	R. obtient le prix de l'Académie de Dijon pour son discours.	
1751	Avec la polémique qui suit le discours, « R. le musicien » devient « R. le philosophe ».	Duclos, *Considérations sur les mœurs*. Burlamaqui, *Principes du droit politique*.
1753	R. entreprend la rédaction du *Discours sur l'origine de l'inégalité*.	Conflits de Louis XV avec les Parlements.
1754	Dédicace du *Second Discours* à Genève, réintégration dans ses droits de citoyenneté. Été au bord du lac Leman : « Je digérais le plan déjà formé de mes Institutions politiques. » Rédaction de l'article *Économie politique*, publié en 1755. Rentré à Paris, R. est chargé des papiers laissés par l'abbé de Saint-Pierre.	Diderot, article *Droit naturel*, publié en 1755 dans le vol. III de l'*Encyclopédie*.
1756	Installation à l'Ermitage. Parmi les projets recensés, les *Institutions politiques*. *Lettre à Voltaire* du 18 août 1756.	Début de la guerre de Sept Ans.
1757	Installation à Montmorency.	Attentat de Damien contre Louis XV.

	La politique dans la vie et l'œuvre de Rousseau	Éléments historiques contextuels
1758	Constatant qu'il ne peut achever rapidement les *Institutions*, R. décide d'en séparer le *Contrat social. Lettre à d'Alembert sur les spectacles.*	D'Alembert, *Éléments de philosophie.*
1760	Publication de *Julie ou la Nouvelle Héloïse.*	
1761	Extrait du *Projet de paix perpétuelle* de l'abbé de Saint-Pierre.	
1762	Mai : le *Contrat social* paraît en même temps que l'*Émile.* Condamnations en cascade. R. fuit la France. Rejeté à Genève, il échoue à Môtiers.	Suppression des Jésuites en France. Calas supplicié. Avènement de Catherine II de Russie.
1763	R., par lettre au syndic Favre du 12 mai, « abdique » sa citoyenneté. *Lettre à Christophe de Beaumont.*	Premières « représentations » à Genève, en soutien à R. En sens inverse, *Lettres écrites de la Campagne* de J. R. Tronchin.
1764	Juin : visite d'un patriote corse, Butafuco, demandant à R. un projet pour son pays. Décembre : *Lettres écrites de la Montagne.*	Bauclair *L'Anti-Contrat social.* Voltaire, *Le Sentiment des Citoyens*, libelle anonyme contre R. Beccaria, *Des délits et des peines.*
1765	Rédaction du *Projet de Constitution pour la Corse* (publié en 1861).	Fin de la guerre de Sept Ans.
1764		Stanislas Poniatowski, roi de Pologne.
1766	Séjour d'un an en Angleterre auprès de Hume.	Élie Lussac, *Lettre d'un anonyme à M. J.-J. Rousseau.*

	La politique dans la vie et l'œuvre de Rousseau	Éléments historiques contextuels
1767	Retour en France. R. séjourne successivement à Trye, Bourgoin, Lyon avant de retourner, en 1770, à Paris, rue Platrière.	
1768		Confédération de Bar en Pologne. Acquisition de la Corse par la France.
1770	Les *Confessions* sont achevées.	Renvoi du ministère Choiseul.
1771	Rédaction des *Considérations sur le Gouvernement de la Pologne* (publiées en 1782 par Dupeyrou).	
1774		Mort de Louis XV, avènement de Louis XVI.
1776	Les *Dialogues, Rousseau juge de Jean-Jacques* sont achevés.	Déclaration d'indépendance américaine.
1778	Mai : Rousseau s'installe chez le marquis de Girardin, à Ermenonville. Il y meurt, le 2 juillet.	
1789		*Déclaration des droits de l'homme et du citoyen.*
1791	27 août : pétition à l'Assemblée nationale pour le transfert des restes de Rousseau au Panthéon français.	L.-S. Mercier, *De J.-J. Rousseau considéré comme l'un des premiers auteurs de la Révolution.*
1794	14 avril : la Convention montagnarde vote le transfert des restes de Rousseau au Panthéon ; la Convention thermidorienne y procède, le 11 octobre.	

BIBLIOGRAPHIE

Cette bibliographie succincte indique les éditions de Rousseau et du *Contrat social* utilisées, les principaux ouvrages de philosophie politique présents à l'esprit de Rousseau lors de la rédaction du *Contrat social*, un nombre réduit d'ouvrages ou de recueils d'articles qui ont guidé la lecture. On a donné dans le corps des notes, sans les reprendre ici, les références ponctuelles de Rousseau de même que nos propres références à de nombreux articles portant sur tel ou tel point particulier d'interprétation.

I. *Œuvres complètes de Rousseau*

Édition critique des œuvres de Rousseau : *Œuvres complètes* (Bibliothèque de la Pléiade, 1959-1995, 5 vol, notés OC I à V). sous la dir. de B. Gagnebin et M. Raymond. Cette édition est malheureusement amputée des *Institutions chimiques*, pour lesquelles on se reportera à l'édition du Corpus des œuvres philosophiques de langue française, Fayard, 1999.

La *Correspondance complète* a été éditée par R.-A. Leigh, Genève et Oxford, 1965-1984.

II. *Les éditions du* Contrat social

Le ms. du CS est perdu. Celui d'une première version (*Manuscrit de Genève*) est publié (OC III, p. 278-346).

L'édition originale de 1762 a été publiée en fac-similé, Le Serpent à Plumes, 1998.

L'édition de 1782, donnée dans la *Collection complète des Œuvres de J.-J. Rousseau*, par Moultou et Du Peyrou comprend des ajouts et corrections de Rousseau.

Les principales éditions du CS, faisant époque dans l'interprétation, sont celles de Edmond Dreyfus-Brissac (Alcan, 1896), Charles E. Vaughan (Cambridge, 1916), Georges Beaulavon (Rieder, 1930), Maurice Halbwachs (Aubier, 1943), Robert Derathé (OC III, Bibliothèque de la Pléiade, 1964).

III. *Les sources de Rousseau*

Aristote, *Les Politiques*, trad. P. Pellegrin, GF-Flammarion, 1994.

Argenson René Louis (marquis d'), *Traité des intérêts de la France avec ses voisins* (manuscrit), publié chez Rey, sous le titre : *Considérations sur le Gouvernement ancien et présent de la France*, Amsterdam, 1764.

Argenson (marquis d'), *Discours sur l'origine de l'inégalité*, Fayard, 2000, texte établi par B. de Negroni.

Bayle Pierre, *Dictionnaire historique et critique*, seconde édition, Rotterdam, 1702.

Bodin Jean, *Les Six Livres de la République*, Fayard, 1986. G. Mairet en a donné, en Livre de Poche, 1993, de très larges extraits, dans une orthographe modernisée et d'après le texte de l'édition de 1583.

Bossuet Jacques Bénigne, *Politique tirée des propres paroles de l'Écriture sainte*, Paris, 1709.

Burlamaqui Jean-Jacques, *Principes du droit naturel*, Genève, 1747.

Burlamaqui Jean-Jacques, *Principes du droit politique*, Genève, 1751.

Filmer Robert, *Patriarcha, or the Natural Power of Kings*, Londres, 1680.

Grotius Hugo, *Le Droit de la guerre et de la paix*, traduction de Barbeyrac, 1734, reprint, univ. de Caen. Traduction Pradier-Fodéré, 1998, PUF.

Hobbes Thomas, *De cive*, trad. Sorbière (1644), *Le Citoyen*, GF-Flammarion, 1982.

Hobbes Thomas, *Léviathan*, trad. Tricaud, Sirey, 1970.

Locke John, *Traité du gouvernement civil*, GF-Flammarion, 1992.
Machiavel Nicola, *Histoires florentines*, trad. E. Barincou, Bibliothèque de la Pléiade, 1952.
Machiavel Nicola, *Discours sur la première décade de Tite-Live*, *ibid*.
Machiavel Nicola, *Le Prince*, *ibid*.
Montesquieu Charles de, *Considérations sur les causes de la grandeur des Romains et de leur décadence*, 1734, GF-Flammarion, 1990.
Montesquieu Charles de, *De l'esprit des lois*, 1748, GF-Flammarion, 1979.
Plutarque, *Vie des hommes illustres*, trad. Amyot, Bibliothèque de la Pléiade.
Pufendorf Samuel, *Le Droit de la nature et des gens*, trad. Barbeyrac, 1732, reprint univ. de Caen.
Sigonius Carolus, *De antiquo jure civium romanorum*, Venise, 1560.
Sidney Algernon, *Discours sur le gouvernement* (1698, trad. fr. P.-A. Samson, La Haye, 1702).
Warburton William, *Dissertations sur l'union de la religion, de la morale et de la politique*, trad. Silhouette, Londres, 1742.

IV. *Études sur Rousseau*

Althusser Louis, *Écrits philosophiques et politiques*, IMEC, 1994, t. 1.
Baczko Bronislav, *Solitude et communauté*, Paris, 1974.
Cassirer Ernst, « Das problem J.-J. Rousseau », *Archiv für Geschichte der Philosophie*, 41, 1912.
Derathé Robert, *J.-J. R. et la science politique de son temps*, Vrin 1950, 2e éd. 1994.
Derrida Jacques, *De la grammatologie*, Minuit, 1967.
Études sur le Contrat social, Les Belles Lettres, 1964.
Goldschmidt Victor, *Anthropologie et politique. Les principes du système de Rousseau*, Vrin, 1974.
Gouhier Henri, *Rousseau et Voltaire, portraits dans deux miroirs*, PUF, 1983.
Groethuysen Bernard, *J.-J. Rousseau*, Gallimard, 1949.
Hulliung Mark, *The Autocritique of Enlightenment, Rousseau and the Philosophers*, Harvard University Press, 1994.
Jouvenel Bertrand (de), *Essai sur la politique de Rousseau*, Bourquin, Genève 1947, Médicis, Paris, 1955.

L'Impensé de J.-J. Rousseau (collectif), *Cahiers pour l'Analyse*, n° 8, oct. 1967.

Launay Michel, *J.-J. R. écrivain politique*, ACER, 1971, rééd. Slatkine, 1989.

Leduc-Fayette Denise, *Rousseau et le mythe de l'Antiquité*, Vrin, 1974.

Masson Pierre-Maurice, *La Religion de J.-J. R.*, Hachette, 1916.

Masters Robert D., *The Political Philosophy of Rousseau*, Princeton University Press, 1968.

Negri Antonio, *Le Pouvoir constituant*, PUF, 1997.

Pensée de Rousseau (recueil d'articles majeurs sur R. par Bénichou, Cassirer, Derathé, Eisenmann, Goldschmidt, Strauss, Weil), Le Seuil, 1984.

Philonenko Alexis, *J.-J. Rousseau et la pensée du malheur*, Vrin, 1984.

Polin Raymond, *La Politique de la solitude*, Vrin, 1971.

Politiques de l'intérêt (collectif sous la dir. de C. Lazerri et D. Reynié), Presses universitaires franc-comtoises, 1998.

Politique de Rousseau (collectif *Études J.-J. R.*), n° 7, 1995.

Riley Patrick, *The General Will. The Transformation of the Divine in the Civic*, Princeton, 1986.

Rousseau and Liberty (collectif sous la direction de Robert Wokler), Manchester University Press, 1995.

Rousseau et la Chimie (collectif), *Corpus*, n° 36, 1999, sous la dir. de B. Bensaude-Vincent et B. Bernardi.

Rousseau et la philosophie politique (collectif), PUF, 1965.

Shklar Judith, *Men and Citizens. A Study of Rousseau's Social Theory*, Cambridge (Mass.), 1969.

Starobinski Jean, *Le Remède dans le mal. Critique et légitimation de l'artifice à l'âge des Lumières*, Gallimard, 1989.

Starobinski Jean, *La Transparence et l'Obstacle*, Gallimard, 1971.

Talmon Jacob L., *Les Origines de la démocratie totalitaire*, Boston, 1952, trad. fr. Calmann-Lévy, 1966.

Vaughan Charles E, *The Political Writings of J.-J. Rousseau*, Cambridge University Press, 1915.

Viroli Maurizio, *La Théorie de la société bien ordonnée chez Jean-Jacques Rousseau*, De Gruyter, 1988.

TABLE

Introduction : Pour lire le Contrat social 7
Note sur cette édition 35

DU CONTRAT SOCIAL.. 37

Notes 181
Chronologie 247
Bibliographie.. 253

GF Flammarion

05/08/115939-VIII-2005 – Impr. MAURY Eurolivres, 45300 Manchecourt.
N° d'édition FG105844. – Janvier 2001. – Printed in France.